ro
ro
ro

BEL HAWKINS ist Schriftstellerin und eine der beliebtesten Stimmen im *Shit You Should Care About*-Universum. Sie hat sowohl in der Werbung als auch in den Medien renommierte Preise gewonnen und den Großteil ihrer Zwanziger damit verbracht, auf der ganzen Welt zu leben und an Projekten zu arbeiten, die sich direkt an erschöpfte Frauen wenden und ihnen helfen, sich weniger allein zu fühlen.

Im Alter von 21 Jahren gründete **LUCY BLAKISTON** zusammen mit ihren beiden besten Freundinnen *Shit You Should Care About*. Innerhalb kürzester Zeit entwickelte sich die Plattform zu einem globalen Erfolg mit Millionen von Follower*innen und wurde als News-Koryphäe für Millennials und die Generation Z gefeiert. Als Stimme und CEO von SYSCA ist Lucy die redaktionelle Leiterin des Unternehmens, hält häufig Vorträge und informiert darüber, wie man auf internationaler Ebene mit der Generation Z in Kontakt treten kann.

Das Leben muss manchmal unschön sein und offline bleiben, damit es wieder Schwung aufnehmen kann.

Verlier nicht den Glauben an den Zauber der Welt, nur weil du allein bist.

Abgeranzt auszusehen, ist so befreiend.

Gibt es ein Loch in meinem Leben, das ich mit E-Mails stopfe?

Du weißt, dass du kurz davor bist auszubrennen, wenn du dir ausmalst, wie du deinen Arbeitsplatz niederbrennen wirst.

Das beste Gegenmittel gegen furchtbare Angst ist Freude.

Lucy Blakiston · Bel Hawkins

MAKE IT
MAKE SENSE

Überleben
in einer
unüber-
sichtlichen
Welt

Aus dem Englischen von Janine Malz,
Anna-Nina Kroll, Dejla Jassim und Claudia Voit

Rowohlt Taschenbuch Verlag

Die englische Originalausgabe erschien 2024
unter dem Titel «Make It Make Sense»
bei Quercus Editions Ltd, London.

Deutsche Erstausgabe
Veröffentlicht im Rowohlt Taschenbuch Verlag,
Hamburg, Oktober 2024
Copyright © 2024 by Rowohlt Verlag GmbH, Hamburg
«Make It Make Sense» Copyright © 2024
by Annabel Hawkins and SYSCA Media Ltd
Die Nutzung unserer Werke für Text- und Data-Mining im
Sinne von § 44b UrhG behalten wir uns explizit vor.
Covergestaltung zero-media.net, München,
nach dem Original von Hachette UK Ltd
Coverabbildung und Innenillustrationen Marcello Velho
Satz aus der Quadraat bei Dörlemann Satz, Lemförde
Druck und Bindung CPI books GmbH, Leck
ISBN 978-3-499-01446-8

INHALT

PROLOG

Wie wir hier gelandet sind
Von Lucy

August 2018

Vorlesung Internationale Beziehungen, Victoria University, Welling-
ton, Neuseeland

LUCY: ich hab eine idee für liv und dich
und mich als TRIO

                       LIV: LEGENDÄRES TRIO

LUCY: ein blog mit dem titel
Stuff You Should Care About
für leute, die keine zeit haben rauszufinden,
was ihnen wichtig sein sollte
und für die schreiben wir kurze texte,
damit sie nicht selber suchen müssen

                       RUBY: OMG
Ich fänds MEGA

LUCY: könnten wir es vielleicht auch
«shit you should care about» nennen?
mit einem schimpfwort?
das wär edgy

LIV: Ja!!

LUCY: ich sitz hier in meiner vorlesung und komm gar
nicht klar ... wir können in unserem eigenen stil schreiben
und alles und müssen NIEMANDEM rechenschaft
ablegen

LIV: Das kann so cool werden OMG

LUCY: es ist total OFFEN und wir können
über ALLES schreiben, was uns wichtig
sein sollte

LIV: ja, ich LIEBS

RUBY: Das wär echt so cool
Ich hab schon eine idee
Treffen
Wann und wo

LUCY: was macht ihr heute / heute nachm
/ abend?
bringt was zu schreiben mit
und ideen

Die schlimmste Frage, die man kurz vor dem Uniabschluss gestellt bekommt, ist nicht, wie hoch der Studienkredit ist, den man aufgenommen hat, oder ob man schon einen Freund hat, sondern: «Und was kommt als Nächstes?»

Wenn man darauf keine Antwort hat, lacht man ein bisschen awkward, als hätte man die Frage nicht richtig gehört, und sagt so was wie: «Ach, weiß nicht; meinen Job gibt es wahrscheinlich noch gar nicht!»

Mir graute vor der echten Welt, in der es, wie uns die Dozent*innen nur zu gern versicherten, mit dem, was ich machen wollte (Journalismus), keinerlei Geld zu holen gab, und ich hatte wirklich keine Antworten. Aber es kam mir wichtig vor, eine zu finden. Geld oder irgendeine andere Art von Sicherheit gab es nirgendwo, also war mein Gedanke: Wenn ich in der einzigen Branche arbeiten wollte, die mich auch nur im Geringsten interessierte, konnte ich auch einfach irgendwas versuchen. Dieser Gedankengang verrät euch vielleicht etwas über mein Wesen: nämlich, dass ich unglaublich anfällig bin für umgekehrte Psychologie. Wenn mir gesagt wird, dass irgendwas nicht geht, ist die Wahrscheinlichkeit ziemlich hoch, dass ich versuchen werde, das Gegenteil zu beweisen. Wie es sich also für eine naive, übermütige 21-Jährige gehört, machte ich mich daran, mit meinen besten Freundinnen etwas komplett Neues aufzubauen.

Wir alle lieben eine gute Origin Story. Und alle wollen wissen, wie aus drei Kleinstadtmädchen aus einem entlegenen Teil der Welt die Betreiberinnen einer der bekanntesten Medienplattformen für Gen Z geworden sind. Die Antwort findet man da, wo alle unsere Ängste zu finden sind: im Internet.

Alle wollen etwas über Erfolg hören und darüber, wo man ihn herbekommt. Gibt es Geheimnisse und Zauberformeln, mit denen sich das Ganze wiederholen lässt? Hat man je wirklich das Gefühl, erfolgreich zu sein? Jetzt kommen wir in einen Bereich, der nicht ganz unkompliziert ist, weil das Internet es nicht gern sieht, wenn junge Frauen Erfolg haben. Wir hinterfragen uns ständig, weil uns dort immer jemand gezeigt wird, der oder die etwas Schlaueres macht als wir selbst. Etwas Achtbareres. Und schönere Beine hat. Und dann fragt man sich, ob man den eigenen Erfolg verdient hat. Ob man ihn überhaupt will. Ob man mit den ganzen gesichtslosen DMs und Hot Takes und dem aufmerksamkeitsheischenden Clickbait klarkommt.

Aber nicht so schnell.

Shit You Should Care About (kurz SYSCA) gibt es seit dieser Internationale-Beziehungen-Vorlesung im Jahr 2018, in der ich meinen zwei besten Freundinnen schrieb: Ruby, die ewige Liebe meines Lebens und die Einzige, die in meinem Chaos arbeiten kann, und Liv, die immer gerade in ein Bild oder ein Lied oder so sehr in Gedanken versunken ist, dass sie sich sogar auf einem Parkplatz verläuft. Wir drei waren einander aus unserer Kleinstadt in eine Großstadt hinterhergezogen, in dem Fall Wellington, wo wir unsere späten Teenagerjahre und die frühen Zwanziger damit verbrachten, (für obszön viel Geld) einen Abschluss in Medien und Internationale Beziehungen zu machen, den keine von uns so recht wollte und bei dem außerdem niemand so genau wusste, ob wir damit hinterher irgendetwas würden anfangen können.

Unser Mantra war «Vier ist auch bestanden» (an das sich keine von uns hielt, weil wir schon immer überambitioniert waren), bis ich feststellte, dass es mir schwerfiel, mich auf die unnötig langweilige Lektüre und die Artikel zu konzentrieren, die wir Woche für Woche für die Seminare durcharbeiten mussten. Da stand ich also, drei Jahre nach Beginn meines Studiums, in dem ich mich mit Macht, sozialen Bewegungen und dem Einfluss der Medien auf beides beschäftigte, und fühlte mich weniger informiert und motiviert, etwas über die Welt zu lernen, als je zuvor.

Warum verwendeten die Leute nicht Wörter, die wir kannten und im Alltag benutzten? Warum kam ich mir dumm vor, weil ich Ausdrücke wie «hegemonialer Diskurs» nicht kannte? Wo war das Bunte? Wo war der Spaß? Es muss doch eine bessere Möglichkeit geben, das alles zu verstehen, dachte ich immer wieder, wenn ich die Lehrbücher vier Stockwerke zu meinem allwöchentlichen Tutorium hochschleppte. Im Nachhinein kommt es mir vermessen vor zu glauben, dass ausgerechnet wir drei diejenigen sein würden, die diese «bessere Möglichkeit» entdecken sollten. Aber als junge Frau Anfang zwanzig ist Vermessenheit[1] manchmal alles, was man hat – und das ist nur eine der großen Stärken, die, wie wir im Laufe der Zeit lernten, ständig unterschätzt werden.

Das war 2018, als auf Instagram vor allem Brunchfotos mit hochgedrehter Sättigung zu sehen waren und der Tränen-lach-Emoji noch nicht komplett cringe war. Bloggen war eine tote oder zumindest aussterbende Kunst, aber wir beschlossen, trotzdem einen Blog zu starten. *Shit You Should Care About* war eine WordPress-Seite, auf der wir dreimal die Woche über alles schrieben, was einen, wie der Name schon sagt, so interessieren sollte. Abtreibungsgesetze in Texas, Mobbing beim Bachelor, wie man aufhört zu prokrastinieren – es war von Anfang an eine bunte Mischung. Wie jeder Mensch, der schon mal etwas veröffentlicht hat, merkten wir schnell, dass man den heißesten Scheiß schreiben kann (das war es definitiv nicht), aber ohne Publikum ist es wie mit dem sprichwörtlichen Baum, der im Wald umfällt: Niemand hört ihn. Ich würde sagen, echte Publi-

---

1 Vermessenheit: Der naive Ehrgeiz, den insbesondere junge Frauen an den Tag legen, die von dem Gefühl angetrieben sind, ihre Ideen wären es wert, gehört zu werden.

zistinnen wurden wir erst, als wir schon ungefähr drei Jahre an SYSCA gearbeitet hatten, aber gedacht haben wir wohl schon immer wie welche.

Der nächste Schritt kam uns nicht bahnbrechend vor, obwohl das bis auf Tech-Gurus bei Digitaltrendkonferenzen immer alle behaupten. Wir fingen an, unseren Content dort zu recyceln und zu posten, wo alle waren: auf Instagram. Vielleicht war es eine bescheuerte Idee, eine Fotosharing-App für Geschriebenes zu nutzen, aber SYSCA war irgendwie eine willkommene Abwechslung von den Influencer*innen, die Bauchweggürtel anpriesen, und ehemaligen Schulkamerad*innen, die mit «Hey, du!» in unsere DMs slideten und uns für das neueste hirnverbrannte Schneeballsystem anwerben wollten. Diese Plattform musste sich besser nutzen lassen. Ein Selfie von einem Haufen Promis würde die Welt nicht verändern, aber es konnte der meistgelikte Tweet aller Zeiten werden. Was, wenn wir denen, die schon immer Aufmerksamkeit besaßen, ein wenig davon wegnahmen und sie für etwas Sinnvolles nutzten? Ohne es zu merken, entwickelten wir etwas, das bei einer Werbeagentur locker 100 000 Dollar gekostet hätte: eine Strategie. Im Dezember 2018 hatten wir 1000 Follower*innen. Mitte 2019 waren es 20 000 und bis Ende des Jahres 61 000. Ich habe ewig gebraucht, bis ich wirklich würdigen konnte, dass die Fähigkeit, genau zu wissen, wo und wie eine Geschichte präsentiert werden muss, daher stammte, dass ich als Jugendliche mit meinem One-Direction-Fanaccount mittelgradig viral gegangen war – heute danke ich Gott für diese «verschwendete» Zeit (dazu später mehr).

Dann kam 2020. Wir waren drinnen eingesperrt, erlebten eine Pandemie, einen Aufstand in den USA und die Befreiung von Britney. Wir sollten produktiv sein, uns fit machen, Brot backen, über unsere Ex-Partner*innen hinwegkommen und gleichzeitig nicht so streng mit uns sein, baden, Gesichtsmasken auftragen und nicht zynisch werden, weil Prominente *Imagine* in den Lauf ihrer Kameras sangen. Alle suchten verzweifelt nach Informationen, aber in möglichst einfacher (möglichst wenig deprimierender) Form, weil wir alle gleichzeitig diese gigantische, belastende, Demut lehrende, ausliefernde Sache erlebten. Das Gegengift für die Hölle auf unseren Bildschirmen schien unsichtbar vor aller Augen zu liegen: Was, wenn wir Nachrichten menschlicher gestalten würden? Wenn wir sowieso alle durch diese komische, beschissene Zeit hindurchposteten, konnten wir dem Ganzen wenigstens einen Sinn geben.

Statt ein normales Leben zu führen, verbrachte ich von nun an also jede freie Minute damit, über das Weltgeschehen zu lesen, zu schreiben, es zu verstehen, zu erklären und zu teilen. Wir nannten unseren Content «no bullshit daily updates», weil es genau das war, tägliche Updates, ohne den ganzen Quatsch drum herum. Zu diesem Zeitpunkt fand Ruby außerdem, wir bräuchten ein Medienkit, falls unsere Plattform aus Versehen groß genug werden würde, um sich geschäftlich zu lohnen, und brachte sich selbst bei, wie man so was schreibt. Liv machte zwischen ihren Vorlesungen, an denen sie inzwischen über ein Programm namens Zoom teilnahm, das Design. Wir waren weder eine traditionelle Nachrichtenseite, die sich durch Werbebanner finanziert, noch Influencerinnen, die dafür bezahlt wurden, ihre PR-Pakete herzuzeigen; wir wussten nicht, was wir waren, wir wussten nur, dass wir einen komplett unbezahlten 24/7-Job machten. Und zwar, weil wir ihn liebten.

Mit fortschreitender Pandemie wuchs auch der Druck auf Prominente, ein Bewusstsein für ihre Umwelt zu entwickeln. Interessanterweise kamen sie auf ihrer Nachrichtensuche zu uns: drei jungen Frauen aus Neuseeland, die leicht verdauliche Meinungsbeiträge über das, was einem wichtig sein sollte, kuratierten und mit anderen teilten. (An dieser Stelle möchte ich unbedingt erwähnen, dass wir nie von dem Anliegen in unseren allerersten Textnachrichten abgekommen sind, dass unser Content sehr offen sein sollte. Ja, wir teilen viele Nachrichten, aber wir teilen auch ein gesundes Maß an Harry Styles und Reality-TV – wir sind eben auch nur Menschen!) Ich rief die Mädels aus meinem Kinderzimmer an, weil ich nicht fassen konnte, dass Ariana Grande oder Billie Eilish uns in ihrer Instagram-Story repostet hatten oder Madonna und Joe Rogan uns jetzt folgten. Was auch immer wir da machten, es funktionierte, und im Juni 2020 knackten wir die Eine-Million-Follower*innen-Marke. Ein Jahr später hatte sich die Zahl bereits verdreifacht. Damit erreichten wir mehr Menschen als jede andere Nachrichtenseite aus Neuseeland und konnten mit einigen der größten Medienhäuser der Welt mithalten.

Manche machten in den Lockdowns Babys. Wir jedoch saßen in unseren Zimmern auf dem Boden und machten neue Medien. 2020 starteten wir unseren ersten Podcast, *The Shit Show*, nachdem wir Tragetaschen im Internet verkauft hatten, um Geld für ein Podcast-Mikrofon zu sammeln. Wir brachten uns selbst bei, wie man produziert, schneidet, aufnimmt und moderiert – alles Dinge, die uns unsere Mediendozent*innen nicht beigebracht hatten, weil soziale Medien zu der Zeit noch nicht mal ansatzweise auf dem Lehrplan standen.

Während unsere Statistiken durch die Decke gingen, wuchs meine Dankbarkeit für eine Entscheidung, die wir bei unserem allerersten «Meeting» in dem Café, über dem ich wohnte, getroffen hatten: dass wir uns selbst so weit wie möglich heraushalten würden. Bei SYSCA ging es nicht darum, wie wir aussahen oder was wir anhatten; wenn die Leute uns entdeckten, dann wegen unserer Intelligenz und nicht wegen unserer Gesichter, und das war Absicht. Da ist sie wieder, die Vermessenheit.

Die sozialen Medien erfuhren 2020 ein besonders unangenehmes Rebranding. Fake News fluteten die Feeds der Menschen und unterwanderten die Politik mehr, als wir für möglich gehalten hatten. Algorithmen spalteten uns. Shadowbanning (Stummschalten gewisser Konten für Social-Media-Nutzende ohne das Wissen der jeweiligen Parteien) fand immer häufiger statt, wurde aber von den großen Plattformen stets geleugnet. Es war ein einziges Chaos. Um der Algorithmushölle zu entfliehen, mit der wir so eng verwachsen waren, launchten wir unseren täglichen Newsletter, den wir ganz allein in der Hand hatten. In ihren Anfängen landete diese E-Mail (die niedlicherweise die Bezeichnung «Newsy» erhielt) jeden Tag in den Postfächern der Abonnent*innen, um das Weltgeschehen zusammenzufassen, aufzudröseln und ins Verhältnis zu setzen. Aber der Newsy entwickelte schnell ein Eigenleben. Wir stellten unserem Publikum kluge, witzige Menschen vor, die wir unterwegs kennengelernt hatten; Menschen, die sehr viel über eine bestimmte Sache oder ein bisschen über alles wussten, Menschen, die genauso viel Lust auf diese Dinge hatten wie wir.

Und hier kommt Bel ins Spiel. Wir lernten uns in dem Co-Working-Space kennen, in den SYSCA hineingewachsen war, und entdeckten unsere gemeinsame Liebe zum Wort und die suchtartige Begeisterung für Arbeit und Popkultur. Meist trafen wir uns morgens um neun mit einem Kaffee in der Hand vor der Tür, waren beide seit fünf Uhr wach, um zu zoomen, zu pitchen oder an irgendwas zu tüfteln, und schoben dabei einen Traum (Schreiben) aufs Abstellgleis, um einem anderen (Rechnungen bezahlen) hinterherzujagen. Eines Donnerstagnachmittags fragte ich Bel auf dem Parkplatz vor unserer Stammkneipe, was sie gerade so mache, und mit einem Funkeln in den Augen sagte sie etwas, das ich nie vergessen werde: «Mir geht es in letzter Zeit richtig scheiße. Aber weißt du, was das Gute daran ist?

Dass ich Menschen wie dich kennengelernt habe. Du hilfst mir ins Leben zurück. Du hilfst mir beim Phoenixing.»

Von da an gehörte Bel zum SYSCA-Universum. Das «Phoenixing» wurde der Aufhänger für eine ihrer ersten Kolumnen (mit dem schönen Namen *Bel Chimes In*), und unser Tätigkeitsfeld wurde weiter, indem wir den Leuten nicht mehr nur erklärten, was ihnen im Außen wichtig sein sollte, sondern auch, was in ihrem Innern vor sich ging. Bel brachte den Leser*innen neue Wörter für Gefühle bei, die wir alle kannten, aber nicht in Worte fassen konnten, ging der Frage nach, wie wir uns die Lebenslust erhalten und Einsamkeit überleben konnten, und untersuchte die Untrennbarkeit unseres Innenlebens mit der Welt um uns herum, sowohl online als auch offline. Ihre Texte lösten in unserer Community ein Echo aus, das wir noch nie zuvor erlebt hatten. Da wussten wir, dass wir einen Nerv getroffen hatten.

So sind wir also hier gelandet.

Das hier soll kein Coffee Table Book mit Memes, Infografiken und Social-Media-Hacks sein, das in der Sekunde veraltet ist, in der die Tinte auf der Seite trocknet. Cringe. Es soll darin um die Welt gehen und darum, wie wir uns in einer Zeit zurechtfinden können, in der das Internet über Erfolg und Misserfolg bestimmt und alles, was und wie wir es kennen, mit einer unvorstellbaren Geschwindigkeit verändert. Es ist eine Collage aus Anekdoten, Essays, Gedichten, Drehbüchern und Unterhaltungen, die das Wissen und die Erfahrung wiedergeben, die wir neugierig und ehrgeizig und komplett gebrochen und wieder zusammengeflickt im Leben und im Internet angesammelt haben.

Wir haben dieses Buch geschrieben, weil soziale Medien vergänglich und genau wie unsere Aufmerksamkeitsspanne Schwankungen unterworfen sind und irgendwann womöglich sogar ganz verschwinden. Wir haben keinen Master in Literatur – die hohe Schreibkunst überlassen wir lieber den Profis. Aber in einer Zeit, in der es sich anfühlt, als würde alles in einer einzigen unendlichen Scrollbewegung an einem vorbeirauschen, soll man die (nicht unfehlbaren) Antworten auf die Frage, was mit diesen ganzen komplizierten Gefühlen anzufangen ist, in den Händen halten können. Es gibt so viel Scheiße auf der Welt, so vieles, worüber man sich einen Überblick verschaffen muss, so vieles, wovor man Angst haben und was einem Sorge bereiten kann. Wir hoffen, dass das hier ein kleiner, konkreter Beitrag ist, den man anfassen und lesen und lieben und auf den man in Augenblicken zurückkommen kann, in denen man sich plötzlich nicht mehr sicher ist. In denen man vielleicht sogar ein bisschen von dieser Vermessenheit gebrauchen kann:

Auckland, Neuseeland, September 2022

BEL: Großer moment. Beende gleich das ding mit meinem love interest, damit ich nach hause kommen und dieses buch schreiben kann.

LUCY: viel erfolg und alles was du brauchst hast du schon in dir <3

Worte fürs Leben.

KAPITEL 1

Ackern, aber bitte nicht zu Tode

Was Arbeit ist, was sie sein kann
und was sie nicht ist

Muss ich das jetzt für den Rest meines Lebens machen?

Wann war es je normal, seine Arbeit in der Hosentasche dabeizuhaben? Oder auf siebzehn verschiedenen Plattformen eingeloggt zu sein, die man jedes Mal stummschalten muss, wenn man das Büro verlässt, um mal kurz ein bisschen Leben zu schnappen? Wird mein Job bald von einem Stückchen Code überflüssig gemacht? Wann haben wir beschlossen, dass Arbeit sich so sehr in alle anderen Bereiche ausbreitet, dass wir nicht mehr wissen, wo eins aufhört und das andere anfängt?

Ist Arbeit *eine* Sache, mit der wir uns beschäftigen, oder ist sie *die* Sache, mit der wir uns beschäftigen? Dass wir heute so viel über die Lebenswirklichkeit anderer wissen, stellt uns vor eine existenzielle Frage, die sich ältere Generationen vielleicht gar nicht stellen mussten: Warum soll Arbeit so einen großen Teil unseres Lebens ausmachen?

Klar, müssen wir gerade sagen. Von außen betrachtet sehen wir wahrscheinlich aus wie junge Frauen, die im Café vor ihren Laptops sitzen und lachen, als wären sie nur noch einen Post von einem Millionendeal entfernt (leider nicht) und hätten viel zu viel Spaß dabei. Aber wie immer bei der Arbeit und im Leben ist die Wirklichkeit viel chaotischer. Und wenn man ein Unternehmen führt, das nach außen hin so erfolgreich wirkt, meinen immer alle: «Die hat alles, was sie will.» Und dann fragen sie sich: «Wie macht sie das?»

Die kurze Antwort: Obsession. Nicht mit dem Nine-to-five-Job oder Meetings, die E-Mails hätten sein können, sondern mit allem, was wir uns aufgebaut haben, teilweise neben unserer normalen Arbeit. Lange wach. Früh wieder auf. Angestrahlt vom blauen Licht unserer Handys und Computerbildschirme schrieben und werkelten wir vor uns hin und glaubten daran, dass aus dieser ganzen Zusatzarbeit und -mühe etwas entstehen würde, das niemand sehen konnte. Lange fing die Arbeit, die wir liebten, erst nach unserer eigentlichen Erwerbsarbeit an. Und als das, was wir liebten, endlich mit dem Geldverdienen zusammenfiel, sahen wir uns einer neuen Gefahr ausgesetzt. Denn wie das Internet hat diese Arbeit kein Ende. Sie bietet grenzenlose Möglichkeiten, aber sie ist auch grenzenlos in ihrer Art, einen zu verschlingen. Und das zuzulassen ist nur zu leicht.

Wir fingen beide genau zu dem Zeitpunkt in den Medien an, ab dem Newsfeeds nicht mehr ausschließlich von offiziellen Medienanstalten gefüttert wurden; jeder Mensch mit einem Computer konnte plötzlich von seinem Schlafzimmerboden aus zum «Creator» werden, dem Tausende folgten, und alle mit einer Tastatur konnten als selbst ernannte Expert*innen über die nischigsten und politisch extremsten Themen schreiben. Wir zogen Jobs an Land (oder erfanden sie wie in Lucys Fall selbst), die wir unseren Eltern (und manchmal, ehrlich gesagt, auch uns selbst) nicht erklären konnten, benutzten dabei Apps, die es während unseres Studiums der Branche, in der wir jetzt arbeiteten, noch gar nicht gegeben hatte, und produzierten auf einmal Content, der mehr Menschen erreichte als der größte Nachrichtensender Neuseelands. Für nichts davon gab es Regeln, nur die, die wir uns selbst zurechtlegten. Denn Arbeit ist eine der wenigen Sachen, für die es keine Alternative gibt – es gibt keine billige Nachmache. Keinen Weg drumherum. Aber, mein Gott, es muss doch einen Weg durch die Mitte geben.

Das habe ich alles One Direction zu verdanken

Von Lucy

Letzter Abend des Ozeanien-Teils der Up All Night-Tour von One Direction, 22. April 2012, eine Bar in Wellington, Neuseeland

Harry Styles und Niall Horan sind weniger als einen Meter von uns entfernt, nur eine Glasscheibe trennt uns voneinander. Ruby und ich geben alles, um so locker wie möglich rüberzukommen und nicht wie die «sich einpinkelnden Banshees», als die uns Medienmänner immer wieder bezeichnen, aber als die Securitys uns die lebensgroßen Fotomasken mit Nialls und Harrys Gesichtern abnehmen, ahne ich, dass locker das Letzte ist, als das wir rüberkommen. Die Jungs winken uns zu, und ich hoffe, dass sie unsere sorgfältig ausgewählten Konzertoutfits bemerken, die wir in der absolut berechtigten Hoffnung zusammengestellt haben, dass eins der Bandmitglieder uns von der Bühne aus sieht und in das Hotel einlädt, vor dem wir nur wenige Stunden zuvor kreischend gestanden haben. Wir versuchen, wie 25 zu wirken, aber die Tatsache, dass wir um ein Uhr nachts zitternd vor einer Bar in Wellington stehen und, selbst wenn wir reinkämen, nicht alt genug wären, um irgendwas Stärkeres als Radler zu trinken, ist ein peinlicher Reminder, dass wir erst 15 sind. Genau wie die Anwesenheit von Rubys Mutter, die das Ganze aus ein paar Metern Entfernung beaufsichtigt.

Der Rest der Band ist an der Bar und holt Drinks, bis auf Zayn, dessen Fehlen auffällt, aber das ist nicht schlimm, denn er ist weder Rubys noch mein Liebling. Harry leuchtet uns mit seiner Handytaschenlampe an, und als er sich wieder zu seinen Freunden umdreht, kriege ich die Krise, weil die Videos auf meinem iPod Touch dieser Interaktion niemals gerecht werden können. Nach ungefähr einer Stunde müssen wir los, um unsere Fähre zu erwischen, die am frühen Morgen geht, und verlassen die Veranstaltung widerwillig. Auf der Heimfahrt durchkämme ich das körnige Filmmaterial, lade es auf meine Social-Media-Kanäle hoch, beschreibe die Begegnung möglichst so, dass sie auf Tumblr viele Notes bekommt, und frage mich, ob das jetzt einer dieser Momente sein wird, die das Leben verändern. Fühlt sich so an.

Wir waren nicht zufällig vor diese Bar gestolpert. Der Moment hatte sich über Jahre aufgebaut, nachdem meine einfache Schwärmerei für eine britische Boyband außer Kontrolle geraten und auf Twitter gelandet war. 60 000 Follower*innen später, als One Direction zum ersten Mal in Neuseeland auftraten, gab mir eine Followerin, die wusste, dass ich auf dem Konzert sein würde, den Tipp, wo die Band hinterher feiern würde. Der Vorfall in Wellington wurde in einer kleinen Nische des Internets ziemlich bekannt, und man kann vielleicht sagen, dass auch ich schließlich wegen dem, was ich in dieser intensiven Verknallt-heitsphase lernte, in einer kleinen Nische des Internets ziemlich bekannt werden sollte.

Junge Mädchen dürfen sich nicht für Sachen interessieren. Wenn du Popmusik gut findest, bist du basic. Wenn du die Musik magst, die dein Vater früher immer aufgelegt hat, bemühst du dich zu sehr. Wenn du Make-up magst, verschwendest du deine Zeit und dein Geld und bekommst gesagt, dass «natürliche Mädchen» sowieso hübscher sind, und wenn du Sport magst, bist du ein Pick-me-Girl. Wir haben das Gefühl, etwas aus unseren Interessen machen zu müssen, um uns selbst oder der Hobbypolizei zu beweisen, dass sie etwas wert sind. Wenn

Lesen unser Hobby ist, treten wir Buchclubs bei und machen uns Notizen am Rand, um «mehr herauszuholen». Wenn wir ein Instrument spielen, fragen wir uns, ob wir unsere Musik nicht besser aufnehmen und in der Hoffnung auf den großen Durchbruch irgendwo hochladen sollten, und stellen uns diese frühen Ausschnitte als Intro für den Dokumentarfilm vor, den unweigerlich jemand über uns drehen wird. Bei mir war das mit dem Verknalltsein nicht anders. Ein Schulhof-Crush hat meine Anwesenheit im Unterricht immer erhöht. Ein Crush auf der Arbeit führt in der Regel zu besserer (oder zumindest schlagfertigerer) Leistung im Büro oder einem breiteren Lächeln für den Kunden. Ein Crush auf eine Boyband? Tja, so entstand *Shit You Should Care About*.

Alles, was ich über das Dasein im Internet weiß, habe ich an der One-Direction-Uni gelernt. 2010 habe ich mich eingeschrieben und 2014, dank der fünf gut aussehenden Tutoren, die mich motivierten, zu allen Vorlesungen zu gehen, den Abschluss gemacht. Die Band wurde bekannt, als die sozialen Medien sich gerade explosionsartig ausbreiteten, und war dazu angehalten, auf allen davon stattzufinden, also musste ich als fleißige Studentin ebenfalls lernen, dort stattzufinden. Im «Grundkurs YouTube» wurde ich mittels der chaotischen Videotagebücher, die die Band wöchentlich zwischen ihren *X Factor*-Auftritten hochlud, an Vlog-Content herangeführt. Meine Hausaufgabe war, mich auf YouTube einzuloggen, diese Videos anzusehen, das Wesentliche herauszufiltern, sie herunterzuladen und dann zu zerschnippeln, um die besten Ausschnitte in meinen anderen Kursen zu benutzen. In «Einführung in Twitter» lernte ich, was Clips benötigen, um viral zu gehen, wie ein Hashtag funktioniert und wie man dafür sorgt, dass er trendet, und im «Grundkurs Tumblr» verwandelte ich diese Ausschnitte in GIFsets.

In «Einführung in Photoshop» lernte ich, ein «Manip» herzustellen (ein manipuliertes Foto, auf dem man sich selbst neben sein Lieblingsbandmitglied schnitt), und im «Grundkurs Medienkompetenz» wurde geprüft, wie gut ich echte Fotos von diesen «Manips» unterscheiden konnte. «Einführung ins Livestreaming» fand auf Twitcam statt, wo ich den Bandmitgliedern in verschiedenen Konstellationen mit 7000 anderen Fans bis spät in die Nacht dabei zusah, wie sie banalen Teenagerquatsch in ihren Wohnzimmern machten. Hier lernte ich Techniken wie Transkription, Screenshot und Bildbeschriftung, aber vor allem lernte ich, wie man als Allererste ein Update oder einen ikonischen Moment ins Internet hochlädt. Im Fandom waren Timing und Schnelligkeit das Wichtigste.

Wenn die Jungs für einen Preis in Betracht kamen, bei dem das Publikum abstimmen durfte, hatte ich jedes Mal Sonderkurse zum Thema Community-Management, in denen ich mir Strategien überlegen musste, um genug Leute für die nötigen Stimmen zusammenzutrommeln. Zeitpläne für unterschiedliche Zeitzonen schreiben, Verfassen und Teilen von Petitionen, Aufmerksamkeit schaffen für eine Sache, an die wir glaubten – es war alles dabei. Mein Lieblingskurs, «Einführung ins Lektorat», fand auf Wattpad statt, wo ich lernte, wie ohne Verlag veröffentlichte Texte aussehen, aber vor allem, dass ich, wenn ich wollte, einfach drauflosschreiben konnte. Die Prüfung für diesen Kurs bestand darin, unterirdisch schlecht geschriebene Fanfiction zu lesen und dabei die Grammatik zu korrigieren.

Ich beendete das Studium als Klassenbeste, weil ich, obwohl es ein Selbststudium gewesen war, so viel Leidenschaft in das Thema gesteckt hatte wie in nichts anderes zuvor. Ich hatte nun also einen Abschluss in plattformübergreifender Schwärmerei, aber in der echten Welt wäre mein Hauptfach wohl Peinlichkeit gewesen und mein Nebenfach Scham. Ich hatte das alles im Verborgenen gemacht, aus demselben Grund, aus dem man seinen Kindheitscrush für sich behält, und ich war ganz sicher nicht selbstbewusst genug, um meine jahrelange Erfahrung in den Bereichen Lektorat, Community-Management, Photoshop und Social Media in der «echten» Welt einzusetzen – nichts davon. Ich hatte das Fangirlsein als Vollzeitjob betrieben, doch mir wurde schnell klar, dass daraus nie wirklich einer werden würde.

Als mein Bruder Nick noch auf die Highschool ging, lud er seine Freunde jeden Juli zu Übernachtungspartys bei uns im Wohnzimmer ein, um die ganze Nacht lang Tour de France zu schauen. Sie kauften Zeitschriften, auf denen die Fahrer posierten, das Trikot ihres Lieblingsteams (buchstäblich Merch) und redeten den ganzen Monat lang über nichts anderes als Radsport. Ich saß daneben, schaute mir die Höhepunkte und Wiederholungen an, lernte die Namen ihrer Lieblingsfahrer und der Fahrer, die sie gar nicht mochten, und fand diese ganze Tradition das Coolste überhaupt. Wenn Ruby und ich unsere Übernachtungspartys machten, um die Premiere eines neuen One-Direction-Musikvideos zu schauen, oder wenn ich eine Zeitschrift aus UK bestellte, um die Ausgabe mit Louis Tomlinsons Gesicht auf dem Cover zu haben, war das kindisch, peinlich und Geldverschwendung. Nick fing als Mechaniker in einem Fahrradladen an, und ich dachte oft, wie cool es war, dass er aus seinem Hobby einen Job gemacht hatte. Er radelte nach der Schule zur Arbeit, redete ungeniert über bevorstehende Rennen, träumte davon, eines Tages nach Frankreich zu fahren, um der Tour hinterherzureisen (Groupie-Verhalten), und die Vorstellung, sich in diesem Bereich auch beruflich einzurichten, kam ihm nicht abwegig vor. Als mir klar wurde, dass das für mich und mein Hobby nicht galt, löschte ich alles, was ich mir online aufgebaut hatte. Ich verließ alle Communitys und machte das genaue Gegenteil: Ich ging an die Uni und studierte Politik.

Mechanisch bestand ich meine Prüfungen, lernte auswendig, ohne zu verstehen, und langweilte mich. Die. Ganze. Zeit. Was in der Welt passierte, schien mich nichts mehr anzugehen, und von dem, was mich einst so inspiriert hatte, fühlte ich mich losgelöst. Nichts verschaffte mir mehr das Gefühl, verrückt oder besessen oder psycho oder cringe zu sein – alles Dinge, die mir eigentlich hätten peinlich sein sollen, aber die mich glücklich machten. Ich brauchte etwas anderes, in das ich mich verknallen konnte.

Im Laufe meiner Auszeit vom Fangirlen veränderte sich die Stimmung im Internet. Während das exzessive Schwärmen zuvor cringe gewesen war, wurde es jetzt cool und Fansein zu einem wichtigen Instrument für gesellschaftlichen Wandel. Zur Zeit meiner One-Direction-Obsession ging mein Aktivismus nicht weit über die Rächung von Louis' *Over-Again*-Solo hinaus, doch jetzt sabotierten Online-Communitys die Kundgebungen unliebsamer Politiker, sammelten Millionen von Dollar für gute Zwecke und fluteten schädliche Hashtags mit selbst erstellten Edits. Die Welt, der die Kaufkraft und der kulturelle Einfluss von Fans vielleicht schon immer bewusst gewesen war, schien allmählich Respekt für die harte Arbeit zu entwickeln, die es brauchte, um diesen Einfluss herzustellen. Und ich wollte wieder zu diesem Fandom dazugehören.

Die Gründung von *Shit You Should Care About* war wie ein Wiedersehen mit meinem alten Freund, dem Internet. Sobald ich mit dem Suchen, Zusammenstellen und Posten anfing, spürte ich, wie sich die alten Muskeln wieder regten, und da wurde mir klar, dass sie aus meiner jahrelangen harten Arbeit als Fangirl stammten. Es gab ganz Praktisches, was ich auf

SYSCA anwenden konnte, zum Beispiel Websiteerstellung und Schreiben fürs Internet, aber wichtiger waren die immateriellen Fähigkeiten. So wusste ich zum Beispiel sofort, welcher Ausschnitt aus einem Video sich viral verbreiten würde, welches Zitat sich am besten als Tweet eignete, in welcher Ecke des Internets sich die Leute aufhielten, die wir ansprechen wollten, und wie man viele Menschen für eine gemeinsame Idee begeistern kann. SYSCA war neu, aber meine Leidenschaft für Community-Building im Internet war es nicht. Daher huldigte unsere neue Plattform von Anfang an unseren Fandom-Wurzeln, indem wir die Nachrichten mit unserem jeweils neuesten Crush (allen voran Harry Styles) mischten. Das war Strategie: Wir wollten, dass unser Publikum (hauptsächlich junge Frauen) sich mit der Tatsache wohlfühlte, dass es sich sowohl für ernst zu nehmende Dinge wie Nachrichten als auch für nicht ganz so ernst zu nehmende Dinge wie Boybands interessierte. Ein wenig war es auch vom Trotz getrieben: Ich wollte die Interessen reclaimen, für die ich mich einst so geschämt hatte, und ein Geschäft daraus machen.

Es gab jede Menge Meinungen dazu. Klar, im Internet hat jede*r eine. Der Trick ist zu wissen, auf wessen Meinung man etwas geben sollte. Nicht hören sollte man zum Beispiel auf den ehemaligen Manager eines «berühmten» Influencers, der meint, einem solche DMs schicken zu müssen:

Hey Girls,
ich finde toll, wie eure Plattform gewachsen ist, und liebe den Harry-Content. Wie alle.
Nur ein kleiner Rat – ich mache das Ganze jetzt schon seit einer Weile und wünschte, jemand wäre am Anfang meiner Karriere so ehrlich zu mir gewesen.

Die Nachrichten sind im Moment ziemlich heavy, und ihr leistet
wirklich gute Arbeit mit euren Berichten, aber das Harry-Zeug da-
zwischen wirkt im Kontrast ein bisschen zu fluffig.
Vielleicht könntet ihr den Harry-Content auf eine Art «Harry Hour»
konzentrieren, dann wüssten wir, wann wir damit zu rechnen
haben … damit das Gesamtbild nicht so inkonsistent wirkt und wir
uns weiterhin auf den «Shit, der uns wichtig sein sollte» einlassen
können!
Denkt doch vielleicht mal drüber nach, während ihr weiter wachst
und influenct.

Das war die nette Geste eines Mannes, der nicht wusste, dass
er einfach weiterscrollen konnte oder wie es sich anfühlt, Fangirl zu sein. Zum Glück habe ich nie an meinem Bauchgefühl
gezweifelt, deshalb antwortete ich:

«Danke! Über diese Sache haben wir lange nachgedacht, und so
sehr wir dir in manchen Punkten zustimmen, wollen wir doch
nie den menschlichen Aspekt aus den Augen verlieren oder unsere
Inhalte von anderen bestimmen lassen! Vielen Dank, dass du dich
gemeldet hast, aber wenn jemand der Meinung ist, dass alle anderen
Nachrichten irrelevant werden, weil wir Harry Styles posten, dann
ist das dessen Problem. Wir wollen uns in keine Schublade stecken
lassen! <3 <3»

Als unsere Strategie aufging, fühlten sich meine vermeintlich
verschwendeten Jahre plötzlich wertvoll an. Die Fähigkeiten,
die ich nur für das einmalige Erlebnis des Fanseins gebraucht zu
haben meinte, ließen sich plötzlich auf eine Arbeit übertragen,

für die Menschen Respekt empfanden. Die Bestätigung kam von jenen, die uns nun folgten, darunter führende Vertreter*innen der Medienbranche, und das, was wir machten, nachahmen wollten, aber vor allem von anderen Fans, die sich selbst und ihre Fähigkeiten in dem widergespiegelt sahen, was wir da aufbauten.

Zehn Jahre nachdem wir zitternd vor der Bar in Wellington gestanden hatten, schickte mir Harry Styles' Schwester Gemma eine DM und lud mich in ihren Podcast ein. Ich rastete angemessen lange darüber aus und fragte mich, was die fünfzehnjährige Lucy wohl gedacht hätte (wahrscheinlich irgendwas Peinliches und damals Aktuelles wie «YOLO!») und was sie wohl gern gehört hätte. Sie hätte vermutlich wissen wollen, dass es am Ende keine Zeitverschwendung gewesen war, sich ihrem Boyband-Crush jahrelang völlig hinzugeben, und dass sie währenddessen mehr praktische Fähigkeiten online als an der Uni erworben hatte. Sie hätte wissen wollen, dass ihr ihre Zeit als Fan irgendwann so wenig peinlich sein würde, dass sie daraus einen Kernbestandteil ihres Unternehmens machte. Sie hätte hören wollen, dass sie One Direction immer noch liebt, aber ihnen heutzutage niemals mehr mitten in der Nacht in eine Bar hinterherlaufen würde, weil sie gelernt hat, wo die Grenzen sind.

Während des Gesprächs mit Gemma spürte ich so etwas wie Katharsis über mich hereinrauschen. Es ging nie darum, seine Schwärmereien zum Produkt machen zu müssen, weil man ein Unternehmen darauf begründet hat oder hofft, dass man eines Tages mit der Schwester des Stars, von dem man seit zehn Jahren besessen ist, einen Podcast aufnimmt. Es geht darum, dass wir die tiefe Liebe und Obsession zulassen und sehen, wohin es führt, wenn uns egal ist, was die anderen denken. Plane und organisiere deinen Weg in die erste Reihe beim Konzert und sei laut dabei. Genieß die Stunden, die du im Café mit einem Projekt verbringst, zu dessen Umsetzung dich niemand gezwungen hat. Spazier rein ins Weiße Haus, weil sie jemanden brauchen, der ihnen eine Präsidenten-Thirst-Trap baut. Du wirst das alles schaffen, weil du vom Weg dorthin besessen warst. Vergiss nur nicht, dir das alles auch in den Lebenslauf zu schreiben.

Was ist Arbeit?

Von Bel

- Arbeit ist, was wir tun müssen, um zu überleben.
- Arbeit ist eine Mockumentary, in der du morgens aufstehst und die Zeit bis zum Schlafengehen rumkriegen musst.
- Arbeit ist unumgänglich.
- Arbeit ist der Ort, an dem deine Träume mit Glück zum Leben erwachen – manchmal sterben sie dort aber auch.
- Arbeit ist meistens einfach das, was du tun musst, um über die Runden zu kommen.
- Arbeit ist Traum und Albtraum deines Teenie-Ichs.
- Arbeit ist anstrengend, manchmal gut, aber meistens langweilig.
- Arbeit ist, dir klarzumachen, wie du behandelt werden möchtest und was du nicht selbst in der Hand hast.
- Arbeit ist ein Kompromiss, aber sie ist nicht alles.
- Arbeit klingt langsam wie jemand, mit dem du einfach nicht Schluss machen kannst.
- Arbeit ist, was dir jemand in der Vorstandsetage oder einem Café zutraut, auch wenn du ganz andere Vorstellungen hast.
- Arbeit ist, was deine Eltern denken, das du machst.
- Arbeit ist, wovon du ihnen erzählst.
- Arbeit ist, was sie machen.
- Arbeit ist, was du machst, aber nicht alles, was dich ausmacht.
- Arbeit ist ein Konzern mit zu viel Geld, an den du deine Seele verkaufen sollst, aber du weißt es besser.
- Arbeit ist, was du auf LinkedIn postest, um professionell und offen für Abwerbeversuche zu wirken.

- Arbeit ist, mehr oder weniger zu verdienen als die Menschen, die du liebst, und die Anrüchigkeit von Geld.
- Arbeit ist das lebenslange Streben danach, sich nicht bei lebendigem Leib vom System auffressen zu lassen, was du meistern kannst, wenn du Folgendes weißt: Wenn es kein Leben neben der Arbeit mehr gibt, wird die Arbeit unser Leben.
- Es wird immer mehr Arbeit geben.
- Es wird immer mehr Leben geben.
- Deine Aufgabe ist es, dich so einzurichten, dass du nicht das eine für das andere aufopfern musst.
- Hier versuchen wir herauszufinden, wie das klappen kann.

Ich arbeite dran

Von Bel

Erster richtiger Job

Wellington Central, Neuseeland, 2013

Die Handtasche auf dem Tisch kostet mehr als meine Monats-
miete. Die beiden Frauen, die mir gegenübersitzen, sind so gut
gestylt, dass ich das Gefühl habe, in einen Katalog für Desi-
gnerklamotten zu schauen. Das Café ist fast leer; es kommt mir
vor, als würde alles, was aus meinem Mund kommt, im Raum
widerhallen.

«Was sind denn Ihre Schwächen?», fragt die eine. «Oooh,
ähm ... Darf ich darüber kurz nachdenken?», antworte ich, weil
ich, kurz bevor ich heute Morgen aus dem Haus gegangen bin,
einen Blogbeitrag gelesen habe, in dem stand, dass man das im
Bewerbungsgespräch sagen soll, weil es dem oder der potenziellen Vorgesetzten zeigt, dass man eine kluge Frau ist, die sich
Gedanken macht. Die Frauen schauen einander an und lächeln.
Die eine schreibt ein Wort in ihr Notizbuch. Eingestellt.

Einen Tag bevor ich meinen ersten richtigen Job antrete,
stelle ich entsetzt fest, dass ich nichts zum Anziehen habe.
Meine   Fünf-Uhr-morgens-aufstehen-und-mit-dem-Skate-
board-zur-Arbeit-fahren-wo-es-niemanden-interessiert-wie-
ich-aussehe-Klamotten sind plötzlich ein peinliches Relikt der
Vergangenheit. Aber ich brauche die Zukunft. Ich rufe eine
Freundin an, die solche Sachen wie Blazer und Budapester besitzt, hebe die spärlichen Reste meines Ersparten ab und treffe

mich mit ihr in einem Kaufhaus in der Stadt. Handtasche. Ich brauche eine Handtasche und eine Bluse, die zusammen ganz lässig sagen: «Was, das?», als wäre ich ganz selbstverständlich mit Geld aufgewachsen und wüsste, wie man den passenden Wein zum Mittagessen aussucht. Ich kaufe die vier Teile von der Sale-Stange, die ich am wenigsten hasse und die mich an eine Büroszene erinnern, die ich mal in einer Theaterprüfung an der Highschool spielen musste. Kinder, die Erwachsene spielen, die Arbeit spielen. Ich arbeite jetzt in den Medien. Auch wenn ich meinen Eltern nicht erklären konnte, was ich da genau tun werde, weil ich selbst keine Ahnung habe.

Mein erstes offizielles Jahresgehalt beträgt 35 000 Dollar (wir schreiben das Jahr 2013, und noch frisst die Miete weniger als 50 Prozent des Nettoeinkommens, aber selbst für damalige Verhältnisse ist es niedrig), und alles, was davon übrig bleibt, stecke ich in weitere Outfits, um mehr wie eine Frau in der Medienbranche auszusehen. Ich kaufe Schuhe mit Absätzen. Steife Blusen. Ich habe eigene Visitenkarten, die in einem kleinen Behälter vorne auf meinem Schreibtisch liegen, als wäre ich Immobilienmaklerin. Diese ganzen winzigen Details sind eine grandiose Rechtfertigung dafür, dass mein Universitätsabschluss 42 000 Dollar gekostet hat, weil ich damit die Schwelle zum Frausein in der Welt überschritten habe. UND ich besitze ein Firmenhandy. Ich mach's wie Sheryl Sandberg. Ich leane mich verdammt noch mal in.

Es läuft also folgendermaßen: Ich stehe jeden Morgen um 6:30 Uhr auf, packe eine Tupperdose mit zerkochtem Reis und Kichererbsen in meine Handtasche und gehe zu Fuß den Hügel runter ins Büro. Klippklapp, klippklapp, ich liebe es, wie meine neuen High Heels klingen. Als wäre ich jemand Wichtiges und hätte ein Ziel und die ganze Panik der frühen Zwanziger hinter mir gelassen. Ich lerne, E-Mails zu verfassen (Absätze machen, nicht «Sie virtuell kennenzulernen» schreiben, nicht zu viele Ausrufezeichen benutzen, um nicht jung und albern rüberzukommen), bei Besprechungen dabei zu sein, an Konferenzen teilzunehmen, frei zu brainstormen und mir Notizen zu machen, Tabellenkalkulationen zu öffnen, Verträge zu schließen, Leuten zuzuhören, die schon länger am Tisch sitzen als ich, um mir eine Meinung zu bilden, der sie zustimmen wollen, und Ideen zu entwickeln, die ihnen Preise und neue Aufträge einbringen. Alles ist wichtig und alles ein Big Deal, und der Druck und die Selbstgefälligkeit sind aufregend. Ich experimentiere mit Lippenstift (knallrot, zwischendurch leider auch mal dunkellila) und Gelnägeln, um mich «vollendeter» zu fühlen, und allmählich verbinde ich das Geräusch einer um 22 Uhr aus dem Postausgang rauschenden E-Mail mit Befriedigung («Sorry für die späte Antwort! Supervoller Tag!»).

Ich hätte nicht gedacht, dass es noch glamouröser werden kann, aber das wird es. Ich steige in einen Hubschrauber und schaue mir eine neu errichtete Reklametafel aus der Luft an, um das «volle Kund*innenerlebnis» zu haben. Ich übernachte in teuren Hotels und sitze dort bis drei Uhr morgens in der Lobby, um noch Unterlagen fertig zu machen und dann einen Nachtflug zu einem wichtigen Meeting in einer anderen Stadt zu nehmen. Berühmte, kluge Leute machen ihre berühmte, kluge Werbesache, und ich beobachte sie und versuche, sie auf meine eigene bescheidene Art nachzuahmen. Ich habe mich noch nie im Leben so wichtig gefühlt, ich unterstütze große Marken dabei, Werbeplätze im Fernsehen zu kaufen, die niemand in meinem Alter sehen wird, Bannerwerbung zu schalten, auf die niemand aus meiner Welt klicken würde, und Anzeigen in sozialen Medien, die gerade erst erfunden worden sind. Das ganze Konzept Arbeit ist so neu für mich, dass mir die Arbeit einen Lebenssinn und eine Persönlichkeit gibt.

Die andere aufregende Neuheit für mich als Frau in der Medienbranche war, dass alle meine Aufmerksamkeit suchten und mir Sachen umsonst schicken wollten. Einmal kamen Vertreter eines bekannten Radiosenders zu uns ins Büro und schenkten uns stapelweise CDs zu Weihnachten, nur um dann festzustellen, dass niemand mehr die Möglichkeit hatte, diese abzuspielen. Ein anderes Mal wollte mir ein Mann Werbefläche auf einer Nachrichtenseite mit als Journalismus getarnter Werbung verkaufen («Sieht genauso aus! Merkt keiner! Kräht kein Hahn nach!»), und nannte mich auf dem Weg nach draußen wegen meines Lippenstifts eine «Femme fatale». Einmal versuchte mich jemand abzuwerben, und der Verantwortliche rief mich sogar an, um sich zu vergewissern, dass ich bei dem niedrigen Gehalt nicht «am Wochenende Benzin zapfen» müsse, um mich über Wasser zu halten. Das waren meine ersten Begegnungen mit den unregulierten Schattenseiten von Arbeit, und obwohl ich während meiner Entwicklung hin zur Frau, die auf der Arbeit weiß, was sie tut, viele schöne, glänzende Erfahrungen gemacht habe, werden diese Momente mich immer begleiten.

Wenn man neu in einer Branche ist, ist die erste Zeit immer schwierig und berauschend, und am liebsten würde ich den Schnelldurchlauf anschmeißen, um sofort an den Punkt zu gelangen, an dem ich Selbstvertrauen habe, etwas gelte und nie danebenliege. Ich werde auf LinkedIn markiert und komme mir wie ein Star vor. Ich gewinne einen Preis, betrinke mich und bin glücklich und müde, und das scheint der Sinn des Ganzen zu sein. Eines Abends sitzen mein Chef und ich noch spät im Büro und arbeiten an einem Pitch. Das ist eine seltsam glückliche, erfüllende Zeit, denn zu Hause ist die Bude feucht und es muss Abendessen gemacht werden, bei der Arbeit dagegen fühlt es sich an, als würde ich etwas aus meinem Leben machen. Er ist der erste Mann in meiner Karriere, der meine Ideen hören will, und er lehrt mich eine Sicht auf die Welt, die mein Leben prägen wird. Als wir an diesem Abend unsere Laptops zuklappen und das Licht ausmachen, sagt er: «Pass bloß auf – wenn die Arbeit dich ausfüllt, wird sie dich auffressen.»

Es ist nach 21 Uhr, als ich in meine Wohnung ohne Flur zurückkehre, in der ich mit zwei Freund*innen wohne. Die eine hat sich gerade verlobt, der andere arbeitet an seinem Durchbruch als Stand-up-Komiker. Bei beiden ist das Licht aus. Meine neutrale Maybelline-Lidschattenpalette liegt noch offen auf dem Waschtisch im Badezimmer. Der Luftentfeuchter gluckert vor sich hin, und ich stehe davor und esse Instantnudeln aus einer silbernen Schale, das Geräusch der Gabel auf dem Metall leistet mir Gesellschaft. Beim Essen scrolle ich und bekomme Posts zur Five-to-nine-Routine, die manche vor ihrem Nine-to-five-Job haben, und Motivationsbildchen mit Captions wie «Wenn die anderen schlafen, steh auf und verfolge deine Träume» angezeigt. Wer sind die anderen? Warum ist Arbeit eine Verfolgungsjagd? Das muss es wohl sein, was die Leute meinen, wenn sie davon sprechen, es «ganz nach oben» zu schaffen.

Alles, was du über Arbeit wissen musst, lernst du bei *Grey's Anatomy*

South Yarra, Melbourne, 2017

Ein neuer Juniormitarbeiter kommt in einer Werbeagentur in meine Abteilung (die momentan nur aus einer Person besteht: nämlich mir). Obwohl ich im Leben genau genommen auch nur Juniormitarbeiterin bin, komme ich mir innerlich viel älter vor. Influencer*innen sind gerade erst erfunden worden, und die Medienlandschaft verändert sich so rasant, dass man, wenn man nicht ständig online ist, ausgemustert wird wie ein überholtes iPhone oder wie Münzen, wenn alle nur noch kontaktlos zahlen.

Ich will mich lebendig fühlen. Ich will mich relevant fühlen. Ich muss irgendwie rechtfertigen, dass ich die Geschäftsführung überzeugt habe, jemanden für mein Team einzustellen, weil ich meine Siebzig-Stunden-Woche verkürzen will. Ich brauche den nächsten Kaffee. Junior unterbricht meine Gedanken. Er trägt die Kappe unironisch mit dem Schirm nach hinten, und ich frage mich, ob ich jetzt auch für Mode zu alt werde. Er bittet mich, kurz einen Blick auf seine Arbeit zu werfen, die sich stapelt und ihn stresst. Er ist putzig und nervös und sagt: «Die Deadline stresst mich so, ich glaub ich kotz gleich auf die Straße.»

«Willkommen im Arbeitsleben», sage ich aus vollem Herzen und weiß jetzt schon, dass ich mir das «Auf die Straße Kotzen» für den Rest meines Lebens jedes Mal ausleihen werde, wenn ich das Stresslevel in dieser Branche beschreiben will.

Ich mag ihn, ich möchte nicht, dass es ihm schlecht geht, und er soll mich mögen, denke ich mit einer Art Branchenretterkomplex. Auch wenn ich das nicht beeinflussen kann und er eines Tages selbst verzweifelte Anrufe um elf Uhr abends erhalten wird, weil ein paar Pixel auf einem Bild die falschen sind, tue ich mein Bestes.

«Okay», sage ich und rolle meinen ergonomischen Schreibtischstuhl vor seinen Computer. «Es gibt da eine Szene relativ zu Anfang von *Grey's Anatomy* …»

«Meinst du das ernst?», fragt er.

«Ja, und es ist sehr wichtig, dass du das verstehst.»

Ich stelle meine Kaffeetasse neben seinen Monitor. Er hebt die Kappe kurz und fährt sich durch die Haare, ehe er sie wieder aufsetzt und sein Smartphone zur Hand nimmt, um sich Notizen zu machen. «Okay, also, die Assistenzärzte sind neu;

sie machen den Job ungefähr seit zwei Wochen, und ein Patient stirbt in der Notaufnahme. Sie wollen ihn für tot erklären, aber da kommt ihre Vorgesetzte rein und sagt: «Er ist noch nicht tot – Sie müssen ihn wiederbeleben.» Die jungen Ärzte sagen: «Was? Nein! Er ist eindeutig tot. Sehen Sie? Kein Puls, kein einziger Herzschlag.» Aber sie sagt: «Nope, nicht tot, versuchen Sie es weiter.» Der Tag vergeht, und die Ärzte tun alles, was möglich ist, um jemanden wiederzubeleben, bis es fast lächerlich wird. Sie sind müde, richtig müde, und geben fast auf; der Mann ist ganz klar tot, und das nun schon ziemlich lange. Schließlich kommt der Abend, und nachdem sie stundenlang Defibrillatoren, andere Maschinen und Verfahren ausprobiert haben, kommt ihre Vorgesetzte wieder rein und sagt: «Okay, jetzt können wir offiziell sagen, dass er tot ist.» Die Assistenzärzte verstehen nicht, warum sie den ganzen Tag mit dem Versuch verschwendet haben, einen Toten zum Leben zu erwecken, und wollen von ihr wissen: «Wozu das Ganze?», und sie antwortet: «Jetzt können Sie seiner Familie sagen, dass er tot ist. Und Sie können ihnen in die Augen sehen und sagen, dass Sie wirklich alles getan haben.»

Junior schweigt kurz, während er darüber nachdenkt. «Ach du Scheiße», sagt er schließlich. «Das ist eine echt gute Metapher.» Ich lehne mich zurück und nehme einen Schluck Kaffee. «Aber jetzt muss ich doch nachfragen: Vergleichst du da Arbeit mit Sterben?»

Gib mir eine Chance

Morningside, Auckland

In der Arbeitswelt ist man oft davon abhängig, dass jemand es mit einem wagt. Man kann seine E-Mails verschicken, seinen

Lebenslauf erweitern und zu morgendlichen, von Hafermilch-
marken gesponserten Networking-Veranstaltungen gehen, aber
zwischen dem, was man kann und dem, was einem jemand anders zutraut, gibt es eine Lücke. Man denkt sich die ganze Zeit:
Jetzt lass mich doch endlich mal jemand rein, damit ich unter
Beweis stellen kann, dass ich gut bin und es ernst meine.

Trotz all der vielen Stunden, die man mit Arbeiten und Lernen und der Frage verbringt, ob man gut genug ist, gibt es immer noch den Zufall. Und das Glück.

Jahrelang habe ich eine Tabelle mit Ablehnungen von Zeitschriften und Websites gepflegt, die E-Mails in Ordner sortiert und
mir eine Erinnerung in den Kalender gemacht, um nach einer
gesellschaftlich akzeptablen Frist einen neuen Text zu schicken
und mich erneut demütigen zu lassen. So läuft es im Kreativ-
bereich, und dieser Kampf ist nicht neu, aber er ist intensiver
geworden. Die Welt des Schreibens hatte sich im Laufe meiner
Zwanziger verändert; jetzt musste man nicht mehr nur gut
sein in dem, was man tat, sondern auch eine Follower*innen-
schaft mitbringen, um das zu beweisen. In New York wurden
irgendwelche It-Girls groß, weil sie Style und einen Standpunkt
hatten. Wenn man Social Media für eine Marke machte, wurde
erwartet, dass man fünf Plattformen aus dem Effeff beherrschte,
filmen und schneiden konnte und auch noch täglich sein
Gesicht für Content in die Kamera hielt. In Zeitschriften stand
der @ der Autor*innen neben ihren Namen und daneben wiederum die Zahl ihrer Follower*innen. Jede Generation sehnt sich
nach einer früheren, analogeren Welt, aber das hier war etwas
anderes. Die Auswirkungen des extremen Onlineseins änderten
alles.

Man musste nicht nur beweisen, dass man von den Möglichkeiten, die die Online-Economy eröffnete, nicht abgehängt

worden war, sondern auch bereit sein, sein Leben zur Ware zu machen, um Content zu erstellen, den Fremde sahen und kommentierten und dadurch unterstützen wollten, wobei ihre Aktivität wie ein Versicherungsschein für Verleger wirkte, die es mit einem wagen wollten. Ich liebte das Internet, aber ich wollte nie mein gesamtes Leben der Lächerlichkeit preisgeben, um erfolgreich zu sein. Nachdem ich einen Nachmittag lang an einem «Influencer-Shoot» mitgewirkt und einen Blick hinter die Kulissen ihrer Realityshow geworfen hatte, gab ich mir drei Versprechen, die mir helfen würden, meine geistige Gesundheit trotz Nutzung des Internets zu bewahren:

Dass ich nie über meinen echten Alltag lügen würde (indem ich z. B. «Megawochenende» postete, obwohl ich mit Migräne im Bett lag).

Dass ich nie Aufmerksamkeit oder Bestätigung suchen würde, weil ich mich einsam fühlte (Hochladen von Thirst Traps, wenn die Hormone verrücktspielten und mir alles trostlos vorkam).

Nie alle intimen Einzelheiten meines Lebens preiszugeben (Stalking sollte Zeit, Mühe und überdurchschnittliches Geschick erfordern).

Und so arbeitete ich im Stillen weiter neben dem Job, warf Leinen aus und hoffte auf einen Biss. Darauf, dass eine E-Mail mein Leben verändern würde. Und dann geschah etwas völlig Unvorhergesehenes: Es ergab sich eine Gelegenheit im echten Leben.

An einem Donnerstagnachmittag saßen wir mit meinen Arbeitskolleg*innen beim Pub-Lunch und genossen die Sonne, ich hatte einen guten neuen Job, bei dem niemand von mir verlangte, dass ich mich für das Meeting mit einer Bank «ein bisschen ausgefallener» anzog oder als einzige Frau im Raum Kaffeebestellungen entgegennahm, und ich dachte: Vielleicht ist es das jetzt, vielleicht soll Arbeit so sein. Ich könnte gerade fast einen Inspirationspost über Work-Life-Balance schreiben. Ich könnte aus dieser Erkenntnis ein fünfseitiges PDF machen und es am Weltfrauentag auf einem Podium präsentieren. Lucy, das Mädchen, dem ich jeden Morgen vor dem Büro über den Weg laufe, ist auch da. Je weiter sich der Krug mit dem sirupsüßen Cider leert, desto mehr Kolleg*innen stehen vom Tisch auf, um ihrem Leben außerhalb der Arbeit nachzugehen, aber wir kommen irgendwie nicht weg. Ihr Handy leuchtet alle zwei Sekunden auf, ihren Laptop mit den Harry-Styles-Aufklebern hat sie zwischen ihren Beutel und das Bein eines Bartischs geklemmt. Wir können nicht aufhören, über irgendwas zu lachen, das an diesem Tag auf Instagram viral gegangen ist. Ich bin frisch getrennt und zynisch, und es geht um Klischeeposts von heterosexuellen Paaren.

«Partnerbademäntel mit Monogramm.»

«‹His & Hers›-Zahnbürsten.»

«Man Caves.»

Es geht mühelos hin und her, in einem ziemlichen Tempo, eins nach dem anderen.

«Wochenendtrip mit dem hier.»

«‹Männerparkplatz›-Schilder vor Klamottengeschäften für Frauen.»

«Männer aufgereiht auf dem Golfplatz und dazu der Spruch: ‹Samstags sind die Jungs dran.›»

«Darfschein von der Chefin.»

«Bei der Hausarbeit helfen, um rangelassen zu werden, nennt man Vorspül.»

Ich lache so sehr über unsere geteilte Verachtung für Online-Klischees, dass mein ganzer Körper bebt. Jeder Mensch darf seine eigene harmlose Form der Selbstdarstellung finden und über sein Leben posten, wie er will. Aber wenn man fast jede wache Sekunde für die Arbeit online ist, kann man schon den Eindruck bekommen, dass das nicht für alle nachvollziehbar ist, und wenn man dann jemanden trifft, der oder die das kennt, ist das ein kosmisches Gefühl. Ihr habt beide einen sehr spezifischen Blick auf das Internet, ihr seht, wo Wellen entstehen und Leute auf Trends aufspringen wollen – da ist es schwer, sich nicht in einer übersättigten Gesellschaftskritik zu verlieren. Es ist dieses Parallelgefühl, das man auf einer Party hat, wenn man gleichzeitig mit den coolen Leuten im Wohnzimmer tanzen, aber auch in der Küche sein will, um ihnen zuzuschauen.

Wir lachen immer noch. Lucy kippt den letzten Rest aus dem Krug in ihr Glas, ihr Handy leuchtet auf, das Internet lockt immer und ständig. «Schreib das doch mal alles auf und schick es mir», sagt sie mit klappernden Plastikperlenarmbändern und in der Sonne leuchtenden gecrimpten pinken Haaren. Diese zehn Wörter werden mein Verständnis von Arbeit grundlegend verändern.

Unternehmerinnen

LUCY: ok ich habe nachgedacht
darüber wie verrückt es ist dass dein talent
ans werbetexten verschwendet wird
ich weiß es bezahlt die rechnungen und so
aber warum veröffentlicht dich niemand??
ich will dich veröffentlichen ♀

BEL: Hör auf. Nachher bilde ich
mir noch was drauf ein
Aber ernsthaft jetzt?
Ich mein
Das wär natürlich MEGA
Es ist echt schwer, was veröffentlicht zu kriegen
Und ich bin mir ziemlich sicher, dass sowieso
nur Texte von Frauen angenommen werden,
die schon einen Namen haben
Und ... irgendwie einen It-Girl-Auftritt im Internet
und akademische Spitzenabschlüsse

LUCY: neeeeein
ich bin obsessed mit dem text den du
letzte woche im newsy übers phoenixing
geschrieben hast
(und der rest der SYSCAhood genauso)
ich hab echt das gefühl ... dass wir da
an was dran sind.

BEL: WIRKLICH
Ähm, cute
Liebend gern, j'adore
Obviously
Ich könnte jede Woche einen schreiben,
wenn du willst?

LUCY: äh das wär MEGA
lass uns die woche mal morgens vor der arbeit
zusammensetzen und das besprechen

BEL: Ich trags mir unter dem Decknamen
«Phoenixing» in den Kalender ein.

PITCH-VORBEREITUNG

AUFBLENDE:
INNEN. BESPRECHUNGSRAUM – EINE FIRMA MIT
FLIPPIGEM NAMEN, DER SOWOHL NOMEN ALS AUCH
ADJEKTIV SEIN KANN – NACHT.

DIE ERSTE EINSTELLUNG ist ein Konferenzraum in einer trendigen Werbeagentur. Männer haben sich versammelt, die meisten tragen schwarze T-Shirts unter Sakkos und Statement-Sneaker. Eine Frau (WORKING WOMAN), Anfang 20, in Jumpsuit und Sneakern, sitzt vor einem Laptop und tippt, um sie herum Ausdrucke mit handschriftlichen Notizen. Auf einem Getränkewagen stehen Kristalltumbler. An der Wand hängt eine Hirschkopftrophäe aus Pappe neben einem gelben Neonschild, auf dem in Schnörkelschrift MAKE DOPE SHIT steht. Es ist spät. Alle packen ein.

BOSS-MANN
(enthusiastisch)

Also, der Pitch ist morgen um neun. Ich weiß, dass wir alle ein paar lange Nächte hinter uns haben. Aber ich sag euch eins: Unser Zeug ist verdammt geil! Das ist kein Storytelling mehr, das ist Storydoing.

ANDERE MÄNNER *lehnen sich zurück, trinken ihr Bier aus, lachen, sagen Sachen wie «Ja, Mann!» und fangen an, ihre Laptops einzupacken.*

GEDANKEN DER WORKING WOMAN
Ich bin so müde, dass ich mir wie eine geschmol-
zene Kerze vorkomme. Innerlich fühle ich mich im
Wortsinn tot. Gestern Abend kam ich so spät von
der Arbeit nach Hause, dass ich zum Abendessen nur
noch eine Viertelgurke auf dem Schlafzimmerboden
essen und mir dabei Hip-Hop-Tanzvideos auf YouTube
angucken konnte.

*Wir sehen den vollgemüllten Konferenztisch mit Essensver-
packungen, leeren Bierflaschen und losem Papier, auf das
mit dickem Filzstift Diagramme gekritzelt sind.*

GEDANKEN DER WORKING WOMAN (FORTGESETZT)
Hätte ich mir heute Morgen mal die Haare gewaschen.
Vergessen, meiner Freundin eine Nachricht zum Geburtstag zu schreiben. Wie kann ich so schnell wie
nur menschenmöglich einschlafen?

BOSS-MANN
(spricht mit WORKING WOMAN, sieht sie dabei nicht an)
Wenn du dann heute Abend die Präsentation Korrektur
lesen und zwölfmal kopieren könntest - nicht doppel-
seitig -, wär das echt nice. Ich glaub, das ist genau
das, was die suchen.

*BOSS-MANN steckt das Moleskine-Notizbuch in seine
Ledertasche und holt seinen Tesla-Schlüssel heraus.*

BOSS-MANN (FORTGESETZT)
Ach so … Meinst du, wir sollten das vielleicht
lieber binden lassen? Schon, oder? Gebunden zeigt:

«Wir haben alles im Griff», oder? Ach, und wär das okay, wenn du uns für morgen früh Ubers bestellst, damit wir da hinkommen? Das ist ja am anderen Ende der Stadt … Am besten sind wir um 8:30 Uhr dort, holen uns schnell einen Kaffee und gehen alles noch ein letztes Mal durch.

WORKING WOMAN *steht inzwischen und dissoziiert.*

WORKING WOMAN
Äh, es ist 22:45 Uhr.

BOSS-MANNS *Handy klingelt. Er hält die Hand vor den Hörer und formt mit übertrieben verzogenem Gesicht das Wort «SORRY».*

BOSS-MANN
Gigi, Babe! Nein, ich geh gerade. Hast du einen Tisch gekriegt?

WORKING WOMAN *schaut sich im Raum um und sieht, dass alle anderen Männer ihre Bomberjacken angezogen haben und gehen.*

INTERCUT MIT: ANDY SACHS IN «DER TEUFEL TRÄGT PRADA»

BOSS-MANN hält die Hand vor den Telefonhörer und spricht direkt zu WORKING WOMAN, die inzwischen allein im Raum ist. Er selbst ist schon halb aus der Tür.

BOSS-MANN (FORTGESETZT)

Hey - noch ganz kurz, bevor ich weg bin -, könntest
du morgen vielleicht ein bisschen was Ausgefalleneres
anziehen? So was richtig Cooles. Also nicht
so wie das, was du jetzt gerade anhast, sondern
irgendwas, das mehr unserem Vibe entspricht? Unsere
Marke unterstreicht, du weißt schon! Vielleicht
fragst du mal deine Mitbewohnerin?
(Wieder in sein Telefon)
Nein, nein – ich komme! Bin in zehn Minuten da.
Negroni, Babe, du weißt Bescheid, ha ha ha.

WORKING WOMAN
Zwanzigtausend.

BOSS-MANN
Hm?

WORKING WOMAN
Zwanzigtausend, hab ich gesagt.

BOSS-MANN
Babe, das Budget in der Präsentation ist nur ein grober
Anhaltspunkt – dem Kunden morgen wird das gar nicht
auffallen.

WORKING WOMAN
Nein – ich mache das alles, wenn du mir zahlst,
was ich laut Glassdoor wert bin, und zwar
ausschließlich innerhalb der Arbeitszeiten.
Zwanzigtausend Dollar mehr.

WORKING WOMAN legt den Dokumentenstapel auf den Tisch, verschränkt die Arme vor der Brust, nimmt die Macht-pose ein, von der sie im Internet gelesen hat, und sieht BOSS-MANN direkt in die Augen.

Als Girlboss und SHE-EO[1] Frauen-geschichte schreiben

von Lucy

Wir schreiben das Jahr 2015, und ich bin 17 Jahre alt. *Hotline Bling* ist der meistgespielte Song der Welt und alle diskutieren darüber, ob Taylor Swifts Squad feministisch ist oder nicht. Ich klappe meinen Laptop auf, und mein Desktophintergrund sagt mir: «Act like a lady, think like a boss.» Ich schaue auf die Uhr. Sie zeigt mir, dass mein Tag die gleichen vierundzwanzig Stunden hat wie der von Beyoncé.

Der Countdown läuft. Als Erstes in meinen vierundzwanzig Stunden sage ich mir, dass das Glück mit denen ist, die sich richtig reinhängen. Ich werde so lange hustlen, bis mein Kontostand aussieht wie eine Telefonnummer (ich trage die Lokalzeitung aus). Aber jetzt erst mal: Schule. Mit Kaffee in der einen und Ehrgeiz in der anderen Hand stehe ich vor der ersten Challenge des Tages: Ich darf noch nicht Auto fahren. Hmm: Was würde Beyoncé tun?

Ich werde mich wohl von meinem persönlichen Fahrer (Dad) zu der reinen Mädchenschule fahren lassen müssen, auf der ich an dornigen Chancen wachse. Schließlich machen Siegerinnen kein Drama, sondern Geschäfte. Sechs Stunden vergehen wie im Flug, weil ich mich so lange auf mich fokussiere, bis der

---

1 SHE-EO (scherzhaft): Eine Frau in der Arbeitswelt, mit stillem Verweis auf die gläserne Decke und den Gender-Pay-Gap, ohne beides extra erwähnen zu müssen. Merke: Man muss nicht CEO sein, um SHE-EO zu sein.

Fokus auf mir liegt. Ich melde mich in jeder Stunde, weil ich auf Tumblr gelesen habe, dass schüchterne Mädchen nicht das Eckbüro bekommen. In der Mittagspause verschwendet keine von uns Zeit damit, über Jungs zu reden. Single? Nein. Vergeben? Nein. Mittendrin im Aufbau eines Imperiums? Ja.

Nach der Schule ist Netball-Training, wo ich die Muskeln aufbaue, die es braucht, um die gläserne Decke UND das Patriarchat zu zerschlagen. Sorry, dass ich so ehrgeizig bin! Lol, Scherz. Ein schlaues Mädchen kennt seine Grenzen, ein smartes Mädchen weiß, dass es für sie keine gibt.

Abgeholt werde ich von jemand anderem. Diesmal ist es eine Frau (Who runs the world? Girls!), die ein bisschen aussieht wie meine Mutter. Als wir zu Hause ankommen, sagt meine Fahrerin-Slash-Mutter und zertifizierte Bossbitch zu mir, ich solle mal ein bisschen den Gang rausnehmen: Ich nähme mich selbst zu hart ran. Die Leute hassen es einfach, wenn ein Girlboss Erfolg hat, sage ich mir. Mir soll hier gefälligst niemand ohne meine Zustimmung das Gefühl geben, minderwertig zu sein!

Um 21 Uhr ist es aus mit good vibes only. Ich bin komplett ausgepowert, und Beyoncé hat gerade einen Grammy gewonnen. Ich gehe ins Bett und bin bereit, morgen wieder anzugreifen.

Sprung in die 2020er. Drakes letztes Album war ein Flop. Die Leute können sich noch immer nicht entscheiden, ob Taylor Swift nun Feministin ist oder nicht, aber sie ist jetzt Milliardärin, also wen interessiert's? Die Girlbosse, zu denen ich früher aufgeschaut habe, sind inzwischen abgemeldet, aber wir haben sowieso alle schon vor fünf Jahren aufgehört, den Begriff ernsthaft zu benutzen.

Ich betrete den Co-Working-Space als Unternehmerin (I guess), und jemand scherzt, ich wäre «eine waschechte SHE-EO».

Am liebsten würde ich schreien: «ES IST NICHT SO, WIE ES AUSSIEHT!»

So sieht es nämlich in Wirklichkeit aus: Die Designer-Outfits, die ich an den Girlbossen gesehen habe, sind Fundstücke aus dem Secondhandladen. Das «Team», das sich bei ihnen um das ganze komplizierte Zeug kümmern sollte, besteht bei mir aus einer Handvoll meiner besten Freundinnen, und keine von uns weiß wirklich, was sie da tut, aber genau deshalb macht es ja solchen Spaß. Wenn ich morgens um fünf Uhr aufstehe, dann nicht, um zu meditieren oder Pilates zu machen, sondern weil ich mir schon ausmale, weswegen die Leute im Internet heute wieder sauer auf mich sein könnten. Entweder das, oder ich stehe auf, weil ich mich so darauf freue, mit allen meinen Internetfreund*innen am anderen Ende des Newsletters zu kommunizieren. Mein «verschwenderischer Lebensstil» besteht aus einem Haus, das ich mit meinen drei Mitbewohner*innen gemietet habe und in dem sich der Recyclingmüll in der Ecke höher stapelt und wackliger ist als jeder Jenga-Turm.

Es sieht so aus, dass ich ständig erklären muss, warum ich mein Business nicht «skalieren» will (Investoren ins Boot holen, einen ganzen Haufen Mitarbeiter*innen einstellen), weil ich lieber glücklich bin, als im Geld zu schwimmen. Die «hohe Sichtbarkeit», die ich zu brauchen meinte, um «meiner Marke zum Durchbruch zu verhelfen», war nicht echt, denn für die meisten Menschen bin ich immer noch eine Unbekannte. Für die Podiumsdiskussionen, an denen ich meinte, nur mit Karteikarten, PowerPoint-Präsentationen und LinkedIn-mäßigen Bewerbungsfotos teilnehmen zu dürfen, brauche ich in Wirklichkeit nur Lebenserfahrung, Ehrlichkeit und Lust zu quatschen.

Ich habe in Konferenzsälen gesessen, in denen ich die jüngste Person war, die einzige, die Pink trug, und in denen ich es Leuten an der Nasenspitze angesehen habe, wenn sie meinten, ich hätte mich auf dem Weg irgendwo anders hin zu ihnen verlaufen. Ich bin umgeben gewesen von Führungskräften von Airbnb und Patagonia, von Leuten aus der Vorstandsebene, die Titel trugen wie CEO und Chief People Officer, und habe mich vor denen als Gründerin eines Medienunternehmens vorgestellt, das ein Schimpfwort im Namen trägt. Ich habe in New York City mit unvorstellbar krassem Jetlag auf der Bühne gestanden (immer noch in Pink, immer noch ohne Bleistiftrock), nachdem ich einen der buchstäblich längsten Flüge der Welt hinter mir hatte, und habe Leuten von der *New York Times* und *The Atlantic* erklärt, wie man «die Jugend erreicht».

Nichts davon ist wegen dieser peinlichen Zitate passiert, die ich im Internet aufgeschnappt habe, oder wegen dem teuren Briefpapier, das ich mir eigentlich nicht leisten konnte und um das ich meine Mutter angebettelt habe, oder wegen der seelenfressenden Routinen, die mich ausgebrannt haben, oder wegen der Vorstellung, dass ich es nur allein an die Spitze schaffen kann, oder wegen dem «mühelosen» Messy Bun, für den ich in Wirklichkeit eine Stunde brauchte und der mir so was von gar nicht stand. Es ist nicht passiert, weil ich Selbsthilfebücher oder die Manifeste amerikanischer Unternehmer*innen gelesen habe, deren Eltern sich als «Serial Entrepreneurs» bezeichnen. Es ist passiert, weil ich mich von millennialpinken Büros ferngehalten und lieber auf dem Boden meines WG-Zimmers gearbeitet habe. Weil wir uns solche bescheuerten Aktionen ausgedacht haben wie Hunderte von Plakaten zu drucken und uns spätabends auf den Unicampus zu schleichen, um sie dort hinter jede Toilettentür zu kleben, die wir finden konnten. Weil wir so lange Scheiße an die Wand geworfen haben, bis etwas hängen blieb. Weil ich zugegeben habe, wenn ich etwas nicht verstand, anstatt so zu tun, als wäre es anders (und das zur Grundlage unseres Unternehmens machte). Weil ich Freundschaft immer

Vorrang eingeräumt habe. Weil ich Nein zum schnellen Geld gesagt habe. Weil ich mir keine langfristigen Ziele setze, weil sich die Welt sowieso verändern wird. Weil ich gelernt habe, wie ich mich selbst aus der Gleichung ausklammere. Weil ich viele Ratschläge einhole und nur manche befolge. Weil ich gemerkt habe, dass ich nicht Beyoncé bin, dass die vierundzwanzig Stunden, die ein Tag hat, für alle unterschiedlich sein können und dass diese ganze Girlboss-Ära sowieso cringe war.

Du weißt, dass du kurz davor bist auszubrennen, wenn du dir ausmalst, wie du deinen Arbeitsplatz niederbrennen wirst

Sorry für die Verspätung, ich war zu Hause und habe versucht, das Leben zu genießen, aber dann ist mir eingefallen, dass das einen Preis hat. Hab ich viel verpasst? Ich vermisse meine Bettdecke. Ich vermisse es, meinen Körper zu spüren. Ich vermisse es, Dinge zu wollen, zum Beispiel draußen sein, zum Beispiel lachen, und mein Mittagessen von einem Teller zu essen, anstatt tropfend über einer Plastikschale an meinem Schreibtisch. Ich bin hier, weil ich zu oft Ja gesagt habe, und jetzt halten mich alle für talentiert und fähig, statt für menschlich und makelbehaftet, und vielleicht bin ich das alles gleichzeitig, aber es hat sich wie Zinseszins angehäuft, ins Minus allerdings, sodass ich jetzt in einer Art Energie-Dispo bin. Und irgendwie ist auch schon wieder Sonntag, und ich frage mich, ob ich durch den Kauf dieses cuten Sale-Artikels endlich mein Leben auf die Reihe kriegen werde. In den Warenkorb legen, Tab schließen. Kapitalismus ist böse, aber dieses Designerjackeneinzelstück ist vielleicht genau das, was ich brauche, was alles verändern wird. Apropos brauchen: Ich muss sofort ins Bett, weil ich nicht um fünf Uhr morgens aufstehen und mich mit der Wim-Hof-Methode aus der Affäre ziehen kann. Ich würde am liebsten mein ganzes Leben Strg+Alt+löschen und noch mal neu anfangen, nur wache ich immer wieder im selben Körper im selben Leben auf und muss, ach, Mann, ey!, selbst was ändern. In dem Artikel über mein unausgeschlafenes, aber faszinierendes Leben in der Frauenzeitschrift wird mich die Interviewerin, sobald ich alles im Griff habe, fragen: «Was ist

Ihr Geheimnis?», und ich werde sagen: «Sag Nein. Ruh dich aus. Bitte um Hilfe. Wenn du einen Teil von dir selbst opferst, sorg dafür, dass ein Enddatum in Sicht ist. Geh zur Arbeit und komm hinterher in dein anderes Leben zurück, in das Leben, das dich liebt, das dich zurückliebt.»

Der weibliche Drang, ständig erzählen zu wollen, dass das eigene Lebenswerk gar nichts Besonderes ist

Von Lucy

Es ist niederschmetternd festzustellen, dass ich noch nie eine originäre Erfahrung gemacht habe. Dass wir uns alle unsere eigenen Sprachnachrichten anhören, nachdem wir sie abgeschickt haben, und hektisch werden, wenn wir an der Kasse das Wechselgeld im Portemonnaie verstauen müssen. Dass ich nicht die Einzige bin, die den Flugbegleiter*innen bei der Sicherheitseinweisung besonders aufmerksam zuhört, weil sie die Musterschülerin sein will, oder die aus dem Fenster schaut und sich fragt, wie zum Teufel es sein kann, dass der Mond mit dem Auto mitfährt. Noch niederschmetternder ist die Erkenntnis, dass zu diesen offenbar sehr gewöhnlichen Erfahrungen auch gehört, dass die meisten von uns ihre Erfolge herunterspielen, als wären sie eine Datei, die wir aus Versehen nicht an eine E-Mail angehängt haben.

Kleinstadt, Neuseeland 2022

Ich habe mich heute beim Friseur in ein Netz aus Lügen verstrickt. Ich wollte blond sein, um mehr Spaß zu haben, weshalb ich mich innerlich auf zwei Dinge vorbereitet hatte: die Google-Anfragen, die einem einfallen, wenn man ein paar Stunden lang nichts anderes als sein eigenes Spiegelbild angestarrt hat («kleine schwarze Punkte auf Nase», «wie Kinnhaare entfernen»), und den unvermeidlichen oberflächlichen Small Talk.

Erst heißt es immer: «Wie geht's denn heute?» oder «Was machst du an Weihnachten?» und dann unweigerlich: «Was machst du beruflich?», und da nahm das Netz seinen Anfang. Anstatt der Friseurin zu sagen, dass ich seit ein paar Jahren ein erfolgreiches Medienunternehmen leite (und dass wir gerade eine Listening-Party für Harry Styles himself veranstaltet haben), verschluckte ich mich und nuschelte, ich sei freie Journalistin. Die nächsten Fragen waren zu erwarten:

«Für wen schreibst du?»

«Worüber schreibst du?»

«Habe ich vielleicht schon mal was von dir gelesen?»

Wegen ihrer effektiven Anschlussfragen gewinne ich langsam den Eindruck, dass sie vielleicht freie Journalistin werden sollte, und während ich mir weiter eine Grube in den Linoleumboden grabe, indem ich ausweichend mit weiteren Lügen antworte, frage ich mich, warum zum Teufel ich ihr nicht einfach gesagt habe, was mein echter Job ist? Es ist schließlich nicht so, als wäre ich nicht stolz auf das, was ich mache – das bin ich! –, aber da ist außerdem dieses nagende Gefühl, dass es sich nicht gehört oder cringe ist, über den Erfolg zu sprechen, den ich gehabt habe, oder dass man es sich lieber für LinkedIn aufheben sollte, wo alle so tun, als wollten sie so was hören. Ich weiß, wahrscheinlich zerdenke ich das Ganze mal wieder, und es ist schwer, allzu eitel zu wirken, während ich wie eine vom Blitz getroffene Barbiepuppe hier sitze und Alufolie in allen Richtungen aus meinem Kopf ragt, aber jetzt haben wir den Salat nun mal. Der Friseurstuhl bricht uns alle.

Zur Ehrenrettung der Streber*innen

Ich bin obsessed mit dem «Gifted child to depressed adult pipeline»-Meme, weil: Oh shit, it's me. Es geht darum, dass du, wenn du in der Schule ein «begabtes» Kind warst, wahrscheinlich das Gefühl hast, deine Blüte zu früh erreicht zu haben oder von deinem eigenen Potenzial erdrückt worden zu sein. Oder du hast die Aufforderung, «nicht abzuheben», so sehr beherzigt, dass es dich ruiniert hat. Relatable! Ich habe den Eindruck, das wird uns ständig eingetrichtert, von Lehrer*innen, von unseren Familien, von Kendrick Lamar – nach dem Motto: «Greif nach den Sternen und lande auf dem Mond, aber behalt es für dich, damit die anderen Kinder nicht neidisch werden!» «Mach krasses Zeug, aber bleib extrem entspannt dabei, sonst kommst du rüber wie ein*e Narzisst*in!» Sehr verwirrend für diejenigen von uns, die von Natur aus Streber*innen sind.

Im Erwachsenenleben greifen Personalverantwortliche diesen Gedanken der Selbstkontrolle oder des Schämens für Erfolge in ihren PowerPoint-Präsentationen auf und bezeichnen das Ganze als Tall-Poppy-Syndrom. Sie erklären es folgendermaßen: Stellen Sie sich vor, Sie haben ein Feld voller Mohnblumen, die alle gleich schnell wachsen sollen. Eine Zeit lang geht es gut, bis eines Tages eine Blume größer und schneller wächst als die anderen. Eine Ausreißerin. Ekelhaft! Damit der Garten weiterhin einheitlich aussieht und alle Blumen wieder die gleiche Höhe haben, wird die Blume, die zu schnell gewachsen ist, zurückgeschnitten. Das ist das Tall-Poppy-Syndrom: Keine Blume darf in ihrem Bereich außergewöhnlich sein.

Das Tall-Poppy-Syndrom ist nicht nur auf die Natur beschränkt, sondern hat auch online seine Samen gestreut. Jahrelang arbeitet man umsonst am Aufbau einer Community, und sobald sich die Gelegenheit bietet, mit dieser ganzen Schinderei ein bisschen Geld zu verdienen, wird man als «Kommerz-schlampe» abgestempelt. Die Person, die man sich auf YouTube anguckt, seit sie dort angefangen hat, verdient plötzlich genug Geld, um sich ein Haus zu kaufen, und wird niedergemacht, weil ihr Leben nicht mehr «realistisch» ist. Die Inhaberin eines Kleinunternehmens, das im Internet viral gegangen ist, hat ihren großen Durchbruch aufgrund eines Artikels, den die New York Times über sie schreibt, und wird in den Kommentaren von Typen niedergemacht, die sich daran aufhängen, ob sie ihre Steuererklärung richtig gemacht hat oder nicht.

Aber natürlich gedeiht im Internet auch manches. Um es mit den Worten eines Tech-Bros zu sagen: Wir leben heute in einer grenzenlos wirkenden Welt, die jedem Menschen die Möglichkeit bietet, von einem kleinen Ort aus etwas Großes aufzubauen. So konnte ich mir zum Beispiel überhaupt erst ein Leben außerhalb eines Fünfzig-Meilen-Radius um meinen Hei-matort vorstellen. Durch die Entdeckung von LimeWire und von Musik, die nicht aus den Top 40 des Lokalradios war. Durch das Lesen eines Blogs, den jemand betrieb, der jünger und mutiger war als ich, und einen kleinen Samen pflanzte, den ich in meine berufliche Zukunft mitnahm. Es spielte keine Rolle, dass ich am Ende der Welt hockte; die Entfernung nach ganz woanders hin war immer nur so weit wie der Einwahlton lang.

Das Internet wurde für die Streber*innen unter uns geschaf-fen, die fest daran glauben, dass es da draußen eine ganze Welt zu erobern gibt, egal woher wir kommen oder wie bescheiden wir dort gefälligst bleiben sollen. Jetzt müssen wir nur noch he-rausfinden, wie wir diese Energie auf unser Offline-Leben über-tragen können.

Kill the part that cringes, not the part that's cringe – ein paar Tipps

Die Leute cosplayen, die man auf LinkedIn hasst

Das soll jetzt absolut kein Aufruf sein, LinkedIn-Broetry mit doppeltem Zeilenabstand zu schreiben oder zu posten, dass wir zwar gerade im Krankenhaus liegen, aber unserem innovativen Arbeitgeber ja so #dankbar sind, dass er uns großzügigerweise ein paar Tage freigibt, um wieder gesund zu werden. Was wir uns von den LinkedInfluencer*innen abschauen können, ist ihr Grad an Verblendung und ihr unerschütterlicher Glaube daran, dass alle danach lechzen, von der lebensverändernden Konferenz zu hören, an der sie teilgenommen haben. Wenn Leute im Internet als Stellenbeschreibung «Chief Awesomiser» angeben können, kannst du deinem Quizteam ja wohl auch von deiner Beförderung erzählen.

Wenn du der Eifersucht die Hand gibst, wird das dein Leben verändern

Eifersüchtig sein heißt Mensch sein. Eifersucht hat dafür gesorgt, dass wir jemanden auf den Mond geschickt haben, dass Instagram die Storyfunktion geklaut hat, und sie bildet die Grundlage für das gesamte *The Summer I Turned Pretty*-Franchise. Uns wurde immer vermittelt, dass Eifersucht ein hässliches Gefühl ist, das wir besser unterdrücken oder wegschieben. Aber was, wenn es dir in Wirklichkeit genau das zeigt, was du dir wünschst? Was, wenn du dich mal fragst, warum du das Gedicht dieser Person so sehr hasst, und plötzlich merkst, dass du auch gern so mutig wärst, eins zu posten? Was, wenn du glauben könntest, dass die Person, die sich über dich lustig macht, in Wirklichkeit gern das Gleiche machen würde wie du? Das könnte dein Leben verändern.

Nimm das Kompliment beim ersten Mal an

Meine Theorie ist, dass es mindestens drei Versuche braucht, bis eine Frau ein Kompliment annimmt. Die erste Reaktion ist Leugnen oder Herunterspielen: «Ja, das wirkt erst mal wie eine große Sache, ist es aber eigentlich nicht – das hätte jede schaffen können!» Die zweite Reaktion ist Erklärung, das klassische «Ach, hab ich im Sale gekauft!» oder «Ist uralt!».

Und wenn wir nicht zu Selbstironie oder zur Komplimenterwiderung übergehen, akzeptieren wir es vielleicht beim dritten Versuch. Wäre doch cool, wenn wir versuchen würden, das gleich beim ersten Mal zu schaffen. Noch cooler wäre es, wenn wir es gleich selbst von uns denken würden.

Freunde dich damit an, dass man dich unterschätzt

Trenn dich von dem Gedanken, dich vor Leuten beweisen zu müssen, die es sowieso nie checken werden. Was soll schon passieren, wenn du nicht den ganzen Tag über «Synergien» nachdenkst und E-Mails mit einem Unternehmensslogan beendest, bei dem du innerlich stirbst? Wenn du professionell tust, um dich vor einem Mann im Anzug zu beweisen, laugst du dich nur selbst aus. Lass es stattdessen zum schönsten Gefühl der Welt werden, wenn du einen Raum betrittst, in dem zu sein du dir verdient hast, und anschließend dabei zusiehst, wie andere das auch allmählich erkennen.

Lucky-Girl-Syndrom ist eine Lüge; du hast hart dafür
gearbeitet

Wenn du dich so klein wie möglich gemacht hast und trotzdem noch Gutes passiert, redest du dir ein, dass alles nur ein glücklicher Zufall ist. Dass alles, was du erreicht hast, auf die Konstellation der Planeten am Tag deiner Geburt zurückzuführen ist. Die Glücksillusion lässt sich nur zerstören, indem man die Wahrheit erkennt: Du hast es dir verdient. Manchmal kommt diese Einsicht mit der Zeit von selbst. Man kann die Glücksfesseln aber auch sprengen, indem man um Bestätigung bittet (das darf man nämlich). Für mich brauchte es einen Typen in einer Bar, der ein Gesicht hatte, das immer nur dazu bestimmt war, von mir vergessen zu werden, und der mir erzählen wollte, mein Unternehmen existiere nur, weil ich 2018 «einmal» Glück gehabt hätte. Immer, wenn ich meine, ich verdiene das alles nicht, denke ich daran.

Wenn sonst nichts hilft, such dir jemanden, der über dich
redet, als würde er gerade deinen Stern auf dem Holly-
wood Walk of Fame enthüllen

Als wir in Lissabon eines Abends an einem Tisch mit personalisierten Speisekarten, stilvollen Kerzenständern und beinahe Wildfremden sitzen, wird Bel und mir die gefürchtete Frage gestellt: «Und was macht ihr beruflich?»

«Ach, nur ...», setze ich an, ehe Bel mich unterbricht. «Lucy wird dir das nicht selbst erzählen, aber sie ist eine richtig große Nummer ...», sagt sie und beschreibt mein Leben auf eine Weise, dass ich es am liebsten transkribieren und direkt in meinen Lebenslauf schreiben würde. Als sie fertig ist, tauschen wir über den Brotkorb hinweg wissende Blicke aus. Dass wir die

PR-Managerin der jeweils anderen spielen, haben wir uns ausgedacht, um uns gegenseitig vor unserem Streberinnen-Cringe zu bewahren. Als es an der Zeit ist, die Rollen zu tauschen, tue ich das Gleiche für sie und lasse nichts aus, von ihrer Zeit als Traurednerin über die Magie, die sie als Dichterin besitzt, bis zu der Frage, wie wir überhaupt Freundinnen geworden sind.

Worn Out Women[1] (kurz: WOW) können nicht ständig ihre eigene Fürsprecherin sein; wir tun schon genug. Am besten suchst du dir einen Menschen, der bei einem beliebigen Weihnachtsessen neben dir sitzt und sich einschaltet, bevor du sagen kannst, dass du «nur» dieses oder «nur» jenes machst (ob es dabei um deine Arbeit oder einfach deine Art zu leben geht). Lass sie über dein Leben reden, als wäre es fett gedruckt. Und dann gibst du das Gleiche zurück.

---

1 Worn Out Woman: Moderne Frau, die nicht mehr die nötige Energie für die Existenz in der Welt aufbringt. Siehe auch S. 70.

In Meetings unterschätzt zu werden, bereitet mir die reinste Freude. Hier erfährst du, wie auch du das haben kannst:

▷ Zieh was Niedliches an, unbedingt von einer nicht erkennbaren Marke. Was Buntes. Oder eine Haarspange. Alles, was auch nur im Entferntesten als «mädchenhaft» gilt.

▷ Entwaffne jemand Vorgesetztes mit einem Kompliment.

▷ Lass die andere Person aussprechen, bevor du anfängst zu reden.

▷ Sei unter 1,65 m groß.

▷ Lächle und sag nichts, wenn andere über ihre Anlageportfolios oder die neueste digitale Handelswährung sprechen, auch wenn deine eigenen Aktien richtig gut laufen. Sie werden nicht danach fragen.

▷ Tu so, als würdest du jemanden oder etwas, den oder das «man kennen muss», nicht kennen. Wenn zum Beispiel jemand Aristoteles zitiert oder ein «bahnbrechendes» Buch erwähnt.

▷ Sag: «Ich hätte auch gern einen», wenn du gebeten wirst, Kaffee zu holen, und es nicht dein Job ist, ihn zu besorgen, das aber irgendwie angenommen wurde.

▷ Sei still, wenn jemand damit angibt, dass er in der Beta-Phase in ein neues Tech-Start-up investiert hat, obwohl dein Side Hustle auf der gleichen Liste steht.

▷ Frag: «Was ist das?», wenn jemand dich als «Influencerin» bezeichnet, nur weil du eine Internetpräsenz hast.

▷ Lächle und winke und beteilige dich freundlich an der Unterhaltung, bis es Zeit ist zu gehen, und erwähne ganz am

Ende lässig irgendeine Insiderstatistik zu einem aktuellen Sportereignis, ein Stück Popkultur, an dem du beteiligt warst, oder eine Information zu einer Branche, zu der dir kein Wissen zugetraut wird.

▷ Beende deine E-Mails so, dass es etwas Persönliches über dich verrät.

▷ Genieß den Moment, in dem du ihre Erwartungen auf den Kopf stellst. Erinner dich an den Blick in ihren Augen. Ihren Gesichtsausdruck. Behalte sie fürs nächste Mal (es wird eins geben).

Worn Out Women

Verdien Geld, aber nicht zu viel. Trag Sneaker, aber nur, wenn sie sauber und nicht so angesagt sind wie seine. Schreib in der Mittagspause unter dem Schreibtisch eine SMS an deine Therapeutin und beende E-Mails mit «Wenn nicht, ist auch ok». Sag das Abendessen ab, weil das Meeting länger dauert. Entschuldige dich wortreich. Pack den richtigen BH für den nächsten Morgen in eine größere Tasche, in die die siebentausend Sachen reinpassen, die du brauchst, um dich wie ein Mensch zu fühlen. Geh zum Yogakurs, um deinen Geist zu reinigen, mal eine Stunde das Handy nicht in der Hand zu haben und niemandem außer deinen Neurosen Rechenschaft ablegen zu müssen. Besorg dir eine Meditations-App und lass sie dir von der Arbeit bezahlen. Sei witzig und schlau, aber setz auch Grenzen und geh pünktlich nach Hause. Mach die eine Sache, die du liebst, neben dem Job, um dich daran zu erinnern, dass das Leben mehr ist als der reine Kapitalismus. Wiederhol dieses Mantra, während du den ganzen Tag von Marken verfolgt wirst, die dir ein Top verkaufen wollen, das dein Leben verändern wird. Bring jemanden dazu, dir zurückzuschreiben. Verlieb dich, damit du dir die Lebenshaltungskosten teilen kannst. Krieg eine Gehaltserhöhung. Lern, wie man Geld anlegt, weil du lange leben wirst. Komm vor dem nächsten Morgen von der Arbeit nach Hause. Hab immer gewaschene Haare. Benutz das Vitamin-C-Serum, das für deinen Hauttyp am besten geeignet ist; du müsstest inzwischen wissen, welches das ist. Schick einer Freundin eine Sprachnachricht vom Büroparkplatz. Hör nach, wie es deinen Eltern geht. Guck nach, was du auf dem Sparkonto hast. Poste etwas, das der Welt in

Erinnerung ruft, dass du klug und witzig und da bist. Schalte die Arbeitsbenachrichtigungen stumm, aber beantworte E-Mails, weil du alles haben kannst, schon vergessen? Du hast es so gewollt.

KAPITEL 2

Weshalb wir unsere Heimat manchmal zurücklassen müssen

Darüber, am entlegensten Ende
der Welt aufzuwachsen, wegzugehen
und zurückzukehren

Sie wird es weit bringen

Von Lucy und Bel

New York, New York. Alle schreiben immer über New York. The Big Apple! Total crazy! Überall lauter Lichter und Metros und Menschen! Die Stadt, die niemals schläft. Oder London. Die berühmte Tube! Die U-Bahn! Immer proppenvoll! Soho House! Die schicken Vororte und der große Park beim Palast! Die Queen! Die Pubs! Und die ganze *Geschichte*! Oder L.A. Über L.A. schreiben auch ständig Leute. Darüber, wie romantisch, warm, wild und gesundheitsfanatisch die Stadt ist und wie sie einmal mit ein paar Jungs in ihren Autos in Silver Lake rumgecruist sind und bis nachts um drei Uhr im Diner saßen, zwischen all den blinkenden Hotel-Neonleuchten, die man sein Leben lang aus Filmen kennt.

Worüber niemand zu schreiben scheint, sind die kleinen Orte mit weniger poetischen Namen, in denen keine Neonschilder blinken und aus denen niemand Berühmtes kommt. In Neuseeland gibt es eine ganz eigene *Herr-der-Ringe-Narnia*-Einsamkeit, die man Leuten, die nicht von dort kommen, schwer erklären kann, ohne so zu klingen, als sei man gleichzeitig unfassbar privilegiert und es leid, ständig klares Quellwasser trinken zu müssen. Die Kleinstädte, aus denen wir kamen, waren weit weg von Nachtbussen, Großstädten und allem, wohin man mit einem Pass und einer Tote Bag fliehen konnte – es waren Orte, an denen man selbst etwas Magisches erschaffen, seine eigenen Geschichten schreiben und daran glauben musste, dass es da draußen irgendwo all das gab, wovon man immer geträumt hat.

Weggehen zu wollen, hatte weniger damit zu tun, dass wir

uns für etwas Besseres hielten, als vielmehr mit dem Wunsch, all die Orte zu besuchen, die wir aus Serien, Filmen und Büchern kannten und von denen wir träumten, die uns aber unerreichbar schienen. Die Frauen, die wir werden wollten, erzählten Anekdoten, wie sie heimlich aus dem Fenster gesprungen und in die Großstadt abgehauen waren, sich auf Konzerte geschlichen und über Bands berichtet hatten, die in irgendeinem schicken oder alternativen Club auftraten. Bei uns im Ort gab es einen Irish Pub die Straße runter, in dem junge Farmer*innen ihre Erzeugnisse präsentierten, und Lokalblätter, die über unsere Schulprojekte berichteten.

Als SYSCA international durch die Decke ging, schienen alle erstaunt zu sein, dass es von jungen Frauen am anderen Ende der Welt betrieben wurde, schließlich handelte es sich um das Land, wo die All Blacks herkamen, nicht um eins, in dem neue Medienplattformen erfunden wurden. Wir wurden eingeladen, bei Events Vorträge zu halten, bekamen Deals angeboten, trafen Autor*innen und ergriffen Chancen … Es hatte uns gerade mal 3000 Dollar und gefühlt Hunderte Zoom-Konferenzen von fünf Uhr in der Früh bis elf Uhr abends gekostet, dorthin zu gelangen. Wir haben das Glück, da herzukommen, wo wir herkommen, das Glück, davon träumen zu können wegzugehen, und das Glück, wieder zurückkehren zu können. Doch die Fragen nach Herkunft und Zugehörigkeit sind viel grundsätzlicher:

Sollte ich weggehen, oder reicht mir, wo ich bin?
    Falls ich gehe, woher weiß ich, wohin?
    Wo ist mein Platz in der Welt?

Mittlerweile ist Wohnen so teuer, dass die Vorstellung, sich dauerhaft irgendwo niederzulassen, genauso überholt scheint wie veraltete Technologien. Das zwingt unsere Generation dazu,

sich damit abzufinden, dass wir womöglich immer mit der Un-
gewissheit leben müssen nicht genau zu wissen, welchen Ort
wir «Zuhause» nennen können, was das eigentlich ist und wie
weit wir gehen sollten, um es zu finden.

Diese Suche unterscheidet uns beide: Eine von uns geht gerne
fort, die andere bleibt gerne an einem Ort, und genau dadurch
wissen wir, dass beides seine Berechtigung hat.

Aufbruch von Ost nach West

Von Bel

Waikura Station, Neuseeland, 1992

Mein erstes Zuhause befand sich an einem der entlegensten Orte in Neuseeland. Mein Dad hatte einen Job als Schafhirte auf einer Farm in Waikura Station, in der Nähe eines Ortes namens Cape Runaway. Man brauchte allein den halben Tag, um rauszufahren und auf die Hauptstraße zu gelangen, die sich stundenlang durch die Landschaft schlängelte und zur nächstgelegenen Stadt führte. An unserer Hintertür wurden regelmäßig ramponierte Kartons mit Bücherspenden von Farmerfrauen abgestellt, damit Mum die örtliche «Bibliothek» aufbauen konnte, und der Arzt kam unangekündigt zu Pferd und musste eine Woche, manchmal auch länger bleiben, je nachdem, ob jemand ein Baby erwartete oder schwer erkrankt war – wovon er keinerlei Kenntnis hatte, bevor er eintraf.

Lange Zeit war es meinem Millennial-Ich, das in einer Zeit des Einwählinternets und Klapphandys groß geworden war, unmöglich, dieses Ausmaß an Isolation zu begreifen. Wir zogen zurück in die Zivilisation, als ich noch ein Baby war, aber dieser so prägende Teil meines Lebens – dort, wo buchstäblich alles begann, fühlte sich stets fremd an. Wie, ihr wusstet nicht, wann jemand vorbeikommen würde? Erst als ich mit 17 Jahren Jane Campions *Das Piano* sah, fing ich an zu verstehen. Der Film, der 1993 gedreht wurde, ein Jahr nach meiner Geburt, erzählt die Geschichte einer Frau, die in den 1850er-Jahren aus Schottland in die matschige, melancholische Kolonie Neuseeland kommt, weil sie dort einem Grenzsiedler versprochen ist. «Genau so hat es sich angefühlt», sagte Mum, die aus dem Nichts Wunderbares erschaffen kann, und deutete auf Standaufnahmen aus dem Film, die ausgedruckt auf dem Esstisch vor mir lagen. «Wir erschlossen völlig neues Land.»

Sobald ich es begriffen hatte, verließ mich dieses Gefühl der Isoliertheit nie mehr ganz. Dieses Gefühl, nicht genau zu wissen, woher ich komme oder wohin ich gehöre; Fragen, auf die ich schon mein ganzes Leben versuche, Antworten zu finden. Das ist so ein Teenage-Ding, wenn man darüber nachdenkt, so von wegen: Wo stehe ich? Wer bin ich? Und all die sonstigen Ängste, von denen man in sein Tagebuch schreibt, wenn man auf dem Weg zur Erwachsenen einen Selbstfindungsprozess durchläuft. Aber diese Fragen haben mich weiter begleitet, während ich durch die Welt zog, wie Steine, die ich immer wieder umdrehe in der Hoffnung, dass sich mir darunter etwas offenbart. Auf meinen Reisen ist mir aufgefallen, dass diese existenzielle Suche nicht jeden umtreibt. Manche Menschen werden mit einer inneren Gewissheit geboren. Diese Leute sind mir sympathisch. Sie wissen, wohin sie gehören. Dieses ganze Zugehörigsein strahlt so eine Sicherheit aus.

Aber wenn man es nicht weiß, ist es, als würde man zuschauen, wie andere ihren Platz im Leben finden, und als würde man darauf warten, dass bei einem selbst auch der Tag kommt, an dem sich alles fügt. Und zwischen diesen Phasen der Isoliertheit schwappt dann plötzlich etwas in mein Leben; ich lerne jemanden kennen oder gehe irgendwo hin und es fühlt sich ein wenig wie Schicksal an. Und wenn die Welle sich dann zurückzieht, liegt mein Leben verändert da und ich muss mir erst mal einen Reim darauf machen.

Die erste Welle kam, als ich 13 war. Mein Bruder wurde plötzlich schwer krank, und wir verbrachten zwei Jahre damit, alles zu tun, damit er wieder genesen würde. Ich fühlte mich schuldig, weil ich gesund war, als hätte ich eine unfaire Portion Glück abbekommen und dürfte mich nicht beschweren. Es war eine einsame und verwirrende Zeit in der ohnehin schon einsamen und verwirrenden Pubertät. Die Vorhänge waren zugezogen, niemand kam zu Besuch, meine Eltern sprachen flüsternd über eine ungewisse Zukunft und ich wollte am liebsten still und heimlich aus dem Fenster meines Zimmers abhauen an einen Ort, an dem es mehr Leichtigkeit gäbe. In den schlimmsten Momenten sagte Mum immer: «Diese Erfahrung macht aus dir einen gefestigten, einen liebenden, einen tiefgründigen Menschen.» Weisheit erlangt man oft in solch dunklen Momenten.

Als ich Anfang zwanzig war, zog dieses Gefühl der Isoliertheit mit mir zu Hause aus und gehörte nur noch mir allein. Ich fühlte mich angezogen von Abenteuergeschichten, mysteriösen weiblichen Figuren, die eine ähnliche Neugier auf die Welt umtrieb. Stundenlang las ich Erzählungen über Frauen, die ihre Grenzen ausloteten, die erkundeten, wo das endete, was von ihnen erwartet wurde, und all das begann, was sie als Möglichkeit für sich selbst erkannten. Ich schaute Filme über Robyn Davidson, die in den 1970er-Jahren das australische Outback durchquerte. Oder über Cheryl Strayed, die in den 1990er-Jahren den Pacific Coast Highway entlangwanderte. Nach den Zigarette-und-Schmollmund-Magermodel-Jahren à la Kate Moss standen in der Popkultur plötzlich Abenteurerinnen im Mittelpunkt, die sich nicht um ihr Aussehen scherten. Ich konnte gar nicht genug davon kriegen. Trotzdem bekamen die Frauen in diesen Geschichten immer dieselben zwei Fragen gestellt: «Wovor läufst du davon?» und «Woher weißt du, dass das der richtige Weg ist?». Darauf antworteten sie mit einem wissenden Lächeln, das zu besagen schien: «Irgendetwas zieht mich in diese Richtung.»

Das konnte ich gut nachempfinden. Irgendetwas zog mich fort, ich konnte nur nicht benennen, was.

Ich fing an zu glauben, die Lösung für mein Gefühl, isoliert zu sein, bestünde darin, Anschluss zu suchen, und da der größte Kontrast zu Neuseeland die Welt jenseits des Ozeans war, würde ich dorthin gehen und all die Antworten auf die Fragen finden, mit denen ich mich herumschlug. Indem ich mich auf das Unbekannte einließ, hoffte ich, mein tief sitzendes Gefühl zu überwinden, weit weg von «allem» (was auch immer das war) zu sein, und herauszufinden, wo ich ganz authentisch ich selbst sein konnte. Es gibt zwei Arten von Menschen – die einen, die sich diese Fragen stellen, und jene, die das nicht tun; entweder wir wollen diese Kiste aufmachen oder wir schieben sie weit von uns weg.

All das hat dazu geführt, dass ich besessen bin von Heldenreisen, sogenannten Quests, was nichts damit zu tun hat, dass ich in dem Land aufgewachsen bin, in dem *Der Herr der Ringe* gedreht wurde (reiner Zufall), dem Quest-Archetypus, sondern damit, den Sinn des Lebens zu suchen. Quests sind im Grunde nur Zielsetzungen mit einem abenteuerlichen Namen, bei denen es allerdings nicht darum geht, Geld zu machen oder Besitztümer anzuhäufen. Sie sind äußerer Ausdruck eines inneren Wandels. Während man für Zielsetzungen ein Whiteboard und eine Punktetabelle braucht, sind Quests eher eine Berufung, die häufig sonst niemand versteht. Sie nehmen uns in die Pflicht, unser freiestes Selbst zu sein. Sie nehmen dem Leben eine Weile lang seine Komplexität. Sie erfordern Mut außerhalb unseres Alltags, fordern uns auf, unsere Komfortzone zu verlassen und herauszufinden, was alles möglich ist.

So kam es, dass ich 2016 mit 23 Jahren meinen ersten richtigen Job kündigte und Neuseeland verließ. Ich wollte mir die Möglichkeiten der Welt erschließen und das Gefühl hinter mir lassen, nicht recht in das Schema zu passen, in das mich meine Herkunft presste. In den darauffolgenden Jahren zog ich als Globetrotter quer durch Australien und Europa – egal wo ich war oder wohin ich ging, oft saß ich irgendwo am Flughafen und vertrieb mir die Zeit, indem ich auf Schmierpapier Ideen kritzelte, was ich als Nächstes tun könnte, und steckte sie hinten in meinen Terminkalender, um etwas in petto zu haben, falls ich einen Anhaltspunkt brauchte. Es waren Anregungen von Unbekannten, Geheimnisse, die mir Locals anvertraut hatten, oder Einfälle, die mir in Fieberträumen kamen, während ich mich als freiberufliche Texterin in der feuchten Hitze der Nacht im Hostel-Doppelstockbett wälzte. Wenn man nicht auf herkömmliche Art und Weise an einen bestimmten Ort oder eine bestimmte Tätigkeit gebunden ist, fängt man an, nach Zeichen Ausschau zu halten. All diese Ideen aufzuschreiben, war für mich äußerst tröstlich, da ich wusste, dass sie immer für mich da wären, sollte ich sie brauchen. Jahre später, als ich 27 war und auf der Couch meiner Freundin Lisa in Amsterdam wohnte, fiel eines Morgens einer dieser Zettel aus meiner Tasche auf den Boden ihrer Wohnung. Darauf stand: «Durch Spanien pilgern», was ich als Wink des Schicksals empfand.

Was folgt, ist kein Reisebericht, denn das ist langweilig und davon gibt es jede Menge im Internet.

Hostel-Schlafsaal, Irun, Spanien, 2019

1/35

Von meinem Platz im Doppelstockbett kann ich geradewegs in das Gemeinschaftsbad blicken, wo ein Mann in ein Urinal pinkelt und nichts anhat, bis auf die untere Hälfte seiner Wanderhose mit abnehmbaren Beinen, Sandalen und eine Stirnlampe, deren rotes Lämpchen leuchtet. Sofort fällt mir ein, was ein Mädchen abends auf einer Party zu mir gesagt hat, bevor ich mich auf die 865-Kilometer-Wanderung durch Spanien begeben habe: «Ich habe gehört, Pilgern ist eine einzige Sex-Veranstaltung. Jede Nacht fickt man jemand Neues. Irre.» Ich wollte ein Foto machen und es ihr schicken, aber das wäre natürlich ein enormer Eingriff in die Privatsphäre gewesen. Außerdem hatten wir damals keine Nummern ausgetauscht und bestimmt hatte sie den Witz in der Zwischenzeit sowieso vergessen. Also speichere ich diese absurde Situation gedanklich ab und stelle mir vor, wie dieser Mann und ich die nächsten 35 Tage gemeinsam unserem Nomadendasein nachgehen werden.

2/35

Irgendwie sind alle besessen von kleinen Plastiktüten. Ihr Rascheln ist eine Folter, die mich den Rest meines Lebens begleiten wird – dieses Geräusch, wenn Leute um fünf Uhr morgens aufstehen und in einer alten Supermarkttüte nach einem Karabinerhaken wühlen. Dieser Soundtrack wird bei meiner Beerdigung laufen, falls ich nicht endlich etwas Sinnvolles mit meinem Leben anstelle. Auf meine Reise habe ich aus Versehen einen Rucksack mitgenommen, der nur halb so groß ist wie empfohlen, sodass ich extrem gut darin werden musste, so wenig Platz wie möglich zu brauchen, indem ich alles auf dem Boden ausbreite und sorgfältig einrolle, damit alles reinpasst. Kitty, eine Sozialarbeiterin aus den Niederlanden, kniet sich hin, um mir zu helfen, den Reißverschluss zuzukriegen. Offenbar nennt sich dieses Ritual «the squeeze» und wir lachen, als ich mich mit meinem ganzen Gewicht auf den Rucksack werfe, um ihn niederzuringen. «Diesen Trick beherrschen die meisten

Frauen, ohne es zu wissen», sagt sie und streckt die Hand aus, um mir hochzuhelfen.

7/35

Marous, meine Wanderfreundin, lehrt mich die hohe Kunst der Nahrungssuche in Supermärkten. Die Technik geht wie folgt: Eine von uns passt auf die Taschen auf, während die andere reingeht, um uns ein Essen für unter fünf Euro zusammenzusuchen. Sie kommt mit einer Packung Maiswaffeln und einer Dose Pimientos raus, die wir direkt aus der Dose essen, auf einer Parkbank in der Mitte eines Kreisverkehrs. Bevor wir unsere Rucksäcke wieder auf die Schultern wuchten, holt sie ein kleines Notizbuch hervor, das sie bei einem ihrer Streifzüge gekauft hat.

«Für dich», sagt sie. Ich klappe es auf, und auf dem Innencover steht mein Name sorgfältig von Hand geschrieben. «Du musst das alles festhalten», sagt sie und deutet um uns herum. Wir haben die ganze letzte Woche über all die Sinnsprüche gewitzelt, mit denen sich die Leute gegenseitig motivieren. «Mit diesem Buch bist du nie mehr einsam.» Ich fange an zu weinen, vielleicht weil es so eine liebe Geste ist, vielleicht weil ich müde bin und mich die ganze letzte Woche gefragt habe, wann genau sich die poetische Weisheit einstellt, von der all die Reiseblogs immer berichten. Auf dem gegenüberliegenden Gehweg tauchen Schulmädchen auf, die uns auslachen, wie wir mitten auf dem Kreisverkehr hocken wie zwei Neandertaler. Vielleicht fragen auch sie sich, wer sie einmal sein werden.

11/35

Wir kommen zu früh am Kloster an, denn wir sind zwar entspannt, aber insgeheim will auch jede von uns beweisen, dass sie gut zu Fuß ist. Während wir darauf warten, dass die Mönche ihre Kellergewölbe aufschließen, in denen wir übernachten werden, tauchen die anderen Pilger mit Craft-Beer-Kisten auf.

«Ab wann gilt das als Nebenerwerb?», fragt Louie, der pensionierte Direktor einer katholischen Schule, für den dies schon seine sechste Pilgerreise ist. Ich habe mir eine Bronchitis geholt, sodass ich mein Grippostad nehme und im Gras döse, während er aus einem Buch über Seneca vorliest.

Insgeheim grinse ich in mich hinein, während ich schon vor mir sehe, wie ich ein Sinnspruch-Business aufziehe.

«Okay, hört euch das mal an», sagt er. «‹Wer mutig ist, ist frei.› Was halten wir davon?» Allmählich drifte ich in Schlaf ab, aber auf einmal höre ich ihn sagen: «Ein Großteil des Lebens ist langweilig; kein Grund, sich deshalb verrückt zu machen.» Ein Satz, den ich sofort gedanklich abspeichere und nie wieder vergessen werde. Ein paar Stunden vergehen, und die Philosophiestunde geht weiter, bis der Gong ertönt. Zeit fürs Plastiktütengeraschel.

12/35

Tiefgründiger Gedanke: Das Einzige, was zählt, ist, einen Fuß vor den anderen zu setzen. Vielleicht sollte ich später dazu irgendwas Spirituelles posten.

13/35

Sechs von uns übernachten an diesem Abend in einem Baumhaus, das die Familie hinten im Garten gebaut hat. Sie kochen für uns Abendessen, waschen unsere Wäsche, schenken uns Cider in die Gläser und erwarten absolut nichts als Gegenleistung. Diese Gastfreundschaft und Großzügigkeit erlebe ich nur bei Leuten, die selbst nicht viel besitzen, aber alles geben, was sie können. Sobald alle wieder eingepackt haben, liegen wir in unseren Doppelstockbetten unter der niedrigen Decke, reichen eine Stirnlampe herum und erzählen uns Gruselgeschichten in all unseren verschiedenen Sprachen. Ein Deutscher lacht so laut, dass er sich in seinem Schlafsack beinahe in die Hose macht. Auf den ersten Blick nichts Besonderes, aber ich kann nicht fassen, dass ich hier bin. Ich ziehe meine Augenmaske auf. Ich fühle mich gereift und geborgen und jedem überlegen, der nie eine solche Erfahrung gemacht hat.

14/35

Eigentlich sollte ich bedeutende Erkenntnisse haben, die mein Leben für immer verändern, aber meine Gedanken kreisen nur um den Wunsch, mich längere Zeit irgendwo im Warmen niederzulassen. Irgendwo, wo es kein Internet gibt, ich aber genug Geld verdienen kann, ohne die Umwelt zu zerstören. Was für ein Job wäre das? Genau so einen will ich. Ich versuche, mich abzulenken, indem ich Podcast-Interviews mit Leuten anhöre, die zunächst scheiterten, aber nach einigen Anläufen letztlich Erfolg hatten. Mein persönliches Scheitern besteht darin, dass ich meiner Affäre von vor einigen Jahren schreiben will, um herauszufinden, ob er sich noch immer hin und wieder bei Firmenfeiern betrinkt und an mich denkt. Falls ja, könnte es passieren, dass wir uns auf schicksalhafte Art begegnen, ich meine Selbstsuche aufgebe und sich alles plötzlich stimmig anfühlt. Werde die Nachricht sofort tippen, sobald das Licht aus ist.

Hab zusammen mit Kitty am Straßenrand Magnum Mandel ge-
gessen. Bin froh, dass ich doch keine Nachricht geschickt habe.
Wie ich festgestellt hab, brauchte ich einfach nur was zu essen
und jemanden zum Reden. Wir schultern unsere Rucksäcke und
klagen uns gegenseitig unser Plastiktütenleid. «Gibt es heutzutage keine Stoffbeutel mehr?», fragen wir uns laut. Kitty ist krass
und lieb zugleich und es ist angenehm, neben ihr zu laufen. Ich
frage mich, welche Botschaft sie für mich bereithält, und sie
fragt sich, was sie mit der Asche ihres Bruders anstellen soll, die
sie in der Vordertasche herumschleppt. Schweigend höre ich zu.
Sie erzählt mir davon, wie sie schon gewusst hat, dass er tot war,
noch ehe sie den Anruf bekam. «Wir glauben immer, wir hätten
alle Zeit der Welt, aber das stimmt nicht.»

Kann als Ersatz für meine Unterwäsche, die sich in der Hitze
auflöst, nur einen Dreierpack Hello-Kitty-Slips in Größe XXS
finden. In der Umkleidekabine hieve ich meinen Rucksack herunter und quetsche meine Beine in eine der Unterhosen, bevor
ich mich selbst im Spiegel erblicke. Ich sehe aus wie ein aus-
gemergeltes Bandmitglied von Incubus nach einer Welttournee
und lache in mich hinein. Abgeranzt auszusehen ist so befreiend – ein weiteres inspirierendes Zitat, das ich in meinem kleinen Büchlein notieren werde. Als wir wieder unterwegs sind,
biegen Marous und ich vom Weg ab, um eine Runde in unseren
neuen Hello-Kitty-Schlüppis zu schwimmen. Zwei 70-jährige
Frauen sind bereits im Sand und streifen ihre Wanderkleidung
herunter, um dasselbe zu tun.

«Ich frage mich, ob sich das Leben jemals zuvor so einfach

und gut angefühlt hat», sagt Marous und teilt einen Apfel mit ihrem Schweizer Messer in Schiffchen, während *Only you* von Steve Monite aus einem kleinen Lautsprecher ertönt. Ich strecke mich rücklings auf einem Felsen aus, mit unrasierten Beinen und drahtigen Schamhaaren, die durch meine hauchdünne Unterhose sprießen. Meine Oberschenkel, die in der Vergangenheit schon mal als «die Baumstämme Neuseelands» und «Rugbyspieler-Beine» bezeichnet wurden, hängen über den Felsen. Es ist das erste Mal, dass ich wirklich zu schätzen weiß, was sie geleistet haben.

19/35

Als wir am Tisch sitzen, führt Uli ein beruhigendes Abendritual durch: Sie holt einen Zettel aus einem kleinen Umschlag, den sie aus dem Deutschen ins Englische übersetzt für all jene, die keine Neuigkeiten von zu Hause haben und noch nicht bereit sind für das Plastiktütengeraschel im Schlafsaal. 120 Leute werden sich heute Nacht einen Raum teilen. Ekelhaft.

«Wer schreibt dir die?», frage ich.

«Mein Mann», antwortet sie. «Er hat gesagt: ‹Ich weiß, wenn ich dich allein reisen lasse, kommst du auch wieder zu mir zurück.›»

«Macht er sich gar keine Sorgen, wenn du so weit weg bist?», fragt Louie und sieht von seinem iPad hoch.

«Überhaupt nicht», sagt sie und schüttelt den Kopf. «Außerdem – wer sich Sorgen macht, hat den Kopf nicht frei für Träume.»

In dieser Nacht bekomme ich mitten in einem 120-Personen-Schlafsaal die Nachricht, dass mein Bruder mit einer Sepsis in die Notaufnahme eingeliefert wurde. Offenbar laufen wir alle davon, um herauszufinden, wie weit wir kommen, bevor wir zurückkehren müssen.

Noch vor zwei Tagen war ich glücklich, naiv und frei, und jetzt liege ich spätabends wach und denke mit Sorgen an zu Hause, während ich mich auf einer Quest befinde, von der ich dachte, sie würde mir Spaß machen. Quer durchs ganze Land zu wandern kommt mir jetzt enorm albern vor, der Kontrast könnte kaum größer sein. Ich rufe meine Mum und meine Schwester im Krankenhaus an, aber der Zeitunterschied ist gnadenlos, und es gibt nicht viel Neues zu berichten. Ich überlege heimzufliegen und frage mich, was das bringen würde. Meine Mum und meine Schwester sind dort und versuchen, sich um alles zu kümmern, und dann bin da ich, die sich ebenfalls bemüht, aber immer abwesend ist. Offenbar funktioniert so die Rollenverteilung innerhalb von Familien. In meinen Träumen versuche ich, an zwei Orten gleichzeitig zu sein: hier, in meinem Körper und meinem echten Leben, und drüben, am anderen Ende der Welt, wo ich versuche zu helfen, obwohl ich es nicht kann. Freude fühlt sich leicht und unbeschwert an, bis sich die Schlinge zuzieht.

Bergauf. Heiß. Lang. Wunderschön. Endlos. Ich will gerade wieder meinen Geschichten-vom-Scheitern-Podcast anhören, als ein kanadischer Investmentbanker zu mir aufschließt. Ich habe gelernt, ihn zu meiden, weil er den ganzen Tag lang *Strangers* von The Kinks in Dauerschleife auf seinem Handy abspielt. Aber er ähnelt so sehr einer Filmfigur, dass ich nicht umhinkomme, seine Gesellschaft zu genießen.

«Ich hab echt schlimmen Liebeskummer», keucht er. «Wahrscheinlich merkt man das eh», sagt er und streckt die Arme aus wie ein Vogel, wobei die Wanderstöcke an den Schlaufen von

seinen Handgelenken baumeln. Er schreit: «Die dritte Scheidung!» Das Echo hallt aus dem Tal herauf. «Normalerweise laufe
ich vor dem Schmerz davon, aber diesmal laufe ich mitten rein!»
Okay, das reicht. Ich biete ihm eine Cashewnuss an, bevor ich
schnell weiterlaufe. Aber es lässt mich nicht los, wie sehr er das
hier braucht, wie wir gehen, um uns selbst zurückzulassen. Es
ist, als ob … wir wandern, um uns wieder in das Leben zu verlieben. Ist das nicht die größtmögliche Gnade, die es im Chaos
der modernen Welt gibt? Oh Gott, ich glaube, ich werde religiös.

32/35

Manche der Städte sind so still, als wären hier früher Cowboy-
filme gedreht worden und als lägen sie seither verlassen da.
Wäsche weht im Wind, obwohl niemand zu sehen ist, dem sie
gehört. Wilde Rosen klettern Zäune empor. Angekettete Hunde
bellen. Ich kehre bei einer Taverne ein, um etwas zu trinken zu
bestellen, und schlinge eine halbe Packung Kekse herunter, als
hätte ich mein ganzes Leben lang gehungert.

«Erinnerungen sind es, die uns den meisten Schmerz ver-
ursachen», sagt der Barkeeper – ein weiteres Fundstück für mein
Sinnspruch-Business. Ich bin ganz allein in der Bar, und über
meinem Kopf läuft auf einem Fernseher ein Fußballspiel.

«Was glauben Sie, wieso wandern Leute?», frage ich. Es ist für
ihn sichtlich nichts Neues, dass mal wieder irgendein Touri in
Wanderkleidung versucht, die tiefer liegende Bedeutung dahinter zu ergründen. Dennoch lächelt er, als er mit seiner Schwal-
bentattoo-Hand über die Bar wischt.

«Um Schmerz loszulassen, von dem sie nicht mal wussten,
dass er in ihnen steckt.» Ich bekomme eine Nachricht von Mum,
die mir schreibt, dass mein Bruder lebend aus dem Krankenhaus
entlassen wurde. «Ich habe heute an dich gedacht», schreibt sie,

«wie du dich an einem Ort aufhältst, an dem ich noch nie gewesen bin, ohne zu wissen, was als Nächstes kommt. Ich weiß nicht, wie du das machst.»

Diese Erfahrung macht dich zu einem gefestigten, zu einem liebenden, zu einem tiefgründigen Menschen.

36/35

Als alles vorbei ist, bleibe ich noch ein paar Tage in Fisterra, der Leuchtturmstadt an der Küste, und schlafe in einem billigen pinken Hotel, in dem auf der Seifenpackung «Life is good» steht und das Bett mit großzügig gestärkten weißen Laken bezogen ist. Es gibt nichts zu tun, obwohl sich alles verändert hat. Ich muss mich der Realität stellen und in äußerst naher Zukunft wieder Geld verdienen. Ich sitze auf dem Stuhl bei der Friseurin, schaue aufs Meer und bitte sie per Google Translate, meine inzwischen gelben Haare wieder blond zu färben. Auf ihrer Hüfte balanciert sie ihr Baby, und wir müssen beide lachen. Es fühlt sich merkwürdig intim an, mich in die sanften Hände von Frauen zu begeben, die anderen Frauen helfen, wieder gut auszusehen; irgendwie entlarvend, fast so, als wäre mir irgendwo da draußen in all dem Wind zwischen den abnehmbaren Wanderhosen meine Weiblichkeit abhandengekommen.

«Du bist so weit gewandert, nur um zum Startpunkt zurückzukehren», sagt sie und nimmt vorsichtig die Klammern aus meinen Haaren.

«Und was ist der Startpunkt?», frage ich. Sie lacht. Fremde lachen immer gegenseitig über die Entscheidungen, die der jeweils andere trifft. Wo kommst du her? Warum bist du hier? Woher weiß man, dass man wirklich angekommen ist?

Sie deutet auf meine unansehnlichen Haarspitzen auf dem Boden.

«Du.»

Weglaufen endet dort, wo das alte Ich aufhört und ein neues beginnt.

Musikfestival, Auckland Viaduct, 2023

Heimkehr

Jahre später, nach einem miesen, verregneten Sommer bin ich bei einem Musikfestival am Hafen bei uns zu Hause. Es lief in vielerlei Hinsicht mies, vor allem aber weil ich zwar seit drei Jahren wieder in Neuseeland, aber die Hälfte der Zeit nicht wirklich zu Hause war. Wirbelstürme hatten die Straßen fortgefegt, auf denen ich als Jugendliche unterwegs war, und nach Hause zurückzukehren, stellte sich als gar nicht so einfach heraus. Wenn man weggeht, riskiert man, dass sich das eigene Leben entzweit: in ein Leben, das an dem Punkt anfängt, an dem man gegangen ist, und eins, das weitergeht, nachdem man gegangen ist. Ich fühlte mich schuldig, weil ich ein Leben haben wollte, das meinen Eltern verwehrt geblieben war. Das führte dazu, dass ich möglichst viel erreichen wollte, um sie für alles zu entschädigen, was sie getan hatten, um mir zu einem besseren Leben zu verhelfen. Wir nehmen, wir weisen zurück; Familienverhältnisse sind kompliziert. In Filmen ist «zu Hause» ein Häuschen mit Swimmingpool, gemeinsamen Traditionen und Beisammensein. Manchmal ist es das. Aber manchmal auch nicht.

Aber heute soll es um Eskapismus gehen. Vee, Eliza, Jaz, Bre und ich waren seit dem Ende der Unizeit nicht mehr zusammen, wir sind alle unterschiedliche Wege gegangen. Man merkt erst, wie selten Momente der Unbekümmertheit und Freiheit sind, wenn man sie eine Weile nicht mehr hatte. Wir fläzen auf Betonsitzen in Outfits, die wir liebevoll «Jeans und ein schönes Top» nennen, und sehen der tanzenden Meute zu, die in einem Chaos aus Drinks und Vape-Rauch dahintreibt; Freunde, die sich aneinander festklammern, als wüssten sie alle Geheimnisse voneinander. Wir sind älter, haben eigene Haustürschlüssel und E-Mails, die wir unbeantwortet lassen. Wir kennen die Lebenshaltungskosten und wissen, dass es nicht ewig so weitergehen kann, aber wir können es zumindest versuchen. Doch es geht um mehr, wie immer bei Freunden, die einem nahe sind. Wir alle haben die Erfahrung gemacht, dass man zehn Jahre voller Anekdoten, Ängste, Erfolge und Feindschaften nicht ersetzen kann, da nur unsere alten Freunde unseren Wandel über die Jahre erlebt haben. Inmitten von all dem Dunst dreht sich Vee zu mir um und sieht mich mit glitzernden Augen an. Wir wohnen seit über zwei Jahren nah beieinander, und ich habe mich noch nie in meinem Leben so emotional abhängig und so beschützt gefühlt.

«Bel», sagt sie pathetisch, «ich fühle mich berühmt, so als könnte ich vor Publikum eine Rede halten oder einfach so in ein teures Restaurant hineinspazieren.»

«Was soll ich ohne dich nur machen?», schreie ich zurück. Sie geht bald nach Kenia, und ich nach Portugal. Ich habe Angst, dass dieses Kapitel unserer Freundschaft zu Ende geht, wie es so oft passiert, wenn Freunde sich verlieben oder in Übersee einen Job angeboten bekommen. Ein Typ mit einer Steampunk-Schweißerbrille unterbricht uns.

«Hat jemand von euch eine Zigarette?»

«Seh ich aus wie ein Tabakwarenladen, oder was?», antworte ich. «Sorry, aber du störst. Wir haben gerade einen Freundinnenmoment. Frag doch mal den Mann da drüben.»

Vee lacht aus vollem Hals, und all unsere gemeinsamen Erinnerungen sind plötzlich da: wie sie einmal eine Flasche Whisky unter einem Oversize-T-Shirt zu mir rübergeschmuggelt hat, als sie mir beim Streichen meiner Wohnung half, wie ich einmal auf dem Heimweg aus dem Supermarkt Grillhähnchen besorgte und wir dazu gebratenen Reis aßen und zusammen antriebslos in ihrem Wohnzimmer abhingen, die Partys, der Kater, unsere Klamotten, die bei der jeweils anderen auf dem Boden herumlagen, die SOS-Anrufe. Es ist ebenso beängstigend wie überwältigend, weil ich das Gefühl habe, bei ihr zu dem Menschen geworden zu sein, der ich wirklich bin. «Ich werde dir etwas sagen, von dem ich möchte, dass du es niemals vergisst.» Sie nimmt meine Hände und legt sie an meine Schläfen. Im Hintergrund wummert die Musik. Mein Polyblend-Top rutscht meinen Rücken hoch, mein Bauch ploppt unter meinem Rockbund hervor, und grüner Maybelline-Lidschatten läuft mir das Gesicht hinunter. Mir egal. Das alles ist egal, wenn wir zusammen sind. «Dein Zuhause ist da drin. Das kann dir niemand nehmen – niemals. Wenn ich nicht bei dir bin, bin ich immer hier drin. Immer.»

Es gibt eine Szene in dem Film *Lady Bird*, in der Lady Bird, eine Teenagerin, die in Sacramento festhängt, davon träumt, ein anderes Leben zu führen und ihre Heimatstadt so weit wie möglich hinter sich zu lassen. Sie schreit ihre Mutter an: «Sag mir, wie viel! Du sagst mir den Betrag, wie viel es kostet, mich großzuziehen, und wenn ich dann älter bin und 'ne Menge Geld verdiene, schick ich dir 'nen Scheck über das, was ich dir schulde.» Sie ist jung und hat offensichtlich das Wesentliche nicht verstanden, aber gleichzeitig hat sie auch recht. Wir werden unseren Eltern niemals die emotionalen Kosten zurückzahlen können, die sie in unsere Erziehung gesteckt haben. Das ist eine uneinlösbare Schuld. Wenn wir jung sind, ist zu Hause das, wo wir herkommen, aber wenn wir ausziehen, ist zu Hause etwas, das wir erschaffen. Wir assoziieren das oft mit dem Anhäufen von

Dingen an einem festen Ort, aber es gibt unendliche Möglichkeiten, sich ein Zuhause aufzubauen. Was, wenn es gar nicht an die Vorstellung eines physischen Ortes gebunden ist, den wir mit hübschen Töpferwaren und 50er-Jahre-Möbeln vollstellen, die sich perfekt auf Instagram inszenieren lassen, sondern an etwas Metaphysisches? Es kostet Mühe, sich darauf wirklich einzulassen, aber es ist nicht unmöglich, einen Zustand zu erreichen, in dem man wirklich empfindet: *Alles, was mir wichtig ist, habe ich hier bei mir, wenn auch nicht physisch. Ich bin weit gereist, um dieses Gefühl zu finden, und habe festgestellt, dass es sowohl materieller als auch immaterieller Natur ist.*

Der Film endet damit, dass Lady Bird nach einer durchzechten Nacht in New York am nächsten Morgen völlig verkatert und mit verschmierter Mascara im Krankenhaus wach wird: Das sind die Momente, wenn uns all unsere dummen, abwegigen Gedanken wieder einholen. Das sind die Momente, in denen wir uns am meisten nach zu Hause sehnen. Sie holt ihr Handy heraus, um in Sacramento anzurufen, aber niemand geht ran. Also hinterlässt sie auf dem Anrufbeantworter eine Nachricht an ihre Eltern, vor allem an ihre Mutter, damit sie sie abrufen kann, wenn sie nach Hause kommt: «Ich wollte dir sagen: Ich liebe dich ... Danke.» Der Film endet hier, aber im echten Leben würde es weitergehen. Sie würde weiter Chancen ergreifen in dem Zwischenraum zwischen dem Ort, von dem sie kommt, und dem, zu dem sie will, zwischen den Menschen, zu denen sie zurückkehrt, und denen, die sie zurücklässt. Was sagt uns das alles? *Wer mutig ist, ist frei.*

Lustiges Quiz:

Sollte ich meinem Leben entfliehen,
oder bin ich nur müde?

▷ Hasse ich, wie ich mich fühle? Oder hasse ich den Ort, an
dem ich lebe?
▷ Bin ich traurig, weil das ein normaler Aspekt des Lebens ist,
oder steckt mehr dahinter?
▷ Bin ich nur unglücklich, weil ich mich mit Leuten im Internet vergleiche, deren Leben vermeintlich schöner ist?
▷ Bin ich hungrig?
▷ Einsam?
▷ Langweile ich mich, weil ich aufgehört habe, mich zu
bemühen, oder brauche ich wirklich eine Veränderung?
▷ Tut es mir wirklich gut, in einem Zehn-Personen-Schlafsaal
zu übernachten, oder sollte ich einfach übers Wochenende
zelten gehen?
▷ Bin ich wütend auf meine Arbeit, weil sie objektiv keinen
Spaß macht, oder mache ich mir nur selbst zu viel Druck?
▷ Wann habe ich das letzte Mal etwas gemacht, bei dem ich
mich so richtig lebendig gefühlt habe?
▷ Was lasse ich mir entgehen?
▷ Habe ich genügend Erfahrung, um irgendwo anders einen
Job zu kriegen?
▷ Ist es eine absurde Idee oder finden nur andere sie absurd?
▷ Grüble ich zu viel über mich selbst nach?
▷ Grüble ich zu viel darüber nach, was andere über mich
denken?
▷ Gibt es in meinem Leben genug Stille oder zu viel?

- ▷ Lässt sich dieses Problem mit einer Massage lösen oder indem ich ein wenig unter der Dusche heule?
- ▷ Kümmere ich mich zu viel um andere, weil ich mich davor fürchte, mir selbst etwas Gutes zu tun?
- ▷ Wann habe ich das letzte Mal um Hilfe gebeten?
- ▷ Gibt es ein Loch in meinem Leben, das ich mit E-Mails stopfe?
- ▷ Kann ich meine Karriereambitionen pausieren, um andere Bereiche meines Lebens auszubauen?
- ▷ Mal angenommen, ich würde weglaufen, wovor wäre das?
- ▷ Mal angenommen, ich würde zu etwas hinlaufen, was wäre das?

Polnischer Abgang als Abschied von einem Land

Von Lucy

Penha de França, Lissabon, 2023

Das Schicksal will mir damit gar nichts sagen, nein, nein. Allerdings ist mein Reisepass irgendwo in der Post verloren gegangen, der längste meiner vier Flüge wurde gestrichen und jetzt fehlen auch noch meine beiden Koffer, die, na ja, nur so ziemlich alles beinhalten, was ich besitze. Cool, cool, cool. Was mache ich überhaupt hier?

Aber WOWOWOW, das ist die schönste Stadt, die ich je gesehen habe! Ich kann es kaum erwarten, an meinem ersten Tag hier schwitzend durchs Einkaufszentrum zu irren, um mir in Sweatshops hergestellte Kleidung zu kaufen, die mir nicht passt, nur damit ich endlich aus den Klamotten rauskomme, die ich im Flugzeug mit Wein bekleckert hab.

Autsch! Ich glaub, mich hat eine Biene gestochen. Oder habe ich nur knapp den Biss einer tödlichen Spinne überlebt? Hmmm, vielleicht fahre ich besser mal zur Notaufnahme.

Wieso sind die Leute am Empfang so unfreundlich zu mir? Etwa, weil ich wegen eines Bienenstichs hergekommen bin? Zum Glück ist Bel bei mir, die mir ihr Handy in die Hand drückt und mich auf Bumble herumswipen lässt, um mich abzulenken.

Gerade war ich bei der Ärztin. Sie hat uns geradewegs ins Gesicht gelacht. Immerhin war es offenbar kein tödlicher Spinnenbiss.

Eben bin ich das erste Mal in den Atlantik gehüpft. Ich glaube, das hat mich geheilt. Nur dass ich irgendwie nicht aufhören kann, darüber nachzudenken, dass ich nicht die richtigen Brüste dafür habe, mich oberkörperfrei zu sonnen. Außerdem, warum haben meine Eltern mir eigentlich nie Surfen beigebracht?

Niedlich, ein paar Leute, die ich über fehlgeleitete Instagram-DMs kennengelernt habe, laden mich ein, mit ihnen heute Abend auszugehen. Hmm, schön zu wissen, dass sie was unternehmen wollen, aber vielleicht frage ich Bel, ob sie stattdessen mit mir Gilmore Girls in unserer Wohnung schaut.

Inzwischen regnet es hier viel und ich fange an, nachts im Bett zu frieren. Aber irgendwie fühlt es sich nach zu viel Commitment an, sich ein Federbett zu kaufen.

Babys erster Schengen-Ausflug! Schwitze ich so sehr, weil ich Panik schiebe? Oder ist die Klimaanlage im Flugzeug ausgefallen, und es sind über 30 °C hier drin? Wer weiß das schon?

Ich denke an meinen abgeblätterten Nagellack, während ich in Frankreich in einer Bar Cocktails trinke, die einst zur «Besten Hotelbar der Welt» gekürt wurde. Bel quatscht irgendwo mit einem B-Promi aus Neuseeland darüber, wie es ist, Neues zu wagen, und ich bin damit beschäftigt, mich in den Berater des Bürgermeisters von Lyon zu verlieben. Vielleicht bin ich doch ins falsche Land gezogen. Wieso fürchte ich mich davor, nach Lissabon zurückzufliegen?

Ohhh, wegen den Steuern. Und den Visas. Und den Anwälten. Und den Kontogebühren. Und weil ich meine Familie zurückgelassen habe. Und weil ich auf Portugiesisch keinen Witz machen kann. Und weil ich das hier vielleicht gar nicht will?

Natürlich willst du das. Wer würde das nicht wollen?

Na ja, aber wieso komme ich dann nicht aus dem Bett raus?

Du weißt, du kannst jederzeit heimfliegen, richtig?

Nein, kann ich nicht.

Wieso nicht?

Weil ich so ein Tamtam gemacht und mich von allen verabschiedet habe und jetzt muss ich allen sagen, dass es nicht funktioniert hat. Wie PEIN-LICH.

Lucy, es ist nicht peinlich. Du hast nur ein Leben, und wenn etwas nicht so richtig hinhaut, dann ist es am besten, du triffst eine Entsch…

Argh, Gehirn, hör auf, meine eigene Logik gegen mich zu verwenden, ich buch ja schon den Flug.

Man kann das Mädchen aus der Provinz holen, aber nicht die Provinz aus dem Mädchen

Wenn man nach Europa zieht, ohne je einen Euro gesehen zu haben, nennen Leute das mutig. Schon lustig, wie leicht man dieses Narrativ übernimmt, wenn allein das Elixier der Möglichkeit einen noch am Leben erhält.

Hier war ich und jagte einem Traum nach. Ich war quer über den Globus gezogen, um mit einer meiner besten Freund*innen in der schönsten Stadt zu leben, die ich je gesehen hatte, und schrieb ein Buch, wovon ich als Teenager immer geträumt hatte. In meiner Fantasie würde ich zu einer Europäerin werden, die

Kopfsteinpflasterstraßen entlangspaziert, Limoncello trinkt und übers Wochenende in ein anderes Land reist, denn das ist hier (anders als in Neuseeland) bezahlbar.

In dem Moment, als ich landete, spürte ich, dass etwas nicht stimmte. Ein vertrautes Gefühl, aber eins, das ich rasch verdrängte und mir selbst versprach, diesmal wäre es anders. Ich schob mein Unbehagen auf das anfängliche Drama rund um verloren gegangene Pässe und Koffer und dachte, sobald erst mal alles Bürokratische erledigt wäre, würde ich mich wieder frei fühlen. Ich machte alles, wovon ich glaubte, es würde funktionieren. Freundete mich mit dem Jungen vom Kiosk um die Ecke an, ging abends mit Bel für einen After-Work-Drink in eine schicke Weinbar, aß Sardinen in der Sonne, fuhr mit dem Motorroller im warmen Wind steile Berge hinauf, fand einen neuen Freundeskreis und zwang sie, mit mir ein Quizteam zu bilden, und besuchte sogar einen Schreibkurs. Es war ein gutes Leben, aber es war nicht meins.

Je mehr ich dieses Leben lebte, desto mehr dachte ich über den Menschen nach, der ich früher gewesen war, der auf Fremde zugehen, vor Gruppen sprechen, aber auch problemlos tagelang allein sein konnte. Nun war ich seit ein paar Monaten hier, und es fühlte sich an, als wäre mir aller Mut abhandengekommen. Ich kann nicht mehr mitzählen, in wie viele Supermärkte ich hineinging und wieder rauskam, ohne irgendwas gekauft zu haben, weil ich zu große Furcht davor hatte, in der Schlange zu warten und mit der Kassiererin reden zu müssen. In wie viele Cafés ich einen Blick warf und feststellte, dass ich nicht wusste, wie man nach einem freien Platz fragt, sodass es einfacher war, wieder zu gehen. Bei wie vielen Anrufen ich erst mal die Nummer prüfte, weil ich nicht wusste, wer am anderen Ende der Leitung war und was derjenige von mir wollte.

Es wäre ein Leichtes, meine Unsicherheit auf die neue Stadt

zu schieben, aber ehrlich gesagt lag sie in mir begründet. Früher reiste ich, ohne mich davor zu fürchten, was schiefgehen könnte, und nun googelte ich bei jedem neuen Ort, wo sich das nächstgelegene Krankenhaus befand. Sicher fühlte ich mich nur in den wenigen Stunden am Ende eines Tages, wenn ich meine Familie anrief, und trotzdem führte das nur dazu, dass ich mir Horrorszenarien ausmalte wie: OMG, was würde ich tun, falls jemand von ihnen stirbt? Ich fragte mich, wie normale Leute mit so etwas umgingen und wieso mir das nicht gelang.

Mein Gehirn spielte mir Streiche, indem es bereits meine Exitstrategie plante, noch ehe ich überhaupt angekommen war, und egal was ich auch probierte, es arbeitete gegen mich. Ziemlich beängstigend.

Ruby ruft mich an, um mit mir über die Arbeit zu reden, und zwischen den verschiedenen Punkten auf der Agenda fragt sie plötzlich: «Luce, bist du glücklich?»

Wenn einen das jemand so ohne jede Vorwarnung fragt, fühlt es sich an, als gäbe es darauf nur eine Antwort: Natürlich bin ich das. Aber da könnte ich genauso gut mich selbst belügen, denn das ist Fluch und Segen von nahen Freund*innen. Also antworte ich ihr, dass ich nicht glücklich bin und mich, womöglich zum ersten Mal in meinem Leben, schäme.

In den schlimmsten Momenten gibt Scham einem das Gefühl, ein Defizit zu haben. So glaubte ich, ich sei nicht gut genug für meinen Job, nicht gut genug, um neue Freundschaften zu knüpfen oder, wie ich wiederholt in meiner Chatgruppe schrieb, mit «normalen Dingen» klarzukommen, wie in eine neue Stadt zu ziehen, ohne zusammenzubrechen. Ich konnte damit leben, wie unnötig viel Geld, Zeit und Stress ich auf diesen Umzug verwendet hatte. Ich konnte sogar damit leben, dass mir in meinem Angstzustand eine vierzigstündige Heimreise bevorstand. Aber womit ich nicht leben konnte, war die Scham, allen gestehen zu müssen, dass ich gescheitert war. Scham sorgt dafür, dass man sich zurückzieht, sich unzulänglich fühlt, und schiebt einem die ganze Schuld zu. Scham kümmert es nicht, dass manche Dinge einfach nicht klappen. Scham berücksichtigt nicht, wie mutig es ist, das zuzugeben.

Blenheim Airport, Neuseeland, 2024

Als ich am Flughafen ankomme, sehe ich aus wie ein Häufchen Elend. Während des Flugs habe ich so oft in meinem Gesicht herumgekratzt, dass ich aussehe wie ein Zwölfjähriger, der sich noch nicht richtig rasieren kann. Ich umarme meine Mum, die mir sagt, wie froh sie sei, dass ich wieder da bin, und Dad packt mich in seinen Transporter, um mich zurück zu meinem Zimmer zu bringen, wo ich erst vor ein paar Monaten alles in Kisten verstaut hatte. Alles ist unverändert. Die alte Katze, von der ich mich vor meiner Abreise, wie ich glaubte zum letzten Mal, verabschiedet hatte, miaut noch immer, und auf dem Magnet am Kühlschrank steht noch immer: «Sarkasmus zählt zu den wenigen Dienstleistungen, die in diesem Haus kostenlos bereitgestellt werden.» Den einzigen merklichen Unterschied spüre ich in mir. Bestimmt würde ich bald wieder ganz die alte Lucy sein.

Ungefähr eine Woche später gibt es einen Online-Trend, bei dem Leute Videos mit der Tonspur «I think I like this little life» posten. Auch wenn es rasch von einer ernst gemeinten Botschaft, bei der Leute Ausschnitte aus ihrem eigenen «little life» posten, zu einer Parodie verkommt, bei der sich alle darüber lustig machen, komme ich nicht umhin zu denken, dass das auf mich zutrifft. Diese ganze Erfahrung – einen Traum zu haben, der einen nicht erfüllt, ein schickes Leben zu führen, das sich fremd anfühlt, und dann das Gefühl des Gescheitertseins, wenn man zurückkehrt – all das hat mir gezeigt, dass «a little life» alles ist, was ich will, zumindest im Moment.

Früher habe ich mir nie viel Gedanken um das Konzept «zu Hause» gemacht. Ich ging davon aus, dass ich diesen Ort früher oder später finden würde, oder dass ein Job (oder Partner) mich dorthin führen würde. Solange es keine äußeren Umstände gibt, die einen in die eine oder andere Richtung ziehen, ist zu Hause kompliziert. Ich habe Glück, weil bei meiner Familie die Tür immer offensteht und ich jederzeit willkommen bin, weil ich Freunde habe, die mir ein Wort-für-Wort-Skript für den Arzt mitgeben oder mich zwischen Therapiestunden auf ihrer Couch liegen und Wiederholungen von *Love Island* schauen lassen. Aber vor allem habe ich Glück, weil ich meine Brüder habe, die mir mehr als alles andere auf der Welt gezeigt haben, dass zu Hause immer da ist, wo sie sind.

Zu Hause ist da, wo der Boden Lava ist und wir uns eine Wiese aus Kissen bauen. Wo ich bei GTA nach Straßenverkehrsregeln fahren darf, ohne dass die anderen genervt sind. Wo ich entweder auf der Radrennbahn stehe oder auf dem Fußballfeld. Zu Hause ist der Park, in dem sie mir beibrachten, wie man Sterne fotografiert. Der See, an dem sie jetzt wohnen. Zu Hause ist da, wo man mir die PlayStation-Controller anvertraut. Wo ich «viereckige Augen» bekomme, weil ich beim *Super Simpsons Saturday* den ganzen Samstag lang die *Simpsons* gucke. Wo ich in ihren Heimvideos vorkomme. Wo das Toffee nie richtig fest wird. Zu Hause ist zu wissen, dass sie mutiger sind als ich, weil sie mit dem Kopf voran in einen Schlafsack schlüpfen können. Zu wissen, dass ich das Zelt nie selbst aufbauen muss. Dass ich auf dem winzigen Boot immer rumkutschiert werde, weil sie mir das Steuern nicht zutrauen. Zu Hause ist, Schotterpisten entlangzupreschen und The Lonely Island zu hören. Zu Hause ist da, wo sie jedes Mal das Zurücksetzen mit dem Anhänger übernehmen. Wo man sich hinterher nicht mehr erinnern kann, worüber man gestritten hat. Wo ich nur ein einziges Mal eine Ohrfeige bekam, die aber verdient. Zu Hause ist, dabei zu sein, wenn sich meine Brüder zum ersten Mal betrinken. Ihre Hausaufgaben zu erledigen. Sie krank zu melden, wenn meine Mum es nicht tut. Jemanden an Weihnachten frühmorgens wecken zu müssen. Auf eine Party zu gehen und auf dem Weg zur Tür gesagt zu bekommen, dass ich hübsch aussehe. Nicht in eine Krise zu verfallen, als aus Mum und Dads Haus auf einmal Mums Haus und Dads Haus wurde. Zu wissen, dass jeder sein eigenes Leben lebt, wir aber immer zusammengehören. Der Stolz, wenn man mich fragt, wie viele Brüder ich habe, und ich antworte: drei. Der Schlag in die Magengrube, wenn man mich fragt, wie viele ich aktuell habe. Es ist all das, was es so leicht macht, wieder zurückzukommen; all das, was es so schwer macht, es zurückzulassen.

Zu Hause ist mehr als nur ein Federbett und ein Visum. Es sind die Menschen, die man liebt, die Räume, in denen man sich sicher fühlt, die ausgestreckten Arme, in die man zurückkehrt. Zu Hause heißt, eigene Räume zu schaffen, in die man zurückkehren kann, und in engen Freunden eine Familie zu finden, falls nötig. Zu Hause heißt, Vorstellungen davon aufzugeben, was man glaubte zu wollen, und es gegen das einzutauschen, was man braucht, und die Scham auszuhalten, die man mitunter auf dem Weg dorthin durchlebt. Wie sich herausstellt, müssen wir manchmal erst erleben, was schlecht für uns ist, um zu wissen, was gut für uns ist.

Spielerfrauen

Neuseeland gegen Italien, Lyon, 2023

LUCY: oi, phoenix
wo bist du

> **BEL:** Ich warte in der Schlange vor der Toilette
> Vielleicht ist es aber auch die Bar
> Oder die Umkleide
> Meinst du, wir könnten uns mit unserem
> Besucherausweis in die All Blacks-Umkleide
> schmuggeln?
> Mein Gefühl sagt ja
> Warte
> Wo bist du?

LUCY: vergiss es, bel, ich sterb gleich
ich sitze auf unseren plätzen
das spiel hat angefangen
die frau neben mir hat mich grad gefragt,
ob wir spielerfrauen wären
und mit wem wir verheiratet sind
und ich hab mich gerade selbst in ihren familienurlaub
eingeladen

BEL: HAHAHA
Ok, ich hab dir das noch gar nicht erzählt, aber
im Bus auf dem Weg hierher
hab ich jemanden von der Crew
gefragt, ob Dan Carter
uns einen Gefallen tun und ein Exemplar
unseres Buchs über die Rugby-
Torposten kicken könnte,
so als PR-Kampagne, wenn es rauskommt

LUCY: HAST DU NICHT

BEL: Ganz ehrlich?
Sie sahen begeistert aus
Alles deutet auf ein Ja hin

LUCY: ich hätte nie gedacht, dass ich
mal hier stehen würde
mit einem besucherausweis um den hals
in FRANKREICH
und für eine spielerfrau gehalten werde

BEL: Ich weiß, es ist unfassbar
Unsere Väter wären stolz auf uns
Auch wenn wir den Kapitän heute
Morgen erst googeln mussten
Vielleicht erzählen wir den Teil besser nicht

LA DOLCE VITA

AUFBLENDE:

RESTAURANT INNEN – ABENDS

FRAU, Ende 20, in einem weißen Leinenkleid, sitzt allein an einem kleinen rot-weiß karierten Tisch im Hof eines Restaurants. Das Lokal ist gut gefüllt mit gebräunten Tourist*innen und Einheimischen, die Meeresfrüchte essen und Wein trinken. ZWEI MÄN-NER, fast noch Jungs, stehen hinter der Bar und mixen Drinks. Lichtstreifen fallen auf die Bougainvilleen, die die getünchten Steinwände emporklettern.

MANN, Mitte 50, tief gebräunt und relativ gut aussehend, mit einem halb aufgeknöpften weißen Hemd und Kette um den Hals, schlendert von der Bar auf ihren Tisch zu.

MANN MIT KETTE
(deutet auf den Bräunungsstreifen an ihrem
Schlüsselbein und lächelt)
Sieht so aus, als würden Sie das schöne
Wetter genießen?

ALLEIN DASITZENDE FRAU
(sieht von ihrem Buch hoch)
Das tue ich. Danke.

MANN MIT KETTE
(zieht den Stuhl gegenüber von ihr am Tisch zurück
und nimmt Platz)
Darf ich?
(kurze Pause)
Was lesen Sie da?

Die allein dasitzende Frau klappt das Buch zu und legt es so
auf den Tisch, dass das Cover von Geständnisse eines Küchen-
chefs von Anthony Bourdain zu sehen ist.

MANN MIT KETTE
Ahh, Bourdain. So schade, dass er gestorben ist …
Toller Mann. Einmal habe ich ihn sogar getroffen. Auf
dem Mekong in Hanoi in den 90ern – das ist ein Fluss.
Das heißt, eigentlich ist es ein ganzes Netz an Flüssen. Damals waren Sie vermutlich noch nicht mal geboren. Lassen Sie mich raten – 22? 25?

ALLEIN DASITZENDE FRAU
27.

MANN MIT KETTE
Ahhh, das sieht man Ihnen gar nicht an. Sie sind mir
gleich aufgefallen, als Sie reingekommen sind. Sind Sie
allein hier? Kann ich mir kaum vorstellen.

ALLEIN DASITZENDE FRAU
Ich suche keine Gesellschaft.

Im Restaurant um sie herum herrscht weiterhin Betrieb,
niemand bemerkt ihre Unterhaltung.

MANN MIT KETTE
(lächelt verschmitzt)
Ach, kommen Sie schon – keine Urlaubsromanze?
Da macht es doch gleich noch mehr Spaß.

ALLEIN DASITZENDE FRAU
(lacht sanft)
Ganz ehrlich, ich amüsiere mich prächtig.
Wieso ist das so schwer zu glauben?

MANN MIT KETTE
Entschuldigen Sie, ich wollte nicht unhöflich sein. Ich
finde es nur schade, wenn eine schöne Frau
ganz allein essen muss. Das ist doch eine Schande,
finden Sie nicht? An einem so schönen und romantischen
Fleck wie dieser Insel.

Sie nippt langsam an ihrem Wein und blickt hinaus
auf die Straße, als wollte sie ein Moped rufen, das
sie mitnimmt und von hier wegbringt.

MANN MIT KETTE
(folgt ihrem Blick)
Wissen Sie, ich hatte mal was mit einer Frau.

ALLEIN DASITZENDE FRAU
(lächelt)
Ich auch.

MANN MIT KETTE
Dann ist die feine Dame also Feministin!

ALLEIN DASITZENDE FRAU
Die feine Dame ist im Urlaub.

MANN MIT KETTE
(schüttelt den Kopf)
Ihr jungen Frauen, ihr glaubt, ihr könnt euch
alles erlauben … alles haben. Tja, könnt ihr nicht.
So funktioniert das nicht! Ihr denkt, ihr kämt
allein zurecht, aber das stimmt nicht. Ihr
braucht jemanden. Wir alle brauchen jemanden!
So ist das nun mal.

ZWEI GEBRÄUNTE FREUNDINNEN kommen ins Restaurant geeilt
und legen einen Schlüsselbund auf den Tisch.

GEBRÄUNTE FREUNDIN Nr. 1
Oh Mann, sorry, dass wir so spät kommen! Wir hatten
uns aus unserer Airbnb-Wohnung ausgesperrt!

ALLEIN DASITZENDE FRAU
(lächelt kokett)
Da seid ihr ja! Kein Problem – der Mann hier
hat mir nur gerade erzählt, was auf der
Tageskarte steht …

Was du einpacken solltest

Ein paar Shirts, um deine Sünden zu verdecken. Mehrere Badeanzüge. Lange Klamotten. Kurze Klamotten. Ein winziges Andenken an dein altes Leben, um dich daran zu erinnern, wer du früher warst. Ein nuttiges Oberteil. Einen warmen Pullover, den du schon bald nicht mehr sehen kannst. Etwas, das du nur ein einziges Mal trägst. Etwas, wovon du bereust, es mitgenommen zu haben. Neue Socken (alte fühlen sich immer ein bisschen scheiße an). Eine kleine Karte, an deren Ecken noch die Tesa Powerstrips kleben, die du an die neue Wand kleben kannst. Weniger, als du denkst. Mehr, als du denken würdest. Ein kleiner Kamm, der in der Hand verschwindet und den du unauffällig auf der Restauranttoilette zücken kannst. Eine weiche Hose, in der du weinen kannst. Schuhe, in denen du tanzen kannst. Ein praktisches, unscheinbares Outfit, mit dem du steile Berge hinaufwandern und in den Wind schreien kannst. Adapter. Zu viele Kabel, die sich ständig verheddern. Ein Notizbuch. Ein Buch, von dem du behaupten können möchtest, du hättest es gelesen. Ein teurer Gegenstand, bei dem du ständig befürchtest, ihn zu verlieren. Etwas, das dich gut duften lässt. Eine kleine Tüte und eine große Tüte. Lass alles andere zurück. Lass Raum für das Unvorstellbare.

KAPITEL 3

Über Freundschaft

Platonischer Liebe die gleiche
Energie schenken wie romantischer
Liebe, wenn nicht mehr.

Deine Freund*innen und du scheinen ja mächtig Spaß zu haben

Von Lucy und Bel

Das Internet suggeriert uns, Freundschaften wären diese Vom-Felsen-ins-Wasser-spring-Polaroid-mit-Blendenfleck-Momente, die auf Filmrollen existieren und über unsere Bildschirme flimmern. Wenn man sich nicht gerade Videotagebucheinträge von Leuten anschaut, die schluchzend über ihre Einsamkeit berichten, kann es sich so anfühlen, als wäre man ganz allein, während alle anderen irgendwo mit ihrem vielfältigen, lustigen Freundeskreis glamourös am Strand abhängen. Diese Glückspilze.

Manchmal sind Freundschaften laut und lebendig. Manchmal auch ruhiger. Eine Saison lang. Einen Nachmittag lang. Oder bestimmte Erfahrungen schweißen einen zusammen, die sonst niemand nachempfinden kann. Wir suchen den Kontakt und kümmern uns um jemanden in der Hoffnung, dass derjenige dasselbe auch für uns tut.

Es gibt einige Freundschaften, die das Leben für immer prägen, lebensbejahende Verbindungen, die einem Halt geben, einem klarmachen, wer man ist. Es gibt Freund*innen, die dir in den unglamourösen Momenten des Lebens beiseitestehen und inmitten deiner dreckigen Wohnung eine Banane schälen, weil du nicht die Kraft dazu hast. Oder mit dir zur Notaufnahme rasen, weil du fürchtest, einen lebensbedrohlichen Insektenbiss zu haben. Sie geben dir das Gefühl, egal was auch passiert, jemand ist für dich da, und das obwohl er weder einen Eid geschworen hat noch vertraglich dazu verpflichtet ist. Diesen

Menschen musst du nichts vormachen, du kannst ganz du selbst sein. Eigentlich ziemlich romantisch.

Während sich unser Sozialleben in echtes Leben und Gruppenchats aufteilt, die ihren eigenen Dynamiken unterliegen, erleben wir Freundschaften differenzierter und weit weniger linear als früher. Es ist schon lustig, dass die Antwort auf unsere hyperconnectete Einsamkeit womöglich darin liegt, unsere Freundschaften stärker zu kategorisieren, damit wir uns klarer darüber sind, was wir von ihnen erwarten, wie viel wir geben wollen und was wir im Gegenzug bekommen.

Wir versuchen immer, Menschen zu finden, die uns «verstehen». Denn wir mögen zwar mit vielen Menschen klarkommen, aber jemanden zu finden, der einen wirklich versteht, ist selten und noch mal etwas ganz anderes. Genau deshalb sind wir beide hier. Und in unserer Wunschvorstellung bist auch du deshalb auf unser Buch gestoßen. Unser ganzes Leben lang werden wir Freundschaften schließen, verlieren und uns davon prägen lassen. Aber damit sie überhaupt erst zustande kommen, müssen wir verstehen, wie man sein Leben öffnet, damit Freundschaften kommen und gehen können.

Was würdest du tun, falls ich,
na ja, sterbe?

BEL: Wenn ich sterben würde, was
würdest du an mir vermissen?

LUCY: ist das ein getarnter hilfeschrei

BEL: Nein, ich hab bloß meine Tage
und fühl mich vulnerabel
Vulnery
Vuln?
Sieht getippt nicht so süß aus wie erhofft

LUCY: lol nein
sieht aus wie eine abkürzung für voltaren
oder wie der name von voldemorts sohn
das war dann wohl gedankenübertragung
ich hab peanut m&ms für dich in den kühlschrank gelegt

BEL: Du verwöhnst mich
Noch mal wegen dem Vermissen
An dir würde mir z.B. fehlen, dass du einfach die Beste
aller Zeiten darin bist, mir zurückzuschreiben
Ich mein, ich kann stundenlang mit dir chatten
In den schlimmsten und schönsten Momenten
Echt Shakespeare-mäßig

LUCY: hör auf

BEL: Das ist einfach so gut.

Das würde eine riesige Lücke in meinem
Leben hinterlassen

Und es ist mir wichtig, dass du das weißt.

LUCY: also wenn du sterben würdest,
könnte ich nie wieder einen aquädukt
anschauen, nachdem du mir das eine mal
erzählt hast, wozu die früher da waren

BEL: Rührend.

Ich würde die Schauspielerin aus *Daisy Jones &
the Six* kontaktieren – du weißt schon, die
mit Elvis verwandt ist?

Ich würde mich bei SYSCA einhacken und ihr
eine DM schicken, damit sie ein Cover von
Silver Springs bei deiner Trauerfeier spielt

LUCY: du hast glück denn auf deinen wunsch
hin habe ich süßes filmmaterial von dir
gedreht seit wir uns kennen, das ich bei
deiner trauerfeier verwenden kann

BEL: Lol das war ein Witz und das weißt du
auch, aber vielleicht ist es noch mal nützlich,
insofern lösch es besser nicht

Und — bitte sorg dafür, dass es bei meiner Beerdigung
ausschließlich glutenfreies Catering gibt

Sollte mir was zustoßen

Ich könnte es nicht ertragen, dass irgendwer
eine Zöliakie-Reaktion hat an dem Tag, an dem
sich doch alles um mich drehen soll

LUCY: was ist mit blumen

BEL: Sollte ich mitkriegen, dass irgendwo
auch nur eine einzige Geranie mit Draht
um den Stängel rumsteht, raste ich aus

LUCY: neiiiiin, stell dir mal vor, keiner
unserer ex-freunde muss weinen

BEL: Das müssen sie. Ich würde sagen,
das ist das ganze Ziel.
Bist du zu Hause? Wo bist du?

LUCY: im bett
du?

BEL: Auch im Bett. Also praktisch auf
der anderen Seite der Wand

LUCY: sorry aber wir sind psychos

BEL: Lieb's
Lieb uns
Lieb dich

LUCY: lieb dich auch

BEL: PS: Hab dir grad was für den
Newsletter geschickt

Single Girl Summer
Von Bel

Mount Eden, Auckland, 2022

In einem trübseligen Sommer, nachdem es mit meinem damaligen Freund aus war, mit dem ich zusammengewohnt und geglaubt hatte, für immer zusammen zu sein, sodass auch mein Dasein als *In Love Cool Girl* endete, landete ich in der Campingabteilung eines Outdoor-Stores und musste mich zwischen einer Ein- oder Zwei-Personen-Luftmatratze entscheiden, während Robbie Williams aus den Lautsprechern *Angels* trällerte.

An diesem Punkt endete eine Liebesgeschichte und eine andere begann.

Aus Karmagründen kaufe ich die Zwei-Personen-Matratze und rufe Vee an. Sie ist unterwegs zum Flughafen, um zu mir zu fliegen. Am nächsten Tag trifft sie in meinem ausgestorbenen Apartment ein, das Auto voll mit Campingausrüstung und einer Ultimate Ears Boom, aus der Steely Dans *Dirty Work* dröhnt. In dem Moment, als sie durch die Tür tritt, falle ich ihr in die Arme, eine schwache Version meiner selbst, die ich kaum wiedererkenne. Es ist beschämend. Ihr ist das egal. Ich habe gerade einen Minz-Vape gekauft. Wir steigen ins Auto.

«Du redest, ich fahre», sagt sie, als wir die Auffahrt verlassen.

Wir fahren zum heilsamen Himmel von Northland, wo wir unsere Freundinnen treffen, die barfuß in Tarnfleckenshorts und Bikinitops auf unserem Campingabschnitt stehen. Das ist das Wunderbare an Tragödien, sie öffnen so viel Raum für Leute, die in dein Leben kommen.

«Fucking hell», sagen sie und lenken mich ab mit Fragen danach, warum die Beziehung gescheitert ist, und Kommentaren wie «Fuck that» und «Fuck him» und anderen wichtigen Botschaften, die man in dem Moment von seinen Freundinnen braucht, wenn das eigene Leben wie ein Kartenhaus in sich zusammenfällt. Vee, Kirsty, Eli und Jaz behandeln mich, als wäre mir das Schlimmste zugestoßen, was einem passieren kann, obwohl es ihnen auch irgendwann schon so ergangen ist. Sie hören geduldig zu, wenn ich morgens unter einem blauweiß gestreiften Sonnenschirm heule und abends über selbst gemachten Cosmopolitans in einer Emailletasse, während ich alte Red-Hot-Chili-Peppers-Alben höre, damit ich nicht ständig darüber nachgrübele, wieso mir das mit 29 passiert, obwohl ich dachte, ich sei immun gegen so etwas. Der Sonnenschirm, ein Weihnachtsgeschenk meines Ex-Freunds, wird während dieser Woche zum Running Gag, ein wiederkehrendes Motiv im Film unseres Lebens; dieses hauchdünne Fähnchen, das innerhalb von Sekunden in sich zusammenfällt und an den Ecken ausfranst. Wir sehen aus wie am TV-Set der Realityshow *Robinson Crusoe*, wenn das eine Sendung über Single-Frauen wäre, die eine Woche auf einem Familiencampingplatz überleben müssen.

Auckland, mein zu Hause, wo E-Mails auf mich warten und ein Job und ein einst stabiles Leben, fühlt sich an, als würde es nicht existieren.

Ich bin wie ein Baby-Schimpanse, den man bemuttern muss: pinke Drinks hier, Bacon-Sandwiches dort, Vee reibt meinen schmerzenden Rücken mit Voltaren ein, während Eli mir ihren Vape zum Inhalieren reicht, wenn die nächste Schmerzwelle anrollt. Ein benachbarter Camper bemerkt im Vorbeigehen: «Ihr seid ja völlig irre. Ihr solltet das filmen und auf Instagram einstellen.» Später am Abend hört Eli ihn in den Waschräumen, wie er einen Typen fragt, ob seine «Lady» ihn überhaupt zu schätzen wisse, denn falls nicht, böte er an, mit zu ihrem Campingplatz zu kommen und mit ihr zu reden.

Wir bleiben eine Woche, baden oberkörperfrei an Geheimsträndern, schlafen aus, machen keine Pläne, reden mitunter stundenlang nicht und essen bei Sonnenuntergang Austern von einem Verkäufer an der Autobahn. Niemand redet über die Arbeit oder die Stadt, und am liebsten würde ich für immer in diesem sicheren, sanften Kokon bleiben. Inmitten dieser Hölle, in der ich gefühlt alles verloren habe, verliere ich auch noch meine Debit Card, sodass Vee für alles zahlen muss. Ich fühle mich, als würde ich langsam mein Freundschaftskonto überziehen, aber niemandem scheint es etwas auszumachen, sich um mich zu kümmern, und das allein ist erstaunlich genug: wie Frauen einander heilen, wie es eine Beziehung niemals könnte. Mag sein, es gibt den Gender-Pay-Gap und Glasdecken und der Staat bestimmt über Abtreibungsgesetze, aber diese eine Superpower werden wir immer besitzen, und was diese zu bewirken vermag, erstaunt mich immer wieder.

So ist das, wenn man einen Single Girl Summer verbringt. Du erlebst etwas völlig Abgefahrenes: Eine Gruppe von Frauen, die zufällig alle zur gleichen Zeit Single sind oder keine Verpflichtungen haben, verbringt gemeinsam Zeit, um dieses Gefühl zu zelebrieren. Man vergisst für eine Weile all die harten Aspekte des Alltags. Du holst dir die Bräune deines Lebens. Du flirtest mit Speerfischern. Du engagierst jemanden, damit er ein neues LinkedIn-Profilfoto von dir knipst. Du diskutierst mit den anderen die Frage, ob du deinen Maxirock à la Miranda Kerr umtauschen solltest. Du hast plötzlich wieder mehr Zeit für Dinge, die du immer gern gemacht hast. Du springst von Felsen und machst Fotos und hängst in Pyjamashorts ab, isst Essensreste mit Plastikbesteck und trinkst lauwarmes Wasser. Ihr erschafft euch gemeinsam eine Welt, und zumindest solange sie anhält, ist das der geborgenste Ort der Welt.

In eurer eigenen Welt sprecht ihr auch eure eigene Sprache. Ihr entwickelt ein Konzept für «Who-cares-Momente»[1], die dir jegliche Verantwortung nehmen, insbesondere dafür, wie sich die Dinge entwickeln und wer woran schuld ist. Und wenn schon. Gönn dir noch einen Drink. Tanz in deiner Küche mit Kopfhörern, bis du so außer Atem bist, dass du dich nicht mehr rühren kannst. Beantworte keine E-Mails. Triff dich mit dem seltsamen Typen, der dir vor drei Monaten eine DM geschickt hat, auf ein Date. Quäl dich selbst, indem du noch mal *Normal People* schaust. Du nennst dieses Verhalten «rat around» (z. Dt.: abratten), weil du dir nichts Schlimmeres vorstellen kannst, als gut aussehen oder dein Leben im Griff haben zu müssen. Stattdessen hängst du mit deinen Rattenschwestern ab. Den Rat Girls[2]. Alles tut weh, du hast nichts zu verlieren, und insofern ist alles andere egal. Fremde schicken dir eine DM und sagen dir, sie wären neidisch auf deine Freundschaften, und du schreibst zurück: «Ich weiß, ich habe Glück – so eine Liebe habe ich noch nie erlebt.»

Wenn du bereits einige Lebenserfahrung besitzt, weißt du, dass diese Zeit, genau wie alles andere, nicht für immer anhält.

---

1 Who-cares-Momente: Wenn man aktiv beschließt, sich keine Gedanken darüber zu machen, ob eine Entscheidung einem das restliche Leben versaut, und man stattdessen den Moment genießt; wenn Unbeschwertheit über die Furcht siegt, dass nicht alles perfekt ist.

2 Rat Girls: Wenn man sich dem gesellschaftlichen Druck widersetzt, perfekt zu sein, und sich stattdessen völlig wohl damit fühlt, wie auch immer man aussieht, was auch immer man trägt und was auch immer man hat. Minimaler Aufwand, maximales Vergnügen.

So viele Aspekte von Freundschaft existieren heute im Strudel aus Nachrichten und verpassten Anrufen, aber die Echtheit eines Single Girl Summer ist unerreicht. Es ist dieser seltene Moment, in dem deine Freundinnen und du genauso sehr für das Leben empfänglich seid wie füreinander. Wir verwenden Wörter wie «Glück» und «Timing», um solche Momente in Freundschaften zu beschreiben; dieselbe Sprache, die wir auch für Beziehungen verwenden, nur dass es nie so zelebriert wird. Niemand lässt sich professionell schminken und die Haare stylen, um bei einer großen Feier vor allen Angehörigen und Freunden zu sagen: «Seht nur, was diese Menschen für mich getan haben!» Aber in gewisser Weise macht es das sogar noch besser. Auch wenn dieser Moment nie lang anhält, kann so ein Single Girl Summer das eigene Leben für immer verändern.

Die heißen Tage kommen und irgendwann gehen sie wieder. Letztlich musst du doch wieder in deine Stadt zurückkehren, während das Leben das macht, was es immer macht: Es geht weiter. Eine Zeit lang geht es besser, dann schlechter, dann wieder besser. Du weinst. Die ganze Zeit. Das ist zwar unsexy und peinlich, aber gemeinsam könnt ihr darüber lachen. *Heute wieder geheult? Gut gemacht. Weiter so. Ich komme heute Abend vorbei. Oder hast du bei der Arbeit geheult? Hoffentlich haben sie Mitleid mit dir und geben dir den Nachmittag frei.* Eines Morgens ist es so schlimm, dass du Jaz anrufst, eine deiner ältesten Freundinnen, damit sie dich retten kommt. Zehn Minuten später ist sie da, sitzt in ihrem Sportoutfit am Fußende deines Betts und schiebt dir löffelweise Joghurt in deinen traurigen Mund. Warum erinnert mich das an unser schlimmstes Besäufnis zu Unizeiten? Du lachst. Wenn du schon mal dabei bist, könntest du meine Haare nach hinten halten.

Deine Nachbarn denken, du wärst in ein dubioses Tupperware-Schneeballsystem verwickelt angesichts der Anzahl an

Frauen und Weinflaschen, die bei dir ein und aus gehen. Wein. Jede Menge Wein. Du könntest einen ganzen Leichenschmaus damit versorgen und hättest immer noch Flaschen übrig. Du befindest dich in einem verrückten Zwischenstadium und kannst tun und lassen, was du willst. Sich zu betäuben ist befreiend.

Ihr bleibt an Schultagen gemeinsam abends lange wach, trinkt im warmen Abendlicht deines Wohnzimmers, lest euch gegenseitig laut Horoskope vor, gleicht die Erfahrungen mit euren Ex-Freunden ab, esst Chips zum Abendessen und gebt vergessene Bikinis zurück. Ihr sprecht einfühlsam über den Nervenzusammenbruch, den eine von euch erlitten hat, empfehlt euch gegenseitig Ärzt*innen und Apps und Tipps, die vielleicht nicht perfekt sind, aber funktionieren könnten. Ihr wisst gegenseitig über alles Bescheid – über eure Mütter, langjährige Crushes und die Dinge, die ihr am meisten bereut. Ihr steht vor der Küchenspüle, wo sich der Abwasch stapelt, und blickt zurück in euer Wohnzimmer, das euch leer erscheint, weil die Person fehlt, von der ihr dachtet, sie wäre die Liebe eures Lebens, und das dafür mit etwas ganz anderem gefüllt ist.

Der Januar ist weiter brütend heiß. Der Freundin mit dem Nervenzusammenbruch geht es langsam besser. Eine andere kämpft damit, dass sie in ihrem Job nicht anständig bezahlt wird. Gemeinsam heckt ihr einen Robin-Hood-Plan aus, wie ihr die Firma ausraubt und das Vermögen verteilt. Ihr freundet euch mit der Frau im nahe gelegenen Getränkemarkt an, die euch Internet-Therapie-Infografiken vorliest, die sie auf Instagram abspeichert, und euch sagt, ihr braucht einen neuen Haarschnitt. «Oh, Honey, der ist köstlich», sagt sie, als sie euren Discount-Chardonnay scannt. «Je schlimmer der Schmerz, desto öfter muss man ihn loslassen. Das solltest du dir ausdrucken und an den Kühlschrank hängen.» «Mach ich», lüg ich sie an. Ich muss den Punkt erreichen, an dem das einfach nur eine Sache ist, die mir passiert ist, nicht das Einzige, was mir Schlimmes im Leben passiert ist, denkst du beim Rausgehen.

Du bist süchtig nach denselben vier traurigen Songs, die bei dir in Dauerschleife laufen, während du mit heruntergelassenen Fenstern durch die Stadt fährst. In deiner Vorstellung ist das Jahr 2000, und alles ist unkompliziert: Du bist einfach eine Boomer-Frau bei einem Weinfestkonzert, trägst Tanktop, Slingpumps und ein Schlüsselband um den Hals, hältst einen Plastikbecher mit Pinot grigio in der Hand und denkst an diesen Song zurück, der dir nichts anhaben kann. Du hast ein Haus gekauft, alle Schulden sind beglichen. In den nächsten Jahren erwarten dich eine Pandemie und die erste Präsidentin Neuseelands, und du hast jede Menge glückliche Erinnerungen angehäuft, von denen du in schwierigen Zeiten zehren kannst.

Inzwischen ist es Februar, und während eines spätabendlichen Telefonats mit einer Freundin, die weit weg wohnt, sagt sie mit schmerzlicher Klarheit folgenden Satz: «Man geht auf die 30 zu, rollt nachts auf die andere Seite, sieht die Person, die neben einem schläft und denkt: Entweder bist du meine große Liebe oder eines Tages mein größter Schmerz.» Oh Gott, je älter man wird, desto mehr steht auf dem Spiel. Man hat lauter Horrorvisionen, wie alle anderen auf ihren aufblasbaren Liebesinseln davontreiben und man selbst am Ufer zurückbleibt wie eine erfolglose Kandidatin bei einer Reality-TV-Datingshow.

«Was, wenn sich derjenige als größter Schmerz herausstellt?», fragst du.

«Dann ist es ehrlich gesagt erst mal so, als würde man sterben. Als hätte man das eigene Leben komplett verkackt. Und dann wird es Zeit für das, was du bereits erwähnt hast: Phoenixing.»

Deine Freundinnen bleiben bei dir, selbst wenn du meinst, du bräuchtest sie gar nicht. Ihr verbringt Samstagnachmittage damit, über eure Affären zu quatschen, über Regeln, die ihr niemals brechen wollt. Ihr schenkt euch gegenseitig Glasvasen, einen Nachmittag an einer heißen Quelle und Bücher von koreanischen Philosophen, die ihr der Verkäuferin im Getränkemarkt zeigt, um zu beweisen, dass ihr emotional Fortschritte macht. «Das gefällt mir», sagt sie, deutet auf eine Seite und reißt ein Stück vom Kassenbon ab, um auf der Rückseite ein Zitat zu notieren. Sie sagt: «Du siehst schon besser aus, Honey», und du fragst dich, ob es seltsam wäre, sie zu dir einzuladen, damit ihr gemeinsam mit den anderen feiert.

Die Zeit ist bald vorbei, das spürst du. Ihr macht euch gegenseitig Wassermelonensalate und trefft euch nach der Arbeit auf den Felsen am Meer. Innerhalb von Minuten findet ihr euch alle ein, als hätte jemand mit einer magischen Pfeife getrillert, die nur Leute in einem bestimmten Frequenzbereich hören können. Dieses Bild wird sich dir einbrennen: wie ihr barfuß dahockt, Trikots über den nassen Badeanzügen, und Chips direkt aus der Tüte esst, euch gegenseitig beibringt, Dating wie ein Bewerbungsgespräch zu begreifen (eine spielt die Kandidatin), wie ihr euch gegenseitig Komplimente macht: «Du siehst aus wie Cameron Diaz.» Euch gegenseitig beruhigt, dass ihr zur «Elite» gehört und es keinen Grund zur Sorge gibt, auch wenn ihr euch fühlt wie eine schlecht geschriebene Protagonistin in einer Netflix-Serie, die niemand sehen will.

Langsam, aber sicher päppelt ihr euch gegenseitig wieder auf. Und während die Zeit verstreicht und der Sommer schwindet, tretet ihr eines Abends aus der Dusche und merkt, dass es kühl geworden ist. Die sich schwach abzeichnenden, wie eine herrliche Narbe über eure Hüfte verlaufenden Konturen eures Bikinis erinnern euch daran, dass mit großem Leid auch große

Freude einhergeht, und dass aus beidem das größte Gemein-
schaftsgefühl entstehen kann, das ihr je erlebt habt.

Es wird Momente in eurem Leben geben, in denen ihr das
Gefühl habt, als wäret ihr all eurer Magie beraubt. Buchstäblich.
Ihr werdet euch fühlen wie ein ausgehöhlter Baum, von dem
nichts übrig ist. Dieser Single Girl Summer (klingt es nicht jedes
Mal wie die Erzählstimme eines College-Films, wenn ein Satz so
losgeht?) brachte einen Menschen hervor, den ich nie für möglich gehalten hatte. Am letzten Abend an den Felsen, als es viel
zu früh dunkel wurde und ein frischer Wind aufkam, las ich laut
aus meinen Notiz-App-Tagebucheinträgen vor, die ich den gesamten Sommer über geschrieben hatte, und wir alle weinten,
weil wir uns verändert hatten und weil wir die Liebe bekamen,
die wir verdienten. Und dann kam ich heim, warf meinen nassen Bikini ins Waschbecken, setzte mich hin und fing an, dieses
Buch zu schreiben.

Alles, was ich von dir will, sind Memes und Support

Von Lucy

Zyniker*innen erzählen uns gern, dass Fremde online nur drei Dinge im Sinn haben: Scamming, Catfishing und ungefragt Dick Pics schicken. Offenbar haben diese Leute noch nie eine E-Mail von Unbekannten mit dem Betreff «Sorry, aber ich glaube, das hier könnte dir MEGA gefallen» erhalten, die nichts bis auf einen Link zu einem Artikel enthält, in dem der Arbeitsmarkt anhand der Minions erklärt wird. Diese fremden Online-User*innen – die dich gut genug kennen, um zu wissen, dass nur Minions dich dazu bringen können, dich fünf Minuten lang mit Wirtschaft zu befassen – sind eine der wahren Freuden des Internets. Und was noch besser ist: Es besteht kein Grund zur Annahme, dass du sie jemals außerhalb deiner Pyjama-Komfortzone treffen wirst.

Online-Freund*innen sind das Gegengift für Arbeits-E-Mails und all die Trolls und Algorithmen, die dir das Gefühl geben, alle anderen feiern den Galentine's Day[1], während du allein mit einem schlechten Buch zu Hause hockst. Sie sind der Teil des Internets, der dich überhaupt noch dort hält, weil der Austausch mit ihnen Spaß macht und einem wenig abverlangt. Du wirst sie nie enttäuschen, weil du eine Verabredung absagen musst, du musst dich nicht extra für sie anziehen oder mit den Öffis fah-

---

1 Galentine's Day: Welttag der Frauenfreundschaften. Er ist das Pendant zum Valentinstag («gal» = girl) und wird normalerweise am 13. Februar gefeiert.

ren oder einen Kaffee bestellen, obwohl du eigentlich gar keinen trinken willst, zumal es nach 15 Uhr ist und du sonst die ganze Nacht wach liegst. Und hey, für diejenigen unter uns, denen es leichter fällt, online zu kommunizieren als im echten Leben, heißt das auch, dass wir keinen Small Talk machen müssen. Ein Traum!

Sie sind zwar nicht diejenigen, die man als Erstes anruft, wenn man eine Krise oder sich aus der Wohnung ausgesperrt hat, aber sie sind die Ersten, die einem eine nischige Playlist schicken, die einen Titel trägt wie «Burnt out former gifted emotional support eldest daughter», um dich abzulenken. Vielleicht hast du sie in einem Online-Buchclub kennengelernt und jetzt schickst du ihnen DMs, um sie nach ihrer Meinung zur letzten Ausgabe deiner Lieblingstrilogie zu fragen. Oder du hast sie über Twitter kennengelernt, als ihr gemerkt habt, dass ihr beide von derselben nischigen Band besessen seid, sodass ihr nun zusammen Livestreams schaut und euch gegenseitig in Beiträgen über aktuelle Banddramen verlinkt, die nur Fans interessieren. Vielleicht hast du sie auch in Verbindung mit deinem Lieblingsgame kennengelernt, und jetzt verabredet ihr euch regelmäßig zum gemeinsamen Zocken.

Wenn Content-Teilen eure Love Language ist, haben Online-Freund*innen jede Menge Liebe zu geben. Sie verteilen sich über verschiedene Zeitzonen und Altersgruppen, sodass es sich anfühlt, als würde man Leute auf Reisen im Hostel kennenlernen, nur ohne sich das Bad zu teilen. Sie schicken dir Rezepte für irische Cottage Pies und du führst sie im Gegenzug in die köstliche Welt des Bacon and Egg Pie ein. Du bringst ihnen bei, wie man in der indigenen Sprache deines Landes «Guten Morgen» sagt (*mōrena*), und sie bringen dir Wörter aus ihrer Heimat bei, die sich nicht ins Englische übersetzen lassen (*trúnó* – «ein ziemlich privates, vertrauliches Gespräch mit jemandem beginnen, für gewöhnlich begleitet von Alkoholkonsum»). Und das alles, weil sie deinen Newsletter abonniert haben.

Deine Online-Freund*innen erinnern dich daran, dass der Sinn von Freundschaften nicht darin besteht, dass der Tisch beim Abendessen oder Junggesellinnenabschied möglichst voll besetzt ist. Es geht nicht darum, die Anzahl Leute zu übersteigen, die man auf einem Foto bei Instagram taggen kann, oder wer die meisten Geburtstagsgäste hat. Das sind vielleicht Möglichkeiten, Freundschaften zu *inszenieren*, aber darin besteht nicht ihr Sinn. Der Sinn besteht darin, jemanden zu haben, der einen versteht. Der an einen denkt. Das Beste an Online-Freund*innen ist, dass sie an dich denken, *obwohl* sie dich nie getroffen haben. Das ist schon etwas sehr Besonderes. In diesem Sinne: Mögen dein WLAN stark und deine Freundschaften noch stärker sein!

Gemeinsam durchs Leben

Online-Freunde. Offline-Freunde. Weibliche Freunde. Männliche Freunde. Schlechte Freunde. Irgendwas-Freunde. Alles-Freunde. Enge Freunde. Einmal-im-Jahr-Kaffee-trinken-gehen-Freunde. Nerdhobby-«Wir-sehen-uns-beim-*D&D*-Treffen»-Freunde. Samstagmorgen-Freunde. Ruf-mich-per-FaceTime-mit-fettigen-Haaren-vom-Bett-aus-an-Freunde. Freitagabend-Weggeh-Freunde. Schick-mir-mitten-in-der-Nacht-melancholische-Nachrichten-Freunde. Zwischenzeitlich-mal-paar-Monate-Funkstille-Freunde. Internet-Freunde. Ehemalige Freunde. Gefährliche Freunde. Nervige Freunde. Neue Freunde. Schreiben-dir-nie-zurück-und-kreuzen-letztlich-doch-noch-auf-Freunde. Beständige Freunde. Bluten-in-dein-Bettlaken-Freunde. Enttäuschende Freunde. Schwindende Freunde. Sterbende Freunde. Unerwartete Freunde. Sich verändernde Freunde. Immer-pünktlich-immer-zuverlässig-Freunde. Freunde fürs Leben.

Mit wem du dich umgibst, bestimmt, wer du wirst.

In guter Gesellschaft: eine Taxonomie der Freundschaft

▷ Ältere Freunde
▷ Freunde, die wie Familie sind
▷ Männliche beste Freunde
▷ Sich verändernde Freunde
▷ Beste Freunde
▷ Freunde verlieren
▷ Weibliche Freunde

Ältere Freunde

Von Bel

Los Angeles bei Nacht entspricht all den Bildern und kalifornischen Songs, die ich schon mein ganzes Leben lang kenne, nur dass ich die Stadt vom 27. Stockwerk einer Mietswohnung betrachte. Es ist 2016, weibliche Verletzlichkeit liegt im Trend, und ich habe zusammen mit einer Freundin, der Fotografin Sara, den Auftrag erhalten, echte Frauen in der Wildnis zu fotografieren, wie sie Hautpflegeprodukte tragen und ihre natürliche Schönheit präsentieren. Sie macht die Bilder, ich schreibe die Texte, und obwohl sie drei Jahrzehnte älter ist als ich, fühlt es sich nie danach an.

Wir haben uns über eine gemeinsame Freundin kennengelernt und auf Anhieb verstanden. Neben meinen Jobs in der Werbebranche schrieb ich Gedichte, und Sara eröffnete mir eine kreative Dimension, die ich nicht für möglich gehalten hätte. Ich dachte immer, Kunst und Arbeit seien zwei verschiedene Dinge, doch sie zeigte mir, wie man beide Welten vereinte, und ermutigte mich, es zu probieren. Gemeinsam ergatterten wir diesen Auftrag in L.A. und brachten Stunden damit zu, Tee in ihrer Küche zu trinken und uns über unsere Reisen und abenteuerlichen Sehnsüchte auszutauschen, die nie so recht zu dem zu passen schienen, was von uns erwartet wurde. Sie mixte mir einen Whiskey Sour, während dieselbe Musik lief wie auf unseren gemeinsamen Autotouren, die wir unternahmen, um Locations zu scouten, und brachte mir bei, wie wichtig es ist, immer ein Hamamtuch dabeizuhaben: «Es begleitet dich überallhin und kann sich in alles verwandeln.» Wie jede talentierte

Fotografin beleuchtet sie in ihren Werken neue Blickwinkel und bei diesen chaotischen Fahrten eröffnete sie mir eine neue Sicht auf mich selbst.

Wir haben gerade einen anstrengenden Tag mit Location-Scouting in L.A. hinter uns gebracht, und ich sitze halb angezogen auf dem großen weißen Bett, als es an der Tür klopft. Es ist Sara, die in der einen Hand ihren Laptop hält, auf den sie Dateien von ihrer Speicherkarte überträgt, und in der anderen eine offene Tüte Chips.

«Wie wäre es ...», sagt sie und stellt ihre Ausrüstung auf der Bettdecke ab, «mit einem kleinen Ausflug?» Es ist spät, gegen 22 Uhr, und irgendwo da draußen warten das Chateau Marmont, der Hollywood-Schriftzug, das Chaos und die Gefahr, und wir wollen mitten hinein.

«Ich zieh mich nur kurz an.»

Fünf Minuten später stehen wir Seite an Seite vor dem Hotel und nehmen ein Taxi zum Abbot Kinney. Der Fahrer, ein unfassbarer Amerikaner Mitte fünfzig, erzählt uns die ganze Fahrt über von seinem Drehbuch.

«Jetzt nicht ausflippen, aber ich werde wahrscheinlich bald berühmt. Vermutlich werdet ihr eines Tages an diese Taxifahrt zurückdenken und sagen: ‹Oh mein Gott, ich erinnere mich an den Typen! Ich hätte mir ein Autogramm geben lassen sollen!›»

«Ahh, aber Sie haben auch keine Ahnung, mit wem Sie gerade in einem Auto sitzen!», antwortet Sara. Sie dreht sich zu mir und sagt: «Du brauchst unbedingt auch was von diesem amerikanischen Selbstvertrauen.» Sie sieht etwas in mir, das ich selbst nicht in mir erkennen kann: Potenzial.

Wir steigen an einer Mezcal-Bar in Venice aus, und ich lasse mir eine Unterschrift des nächsten Oscar-Preisträgers für das beste Drehbuch auf die Rückseite eines Kontoauszugs kritzeln, während Sara uns einen kleinen Tisch am Fenster organisiert. «Ich weiß, es klingt klischeehaft, aber tief in meinem Inneren bin ich immer dasselbe Mädchen geblieben», sagt Sara und stellt ihren Drink ab. «Es ist mir egal, was Leute über das Altern denken; die meisten Aspekte unserer Persönlichkeit ändern sich nie.»

«Ich fühle mich halb wie ein Mädchen, halb wie eine 75-Jährige – irgendwie hat sich das noch nie ... nie stimmig angefühlt», antworte ich. Das verbindet uns. Wir erkennen ineinander eine andere Version unserer selbst.

«Woher weiß man, dass man gut ist in dem, was man tut?», frage ich. Diese Frage stelle ich mir immer wieder und habe noch keine Antwort gefunden.

«Ich glaube, das weiß man nie. Man beschließt einfach, es weiter zu versuchen und das zu tun, wozu man eine Notwendigkeit spürt.»

So ziehen wir gemeinsam durch die Nacht und gönnen uns Drinks und Speisen, die von der Tagespauschale gedeckt sind. Sara erzählt mir ausgiebig von ihren sonstigen Fotoreisen, die sie «girl wandering» nennt, ein Begriff, der etwas in mir auslöst. Etwas, das mein nicht-lineares Leben beschreibt, als würde ich dem Pfad einer herausragenden Persönlichkeit folgen, die diesen vor mir beschritten hat. Girlhood wird so oft mythologisch aufgeladen, und zwar zu Recht: Gespräche wie diese eröffnen Welten in uns selbst, geben uns gegenseitig Raum für Entwicklung. Diese Lebensweise mit einer Reise zu vergleichen, half mir zu verstehen, dass ich meine Zeit nicht vergeudete, indem ich mich gegen die Karriereleiter entschied; ich machte «etwas». An einem Abend mit Sara lernte ich mehr als in drei Semestern Studium.

Ältere Freunde haben immer diese transformative Wirkung – sie wecken in uns den Wunsch, vorzuspulen zu einer Zeit und einem Ort, wo alles geritzt ist und alle schwierigen Entscheidungen getroffen sind. Es ist eine stille, hart erarbeitete Weisheit, die wir allzu leicht übergehen, wenn wir uns nicht die Zeit nehmen, aufmerksam zuzuhören. Je weiter die Nacht voranschreitet, desto mehr Drinks bestellen wir und achten absichtlich nicht auf die Zeit.

«Einmal hast du ein Foto von mir gemacht, das war das erste Mal, dass ich mir selbst darauf gefallen habe», gebe ich zu. Ich klinge voll emo, dabei bin ich das nicht; ich betrinke mich, ich habe Spaß, alles andere ist mir egal. Die Bar füllt sich mit Leuten mit Mützen und veganem kalifornischem Vibe.

«Süße.» Sara ergreift über den Tisch meine Hände. «Du musst an das glauben, was ich in dir sehe. Eines Tages wirst du zurückblicken und nicht fassen können, was du alles gemacht hast, wer du gewesen bist.» Sie legt meine Hände ab und nimmt noch einen Schluck. «All der Schmerz wird vergehen, und ich glaube, du wirst noch mal über dich selbst staunen.»

«Was siehst du, wenn du auf dein Leben zurückblickst?», frage ich.

«Einen Menschen, der sehr viel bezaubernderer und wissbegieriger war, als ich ihn damals eingeschätzt habe», antwortet sie. «Aber wir müssen nicht sofort alle Antworten parat haben. So funktioniert das nicht. Nichts und niemand kann dich auf die verschiedenen Lebensphasen vorbereiten.»

«Sara», sage ich inzwischen lallend. Hier in der Mezcal-Bar fühlt sich alles nach Stars und Sternchen an. «Du gibst mir Mut.»

«Weißt du, was? Mir geht's genauso. In dem Maß, wie deine Welt immer größer und größer wird, verhinderst du, dass meine kleiner wird.»

«Aber woher soll man wissen, was man mit all den Optionen anfängt?»

«Das weiß man nie», sagt sie lächelnd und nimmt einen letzten Schluck aus dem Glas, bevor es abgeräumt wird. «Manchmal muss man sich einfach im Fluss mitttreiben lassen.» Verrückt, wenn es jemanden gibt, der dich so gut versteht und so sehr an dich glaubt wie noch nie zuvor ein anderer Erwachsener in deinem Leben. «Momente wie dieser ... du ... hier», sie deutet auf das gut gefüllte Lokal. «Wir müssen solche Chancen so oft wie möglich ergreifen. Sie machen uns lebendig.» Sie winkt dem Kellner wegen der Rechnung, zahlt, und wir beide stehen auf, um zu gehen.

Im Uber klingelt Saras Handy. Es ist ihr Ehemann, der von zu Hause anruft. Ich werfe einen Blick auf meinen eigenen Sperrbildschirm – nichts. Ein beschämender Reminder daran, dass sich niemand fragt, wo ich stecke oder was ich treibe.

Draußen vorm Fenster rasen Neonreklameschilder für Hellseher und Fußmassagen an uns vorbei.

Wie sieht meine Zukunft aus? Wer wird mich anrufen? Woher weiß ich, dass ich angekommen bin? Vielleicht ist es egal, wohin ich gehe, weil ich alles werden kann.

In einer Freundschaft gibt es keine Verpflichtungen. Man ist weder durch Blut noch durch ein Erbe, einen Ring, einen Schwur, ein Kind oder einen Ehevertrag aneinander gebunden. Man klopft einfach spontan an die Tür des anderen, mit einer halb aufgegessenen Chipstüte in der Hand und einem Blick, der besagt: Lass uns gehen.

Freunde, die zu Familie werden

Von Lucy

Lange Zeit dachte ich, ich würde ihn eines Tages heiraten. Ehrlich gesagt lag das nicht daran, dass ich in ihn verliebt gewesen wäre, sondern daran, dass mir alle dazu rieten und ich unbedingt Teil seiner Familie werden wollte. Es war die klassische Kleinstadt-Liebesgeschichte: Wir kannten uns, seit wir Babys waren, und unsere Väter haben im Farmkontext zusammengearbeitet. Als wir elf Jahre alt waren, wurden wir in der neuen Schule in dieselbe Klasse gesteckt und waren die Lieblinge der Lehrer. Wir wurden zu Klassensprechern gewählt, wobei er behauptet, ich hätte ihn bei jedem Treffen zum Sekretär degradiert, damit ich das Reden übernehmen konnte, während er wütend Protokoll führte. Im Grunde ist es seither immer so geblieben.

Als Teenager waren wir abwechselnd ineinander verknallt, um uns die Zeit zu vertreiben. Ich blamierte mich, weil ich beim Parken auf dem Gehweg meine Radkappen verlor, und er blamierte sich, weil er bei unserem ersten richtigen Date mit dem Fuß im Spalt zwischen den Kinositzen stecken blieb. Mein Dad brachte mich hin, und sein Dad holte mich ab. Ich weiß, wie witzig sie es fanden, dass wir, die wir zusammen aufgewachsen waren, plötzlich zusammen ins Kino gingen. Die Verknalltheit hielt nur eine kurze Weile, aber selbst als wir ihr entwachsen waren und sie verflogen war, verloren wir uns nie aus den Augen.

Uns ist beiden bewusst, dass wir schlecht im Kommunizieren sind, wenn es darum geht, den Kontakt zu halten, was allerdings den Druck rausnimmt, wenn man an verschiedenen Unis studiert und in unterschiedlichen Städten wohnt. Wir wissen, wie der jeweils andere tickt und dass sich nichts geändert hat, außer dass wir inzwischen andere Slangbegriffe verwenden und einer von uns in die Politik gegangen ist. Jeder von uns füllt sein Leben mit neuen Geschichten, und jedes Mal, wenn wir uns zum Quatschen treffen, müssen wir uns beeilen, um alles loszuwerden, bevor wieder jeder in sein Flugzeug steigt.

Seine Mum ist die Erste, die mir jedes Jahr zum Geburtstag gratuliert. Sie macht mir Komplimente für meine Frisur, selbst wenn ich mir meine Haare gerade pink gefärbt habe. Ich gehe sie besuchen, selbst wenn er nicht zu Hause ist, und sie zeigt mir ihr geheimes Tattoo noch vor allen anderen in ihrer Familie, weil sie mir vertraut.

Eines Tages höre ich den Begriff «Wahlfamilie» und denke, wer auch immer das Wort erfunden hat, muss getarnt als Fliege unsere Freundschaft ausspioniert haben. Muss gesehen haben, wie wir in ihrem nie vollständig renovierten Wohnzimmer herumsitzen, während sein Dad uns all seine Lieblingsvideos von *X-Factor* bei YouTube zeigt. Oder wie wir betrunken mal wieder seinen Bruder beim Kartenspielen schlagen. Oder wie er seine neue Freundin heimbringt und sie aus Versehen mit meinem Namen anspricht.

Es hat etwas Romantisches, wenn man Freunde und ihre Familien adoptiert. Immerhin bekommen sie nur deine besten Seiten zu sehen, während du all deine hässlichen Seiten zu Hause rauslässt, so wie die coole Tante heimgehen kann, wenn das Baby anfängt zu weinen. Es ist vor allem deshalb romantisch, weil man sich diese Liebe aussucht. Weil sie nicht vererbt ist. Man ist nicht blutsverwandt. Stattdessen verbinden einen Insiderwitze und Geheimnisse, und es gibt eine unausgesprochene Vereinbarung, dass sie dich betrunken von einer Familienhochzeit per FaceTime anrufen, weil sie wissen, dass du gern das Hochzeitskleid sehen willst. Du hast Glück, wenn du eine

Familie hast, die du liebst, aber du hast sogar noch mehr Glück, wenn du eine findest, die du genug liebst, um dich immer wieder für sie zu entscheiden.

Männliche beste Freunde

Von Bel

In Filmen spielt der männliche beste Freund (MBF) eine klar definierte Rolle: Entweder er kriegt sein Leben nicht auf die Reihe, so nach dem Motto: «Ich liiiiiebe die Liebe, aber ich liebe mich mehr!» Oder er hat blond gefärbte Spitzen und kommt einfach immer zu spät. Oder er ist in dich verliebt. Oder er ist es nicht, aber alle glauben, du wärst in ihn verliebt, und erwarten von dir, dass du quer durchs Land fliegst, ein Motorrad klaust und ihm seine Hochzeit versaust.

Nichts davon stimmt mit meiner Realität überein.

Was ich über männliche beste Freunde weiß, und damit meine ich nicht die aus den Filmen, ist, dass sie allem widersprechen, was wir sonst an Männern enttäuschend finden. Jedes Mal, wenn jemand über mich lästert, ich zu etwas gedrängt werde, ich überarbeitet bin oder übergangen werde, kann ich mich darauf verlassen, dass er da ist, entweder in meiner Küche oder meinem Postfach, und mir hilft, darüber hinwegzukommen und mein Leben zu genießen – und das alles, ohne dass uns Sex in die Quere kommt. Seine Präsenz in meinem Leben hat mir den Glauben an den modernen Mann wiedergegeben: Er ist meine Blaupause für die Liebe.

Mein MBF und ich haben uns kennengelernt, als ich 19 war und noch mit einem Skateboard unterm Arm herumlief. Wir beide hatten angefangen, in einem alten Theater in Wellington zu arbeiten. Es war der perfekte Studijob: den Gästen Lindauer Champagner einschenken in einem Gebäude, in dem man sich so leicht verlaufen konnte, wenn man «kurz was holen» musste, dass niemand bemerkte, wenn man Däumchen drehte, bis die Schicht vorbei war.

Offenbar lief an dem Abend ein großes Cricketspiel, denn ich erinnere mich, dass ich einen Witz über Laver & Wood machte (der Name des Cricketschläger-Herstellers aus meiner Heimatstadt und das einzig Relevante, was ich über Sport wusste) und er so heftig lachen musste, dass er fast ein Tablett mit Champagnerflöten auf den Küchenboden fallen gelassen hätte. Klirr. Seither sind wir unzertrennlich.

Es ist leicht, eine solche Zuneigung mit Liebe zu verwechseln, insofern verstehe ich, wieso die Regisseure darauf kommen. Sie würden uns sehen, wie wir uns im Restaurant gegenübersitzen, und denken: «Das ist genau die Chemie, die wir wollen – das wird die Anfangsszene!» Aber so ist es nicht.

Ich bin auf beiden seiner Abschlussfotos. Er hat meinen gesamten Hausstand aus drei Wohnungen und in zwei Flughäfen getragen. Wir haben alles Mögliche zusammen durchgestanden: Familienfeiern, Liebeskummer, Sportturniere, Unfälle. Wir haben in Pubs mit *Herr-der-Ringe*-Darstellern Cocktails getrunken und den Krankenwagen gerufen nach Partynächten, die so lange dauerten, dass wir überzeugt waren, wir würden sterben. Wir haben Naturkatastrophen überlebt und Trennungen und Krankheiten, was in dieser Geballtheit genauso klingt, wie man über Liebesbeziehungen sprechen würde, aber wie er sich ausdrückt: «Man muss nicht alle Menschen, die man liebt, auch ficken.»

Apropos ficken, das heißt auch, dass wir gegenseitig die absurdesten und experimentierfreudigsten Jahre unseres Datinglebens hautnah miterlebt haben. Die obsessive Baumpflegerin. Der heiße Künstler. Die ätzende Aktivistin. Ein Jahrzehnt an romantischen Reinfällen verteilt auf uns beide. Früher habe ich romantische Liebe idealisiert, weil sie für mich eine Art Flucht vor mir selbst war, aber die Präsenz meines MBF hatte den gegenteiligen Effekt, weil er mich dazu brachte, bei mir selbst bleiben, mich selbst gar nicht erst aufgeben zu wollen. Es gibt nur wenige Menschen auf der Erde, die alles zu dir sagen können und denen du genug vertraust, um ihnen aufrichtig zu glauben.

MBFs sind die Freundschaften, die dir zeigen, wie unkompliziert Liebe sein kann, sodass einem jede Liebe völlig logisch vorkommt. So wie Schwerkraft oder wie sich bestimmte Teilchen anziehen oder wie man es einfach nie schafft, mit dem Handy gute Fotos vom Mond zu schießen. Es ist einfach so. Es ist eine Art Liebes-Gegenmodell zur Liebe, mit der Filme nichts anfangen können (Aber wer kommt am Ende zusammen?! Was machen die denn da? Einfach nur *zusammen rumhängen*?!) Es ist die Art von Liebe, die Therapeut*innen «bedingungslos» nennen. Die Art von Liebe, von der verheiratete Paare behaupten, es wäre die Grundlage ihrer Ehe. Es ist das Prinzip, nach dem sämtliche Harmonie in der Welt funktioniert.

Mein MBF wird bald Vater, er und seine Partnerin bekommen einen Sohn. Immer wenn ich den Glauben an die Welt verliere, denke ich daran, dass die beiden eine neue Miniversion von sich erschaffen und damit so viel neue Hoffnung stiften, obwohl es so einfach wäre, sie zu verlieren. Ich weiß, das klingt nach einer Rede, die man bei der Taufe schwingen würde, während draußen parallel ein Klimaprotest stattfindet, aber es stimmt. Er ist für mich der Maßstab für Liebe. Er ist für mich der Beweis, dass es sie gibt. Er sorgt dafür, dass ich froh bin, dass ich lebe.

Sich verändernde Freunde

Von Bel

Am Anfang fühlt es sich an, als würde man sich verlieben.

Wir sind beide 19 und wie Phoebe Buffay gekleidet mit Synthetik-Wollpullis und Secondhand-Blumenkleidern. Ich sehe uns vor mir, in der schwarzen, schimmligen Küche einer avocadofarbenen Wohnung, in einem Burgerladen, an einem grauen Strand; die Woche war lang, und es könnte nichts Schöneres geben, als in ihrer Nähe zu sein. Am Anfang gibt es nur uns zwei. Erst dann kommen alle anderen.

Am Anfang dreht sich alles um Geheimnisse und Chaos. Darum, von zu Hause auszuziehen und sich ein eigenes Zuhause einzurichten. Zum Wohnen, aber mitunter auch einfach nur, um uns bei der jeweils anderen zu Hause auf der Betthälfte auszuruhen nach einem billigen Pfannengericht und spätabendlichem Gedaddel auf dem Display, während wir uns fragen, was aus uns wird.

Am Anfang geht es um experimentelle Haarfarben (Rot) und laute Konzerte (immer dienstagabends, immer furchtbar). Darum, mit Fremden rumzuknutschen und in die Gasse neben dem Buchladen zu kotzen, wo eine von uns sonntags arbeitet und die andere zu Besuch kommt, um eine warme, kohlenhydrathaltige Katermahlzeit vorbeizubringen. Darum, im frisch eröffneten ASOS-Online-Shop zu stöbern, sich gegenseitig zu beraten, was der eigene «Stil» ist, und diesen zu perfektionieren, während man an einem Sonntag bekifft auf einem Badetuch im botanischen Garten liegt. Am Anfang ist es das Gegenteil von Einsamkeit.

In der Mitte denken wir uns ein Spiel aus namens «Traum». Wenn wir spät von einer Party heimkommen und in ihrem oder meinem Bett liegen, schildern wir uns abwechselnd Traum- szenarien, wie sich die Zukunft der jeweils anderen entwickeln wird. In meinem Szenario ist sie eine Ägyptologin auf einer Wüstenexpedition. Ich bin eine Dichterin, die mit dem Boot über den Amazonas schippert. Ein Professor verliebt sich in sie, aber sie hat zu viel Stil, um sich davon beeindrucken zu lassen. Ich erfinde eine neue berühmte Schriftart. Sie ist schick und vollendet, mir widerfährt etwas Wunderbares, sodass ich nie wieder arbeiten muss. Wir spielen «Traum», wenn wir traurig sind. Wir spielen es, wenn wir einsam sind. Wir spielen es, wenn wir betrunken heimkommen und nur so strotzen vor Ideen, was wir werden könnten. «Traum» ist eine Möglichkeit, der anderen eine Landkarte durchs Leben an die Hand zu geben.

In der Mitte steht Veränderung. Einer meiner «Träume» wird Wirklichkeit, denn wir beide können eine Kreativpause ein- legen. Sie entwirft einen Gedichtband, und ich schreibe ihn. Sie wird mit jedem Tag klüger, und ich werde immer mutiger, was die Visionen betrifft, wo ich hinwill und was ich für möglich halte. In der Mitte verbringen wir die Wochenenden zusammen, arbeiten stundenlang schweigend Seite an Seite, drucken und scannen und heften Dinge zusammen. Die Mitte steht ganz im Zeichen der Hingabe.

Es gibt kein richtiges Ende, aber der Anfang nimmt ein Ende. Einige warnen dich davor, dass das passieren könnte. Nein, sagst du, das passiert anderen Leuten, doch nicht uns. Über Freundschaften wie unsere werden Filme gedreht; es wird für immer so weitergehen. Aber wie immer, wenn man die Worte «für immer» verwendet, als würde Zeit nie enden, geschieht es doch. Wir ziehen ans andere Ende der Welt. Wir sind busy. Finden einen Job. Verlieben uns. Tauchen in andere Welten mit anderen Spielregeln und Sprachen ein. Uns läuft die Zeit füreinander davon.

Gewissermaßen am Ende kommt uns die Schwerkraft abhanden. Ich habe das Gefühl, nicht mehr ich zu sein, weil dieses Ich nicht mehr gebraucht wird. Es folgt eine tiefe Trauer, die mir peinlich ist: Es ist, als würde man auf der Rennstrecke zurückbleiben. Ich weiß, was es heißt zu verlieren und was es heißt zu gewinnen, aber eine solche Lücke in meinem Leben habe ich noch nie empfunden. Dadurch dass die Liebe weg ist, fühlt es sich wie ihr genaues Gegenteil an.

Am Ende stehen Nachrichten ohne Fragen; einsilbige Antworten, wie sie Eltern verfassen, wie «gut», «busy» und «müde». Am Ende geht es darum, sich endlich einzugestehen, dass es nicht mehr wie früher ist. Am Ende ist es mir peinlich, dass ich mich überhaupt so lang daran festgeklammert habe, während doch jeder Mensch das Recht hat, sein eigenes Leben zu führen. Ich wusste nur nicht, dass Freundschaften genauso enden können wie Beziehungen. Es dauert seine Zeit, bis ich damit meinen Frieden schließe.

Ganz am Ende, Jahre später, hat jede von uns ihr eigenes Leben, eine richtige Frisur und immer noch dieselben Hautprobleme. Wir begegnen uns am Abend vor einer Hochzeit in einem Shabby-Chic-Schlafzimmer, wo wir unsere Seidenkleider anprobieren, die im Flur hängen, halb angetrunken mit einer Flasche Wein für morgen und sagen: «Alles hat sich verändert, und trotzdem liebe ich dich noch immer, nur auf andere Art.»

Beste Freunde

Von Lucy

Solange es keinen Anlass gibt, umarmt ihr euch wahrscheinlich nicht. Große Zuneigungsbekundungen sind etwas für Leute, für die das neu ist, aber ihr beide kennt euch schon eine ganze Weile. Als ihr jünger wart, habt ihr euch einen Handshake ausgedacht, bei dem sich alle ausgeschlossen fühlten, was der Sinn der Sache war. Ihr wolltet, dass andere Leute das auch wollen. Ihr habt irgendwann dem Jeggings-Trend entsagt, aber nie euch gegenseitig. Und obwohl ihr euch schon ewig kennt, hast du wahrscheinlich Schwierigkeiten, ein gemeinsames Foto zu finden, das du am Geburtstag posten kannst, aber das ist okay, denn du musst Social Media nichts beweisen.

Ihr kopiert aus Solidarität die schlechte Frisur der jeweils anderen, auch wenn die neue Farbe euch fertig macht. Sie leiht sich deine Brille und deinen Ausweis, denn wenn es eine Person gibt, die deine Identität beim Ausgehen stehlen darf, dann ist es sie. Ihr werdet für eine Weile die einzige Freundin füreinander sein und gemeinsam darauf warten, dass ihr neue Höhen erreicht. Ihr werdet sie zu verschiedenen Zeiten erreichen, aber ihr werdet nicht eifersüchtig aufeinander sein. Sie weiß, wann du dich verrennst und dass sie dich nicht davon abbringen kann. Stattdessen wird sie dir nahestehenden Personen eine Nachricht schicken und dafür sorgen, dass sie aus der Ferne ein Auge auf dich haben. Sie wird Teil deiner Familie, teilt sich die Zigaretten mit deiner Mutter und veräppelt deinen Vater. Einer deiner Brüder wird sie als seine Schwester bezeichnen, einer wird erklären, dass er sie heiraten will, und der andere wird sie nach Hause tragen, als ihr beide eines Nachts zu betrunken seid.

Sie steht dir nahe, auch wenn du weit weg bist. Sie steckt dir Briefe zu, die du erst im Flugzeug oder Bus lesen sollst, auch wenn das «sonst nicht dein Fall ist». Sie feuert dich an, in Menschenmengen und auf Bühnen oder wenn du dir eine neue Jacke kaufst, die du dir nicht leisten kannst. Sie ist diejenige, die den Scheinwerfer auf dich richtet, obwohl er eigentlich auf sie gerichtet sein müsste.

Monatelang, dann jahrelang und schließlich jahrzehntelang werdet ihr in neuen Betten in weit entfernten Städten liegen und die gleichen Geschichten wiederholen, die ihr seit der Highschool erzählt, wobei jedes neue Detail, an das ihr euch erinnert, euch einen Vorwand liefert, noch einmal von vorn anzufangen. Ihr habt euer Leben bereits romantisiert, lange bevor das zu einem Modewort im Internet wurde, mit Geschichten, die viel länger halten als die Vierundzwanzig-Stunden-Storys auf Instagram. Social Media ist ein Ort für flüchtige Freundschaften. Eure ist es nicht.

Eines Abends, als du weiter von ihr entfernt wohnst als je zuvor, wirst du dich ein wenig betrinken und dir wünschen, sie wäre bei dir. Der Alkohol bringt dich dazu, in diese schreckliche Selbstanalyse zu verfallen, und du schreibst ihr eine Nachricht, in der du sie fragst, warum sie so lange zu dir gehalten hat, selbst in den Jahren, als du eine schwierige Freundin warst. Und sie wird schlicht antworten: «Weil es das wert war.»

Freunde verlieren

Von Bel

Privatunterkunft, Patiala, Indien, Januar 2012

Ich renne gerade aus der Tür unserer Privatunterkunft, als es passiert. Unsere Abfahrt zu einem Tagesausflug von Patiala nach Amritsar verzögert sich und so nutze ich die Zeit und logge mich auf dem Laptop unserer Gastfamilie ein, um die Nachrichten von zu Hause zu lesen. Unter den Schlagzeilen über feiernde Rugby-League-Spieler, trendy Hibiskusprint-Tankinis und Sommerfestivals steht:

ELF TOTE BEI BALLONABSTURZ IN CARTERTON

Ich erinnere mich an jenen Tag im Café. An Alexis' Pläne für den Sommer, während ich weg sein würde. Eine unbestimmte Zeit lang wird alles ringsum ganz still.

Jahre später wird diese Erfahrung, über eine menschliche Tragödie zu lesen, direkt neben der Frage, wie man den Sarong für diesen Sommer stylt, zur dominierenden Art und Weise geworden sein, wie wir Nachrichten erfahren. Es ist eine Ziehharmonika aus Trivialem und Brutalem, die mit einem Scrollen an uns vorbeirauscht und das Gute und das Schlechte so rasant zusammenpresst, dass wir keine Zeit haben, das Gesehene vollständig zu verarbeiten. Wissenschaftler*innen werden für diesen alltäglichen Aspekt des modernen Lebens den Begriff «Kontextkollaps» prägen.

Universitätscafé, Wellington, 2011

Sechs Monate zuvor trafen Alexis, Olivia und ich uns nach der Vorlesung in unserem mit Nylonteppichen ausgekleideten Unicafé, tranken abwechselnd Kaffee und spielten die dramatischen Szenen unseres Lebens nach. Alexis und ich hatten uns als echte Theaterfreaks an einer Jugendtheaterschule kennengelernt und waren uns auf Anhieb sympathisch, weil wir beide gerne auf der Bühne in eine andere Rolle schlüpften. Wir hatten noch nicht genug Zeit miteinander verbracht, um uns nahezustehen, aber sie hatte diese süße Ausstrahlung, die jeden sofort in ihren Bann zog und dafür sorgte, dass man sich in ihrer Umgebung wohlfühlte. Olivia war mit Alexis' Bruder Ben zusammen, und als das geklärt war, freundeten wir uns schon bald alle an. Eines Nachmittags kam Alexis, die zu spät zu unserem Kaffee-Date auftauchte, mit rosa Wangen hereingestürmt, beinahe unfähig zu sprechen. Sie hatte zufällig auf dem Schreibtisch ihres Freundes Tickets für eine Heißluftballonfahrt entdeckt und wollte von uns Tipps, wie sie am besten so tun könne, als wüsste sie von nichts. Es fühlte sich an wie die Ausgangslage für eine Liebeskomödie aus den frühen 2000ern.

«Okay, noch mal, aber tu etwas überraschter», rufe ich. Alexis geht vom Tisch zurück, schüttelt ihr Gesicht, um eine andere Miene aufzusetzen, wie wir es damals an der Schauspielschule gelernt haben, und setzt sich wieder hin.

«Ahhh! Ich kann es nicht fassen!», ruft sie atemlos, und ihr liebes Gesicht leuchtet auf, während sie die Serviette umklammert hält, die sie als Requisite für den Ticketumschlag benutzt. Wir kichern in unsere lauwarmen Mochaccinos.

«Das ist so eine süße Idee», sagt Olivia.

«Oh Gott, was, wenn er einen Antrag macht?!» frage ich. Alexis und ihr Freund sind Christen. Ich verstehe zwar nicht ganz, inwiefern sich das in einer Beziehung zeigt, wenn man 19 ist, aber soweit ich gehört habe, sind große Gesten, die in meinem eigenen agnostischen Leben nicht vorkommen, bei ihnen gängiger. Ihre Augen schauen von ihrer Tasse hoch und verwandeln sich in die eines Powerpuff Girl – so sehen alle verliebten jungen Frauen aus. So sieht Naivität aus.

«Man weiß nie», lächelt sie und nimmt einen Schluck.

Mount Cook Flat, Wellington, 2011

In unserem ersten Fotokurs an der Uni sagte die Gothic-Tutorin, die wir wegen ihrer skelettartigen Accessoires «Skeletor» nannten: «Ich will keine Fotos vom Strand, von eurer Großmutter oder euren Freunden sehen. Geht raus und macht euch ein Bild von der Welt, verdammt noch mal.» Ich fühlte mich noch nie so provinziell wie in dem Moment.

Ich hatte bereits über eine Reise wie die nach Indien nachgedacht, und die prophetischen Worte der Grufti-Tutorin gaben den letzten Ausschlag: Ich musste rausgehen und über den Tellerrand schauen. Ich wollte meinen 19-jährigen Schmerz hinter mir lassen und versuchen, das Leben im Chaos eines anderen Ortes zu verstehen. Es war 2011, und Eat Pray Love war im Jahr zuvor in die Kinos gekommen. Spiritueller Tourismus lag im Trend, und Frauen wurden massenhaft ermutigt, ihre Männer zu verlassen, die Haushaltsgeräte zurückzugeben, die sie zum Jahrestag geschenkt bekommen hatten, und zu versuchen, irgendwo anders glücklich zu werden. Ich wählte Indien.

Meine Mitbewohnerin Rhi beschloss, mich zu begleiten, und wir fanden eine Freiwilligenstelle in einer Stadt in Punjab, sechs Stunden nördlich von Neu-Delhi, die uns über die Weihnachtsferien aufnehmen würde. An einem Samstagnachmittag gingen wir in ein Reisebüro, verprassten unsere Ersparnisse, die wir mit dem Ausschank von lauwarmem Sauvignon blanc in Theaterbars und dem Betreiben eines Skateparks für Teenager verdient hatten, und buchten unsere Flüge. Das war das Unvernünftigste, was ich je getan hatte.

Reisen war eine neue und unwirkliche Erfahrung für mich. Es fühlte sich an wie etwas, womit eine exotische und erfolgreiche Frau ihr ganzes Leben verbringt; Eigenschaften, von denen ich dachte, dass eine Journalistin sie bräuchte, wenn sie in einer schwarzen High-Waist-Hose auf den Straßen unterwegs war, um die Wahrheit herauszufinden und Männer auszutricksen, damit sie ihr Hinweise gaben, die dann zu Nachrichten und später zu einer preisgekrönten Dokumentation wurden.

Es war auch die Zeit, bevor alle Internet auf dem Handy hatten und es Vlogs und Videos gab, die einem detaillierte Tipps gaben, welches Etagenbett man im Hostel reservieren sollte. Stattdessen druckten wir eine riesige Landkarte von Indien aus, klebten sie in den feuchten Flur unserer Wohnung und betrachteten sie jeden Morgen, um herauszufinden, welche der darauf eingezeichneten Linien wir überqueren würden, was wir sehen und wie weit wir kommen würden. Es war eine Zeit, in der man noch nicht wirklich wissen konnte, worauf man sich einließ.

Von Patiala nach Amritsar, Indien 2012

Ich sehe die Schlagzeile, und die darauffolgenden Stunden verschwimmen in meiner Erinnerung. Ich erzähle Rhi stotternd, was passiert ist. Unser Tuk-Tuk trifft ein, und das Nächste, was ich weiß, ist, dass wir auf dem Rücksitz eines Autos sitzen, das nach Norden rast, auf die pakistanische Grenze zu, vorbei an Farbe, Schmutz, Menschen und Staub. Es finden Wahlen statt, und Männer mit Kalaschnikows stoppen den Verkehr, klopfen an die Scheiben und durchsuchen die Stiefel nach Bestechungsgeldern. An einem Checkpoint wird eine Waffe durch die Scheibe auf meinen Kopf gerichtet, und Mani, unser Guide und Fahrer, beruhigt mich: «Keine Sorge! Alles bestens!» Wir fahren los. «Außerdem fahren wir zum Haus Gottes», sagt er, während er mich im Rückspiegel ansieht. Ich kann es nicht fassen.

Als wir am Goldenen Tempel ankommen, wird es schon dunkel, das perfekte Licht, um dort zu sein, obwohl ich nichts spüre. Ich kann nicht aufhören, an Alexis in diesem Heißluftballon zu denken, der auf den Boden zurast. *Wie war es wohl? Zu wissen, dass es bald vorbei ist? Tat es weh? Woran hat sie gedacht? Was zum Henker mache ich hier?* Sie war ein so viel besserer Mensch als ich, und dennoch bin ich am Leben, und sie ist tot. Ich frage mich, ob es einen Gott gibt, beziehungsweise eine Göttin. Und falls ja, wo zum Teufel ist sie? Ist sie hier? Sieht so aus, als würde man in diesem Tempel eine Menge Gold an Sterbliche verschwenden. Sie sollte mal kurz aufhören, sich die Probleme der anderen anzuhören und sich erklären. Mani winkt uns hinein.

Wir sitzen in unseren mit winzigen, fröhlichen Spiegeln und Gold bedeckten Punjabi-Outfits am Rande des Sees, der den Tempel umgibt. Andere Reisende unterhalten sich und lachen staunend, doch ich kann nur an technische Details denken. Die Höhe, die der Ballon erreichte, bevor er abstürzte. Der Aufprall auf die Stromleitungen. Das Feuer. Der letzte Atemzug. Der Dominoeffekt. Ich schließe meine Augen und blinzle die Tränen zurück. Es fühlt sich irre an, so sehr in der Trauer um jemanden versunken zu sein, über den ich kaum einen Dreizeiler schreiben könnte. Ich versuche, ein Stückchen ihrer Erinnerung hierzulassen, inmitten des Goldes und des Friedens. Ich möchte ihren Eltern eine Nachricht schicken und ihnen davon erzählen, aber ich weiß nicht, was ich sagen soll. Ich kannte sie nicht einmal gut genug, damit sie wissen, wer ich bin. Es ist nicht meine Trauer, aber ich empfinde sie trotzdem.

An diesem Abend kommen wir spät nach Hause, und ich kann nicht schlafen, also tue ich etwas, was ich sonst nie tue, wenn ich so weit weg bin, weil es sich wie Versagen anfühlt: Ich rufe meinen Dad an. Zu Hause ist es noch früh am Morgen, aber ich frage mich, ob er ebenfalls wach liegt und sich Sorgen macht, über das Vieh oder die Wettervorhersage oder seine Gefühle, über die wir nie reden.

«Dad?», krächze ich. Ich fühle mich wie in einem Roman.

«Maus, was ist los?» Er muss beunruhigt sein, weil ich um diese Zeit anrufe; ich kann es in seiner Stimme hören (ich höre, wie er sich aufsetzt, stelle mir vor, wie er den Rücken durchstreckt, wie er einen Kloß im Hals hat).

«Meine Freundin ... es hat einen Unfall gegeben. Sie ist – sie ist tot.»

Es ist das erste und einzige Mal, dass wir uns derart öffnen. Am anderen Ende der Leitung wird es still, nur das Rauschen ist zu hören, aber ich weiß, dass er noch dran ist. Nach etwa einer Minute beginnt er leise zu erzählen, wie er mit 24 Jahren seinen besten Freund verlor, der kurz vor seiner Hochzeit auf seinem Pferd vom Blitz getroffen wurde.

«Wie unwahrscheinlich ist das?», sagt er. «Ich weiß zwar nicht, wie man das begreifen soll, aber wir müssen lernen, damit umzugehen ... das ist alles, was uns bleibt.» Ich höre, wie er einen Schluck von seinem Kaffee nimmt und ihn wieder auf der Küchenbank abstellt.

«Deshalb glaube ich auch nicht an diesen ganzen Gott-Kram», sagt er. Ich beschließe, ihm nicht zu sagen, wo ich gerade gewesen bin.

Neue Wohnung in Aro Valley, Wellington, 2012

Rhi und ich kehren im Hochsommer zurück, pünktlich zum neuen Unijahr in Wellington. Es ist der Tag vor meinem 20. Geburtstag. Ich habe Alexis' Beerdigung verpasst, stattdessen habe ich mir Fotoalben angesehen, die andere hochgeladen haben und die ich in meinem Newsfeed über denselben kaputten Laptopbildschirm betrachte, auf dem ich von ihrem Tod erfahren habe. Wir mieten mit Freund*innen eine baufällige Wohnung in einem notorisch heruntergekommenen Vorort der Stadt, tanzen in Kleidern auf Partys, geben Hausarbeiten ab, machen Linsenauflauf in unserer mäuseverseuchten Küche, all die einfachen, schönen Dinge des Lebens. In den Nachrichten laufen andere Berichte. Es geschehen noch mehr gute und schlechte Dinge. Ich versuche, den Kummer zu verdrängen, zu dem ich kein Recht habe. Es fällt mir schwer, das Haus zu verlassen. Ich kann diese beiden Realitäten nicht miteinander in Einklang bringen: hier zu sein und zu leben, und das, was ich nun aus nächster Nähe erlebe, nachdem ich so weit weg war. Es ist, als hätte ich meinen Körper in einer anderen Welt zurückgelassen. Oh nein – genau so definiert man Sterben.

Ein paar Monate später geraten einige Freund*innen, die im Auto zu einer Party zu einem 21. Geburtstag unterwegs sind, in einen Unfall und scheren rechts aus, was Fliss nicht überlebt. Fliss, die schöne Fotografin mit den roten Lippen und den langen Haaren, die im Wind wehen. Ich kann es nicht fassen. Ich arbeite für das Unimagazin und erfahre es zufällig als eine der Ersten. Gleich nach dem Anruf setze ich mich ins Auto und fahre zu unserer Freundin Alice, wo wir auf ihrem Bett sitzen, mit offenen Mündern Gin in Teetassen kippen und darauf warten, dass alle in die Stadt zurückkehren, damit wir wissen, wie es weitergeht. Es ist dunkel und kalt, und wieder einmal ergibt nichts einen Sinn.

Wir sitzen in schäbigen Wohnungen mit Lichterketten um die Tische herum, unsere Knie berühren sich, unsere Herzen purzeln aus uns heraus, und wir schwelgen in zufälligen Erinnerungen, die wie Heliumballons in unserer Brust anschwellen. Wir schauen uns die Fotos von Fliss an. Wir sprechen darüber, wie sie die Welt eingefangen hat. Ich beobachte, wie meine Freund*innen zu ihrer Beerdigung nach Dunedin fliegen und der Rektor der Universität eine Rede bei ihrem Gedenkgottesdienst hält. Die folgenden Tage und Wochen sind gefüllt mit Facebook-Posts und Status-Updates. Es ist erschreckend zu wissen, was im Leben möglich ist, egal wie sehr man versucht, sich vor dem zu schützen, was schiefgehen kann. Dinge gehen schief, egal ob man ein guter Mensch ist oder nicht, und das ist besonders schwer zu akzeptieren. Erst wenn man monatelang zuschaut, fängt die Trauer an, sich richtig festzubeißen. Ich werde den Rest meines Lebens jedes Mal, wenn ich in ein Verkehrsmittel steige, an dieses Gefühl erinnert werden. Einige von uns dürfen weiterleben, deshalb sind wir es, die das Beste daraus machen müssen.

Die Jahre, die folgen, überall

Beobachten, beobachten, beobachten: Wir beobachten so viel, dass wir gar nicht mehr wissen, ob unsere Gefühle uns selbst entspringen oder durch Bilder erzeugt werden, die wir ständig sehen. Im Online-Bereich nennen wir das «Impressionen», quasi Sinneseindrücke. Im wahrsten Sinne des Wortes wird einem etwas aufgedrückt, in der Werbung blitzt eine Kampagne vor den Augen des Betrachters auf, um seine Aufmerksamkeit zu erregen. Ein*e Künstler*in fängt eine «Impression» ein, wenn keine genaue Darstellung möglich ist. Wir bezeichnen junge Menschen als «beeindruckbar». All die Dinge, die wir beobachten. Sie prägen sich uns subtil und nachhaltig ein, oft ohne dass wir es merken. Es ist an uns zu entscheiden, welche Form sie annehmen und wie sie in uns weiterleben: welche Form sie in unserem Leben hinterlassen.

Während dieses verfluchten Jahres, inmitten all des Beobachtens und Verlierens, treffen Olivia und ich uns, wann immer wir können. Sie bringt mir an der Küste in der Nähe ihres Hauses das Surfen bei, balanciert auf ihrem Brett, schirmt mit einer Hand die Sonne ab und beobachtet, wie die Wellen immer wieder ins kalte Meer stürzen. Sie beobachtet, wie ihr Partner um seine Schwester trauert. Ich beobachte den Schmerz von Alexis' Mutter, die uns dabei beobachtet, wie wir in ihrer Küche das Mittagessen zubereiten, wie wir weiterleben, während ihre Tochter das nicht kann.

Nach dem Verlust gibt es immer ein Beobachten. Das Beobachten geht ewig weiter. Wir beobachten den Verlauf unseres eigenen Lebens und vergleichen ihn mit dem, was hätte sein können: *Was hätte sie aus ihrem Leben gemacht? Ist, was ich tue, genug? Schaut sie uns von oben zu und wacht über uns?* Am Ende, wenn wir alle zu Vögeln werden, können wir uns nur eines wünschen, nämlich zu wissen, wenn wir über unser eigenes Leben zurückfliegen, dass wir unser Möglichstes getan haben, ganz gleich, ob uns etwas widerfahren ist oder wir gesehen haben, wie es einem anderen widerfährt.

Weibliche Freunde

Dein Bild auf meinem Sperrbildschirm. Auf meinem Handy, wenn ein Anruf eingeht. Die Sieben-Minuten-Sprachnachricht, damit du über alles Bescheid weißt. Der gute Kram. Der schlimme Kram. Dinge nicht aussprechen zu müssen. Sorry noch mal für die lange Nachricht. Deine Notiz auf meinem Bett. Nachrichten, die nie ungelesen bleiben. Dieser eine Sommer. Unsere Geheimnisse. Abende, an denen keine von uns ein Auge zumacht. Crushes zu haben, bei denen man leider zur Stalkerin mutieren muss. Zusammen schweigen. Lange Nächte. Hydrolite. Das beruhigende Wissen, dass du mit deinem Rat immer richtig liegst. Meine Klamotten, die du dir ausgeliehen hast. Deine Schuhe, die noch immer bei mir herumliegen. Screenshots. Unsere Fehler. Liveticker vom ersten Date. All meine Geheimnisse, die du kennst. Alles, was ich dir schulde. Wie oft kann ich das sagen, bevor es dir zu viel wird? Ich liebe dich von ganzem Herzen.

KAPITEL 4

In dem jemand stirbt, den du liebst

Sterben, Verlust und wie es ist,
dabei zusehen zu müssen

Jemanden zu verlieren, verschafft dir ungewollten Zugang zu einer neuen Welt

Von Lucy und Bel

Was ist Verlust?

In der einfachsten Form ist Verlust eins minus ein anderes. Es ist ein Defizit, wie eine Mathegleichung mit negativem Ergebnis oder eine Lücke zwischen zwei Stufen, die einen Abgrund sichtbar macht und dich nach Luft schnappen lässt. Es wirft außerdem eine größere Frage auf:

Was ist überhaupt Haben?

Haben ist der Grund, aus dem wir jeden Tag aufstehen und auf mehr hoffen. Durchs Haben wissen wir überhaupt erst, was mehr ist. Mehr Aufregung, mehr Leben, mehr Augenblicke, in denen wir uns vor Lachen nicht halten können, und natürlich mehr Zeit. Haben bedeutet, jemanden oder etwas zu lieben, ihn oder sie oder es zu kennen (egal wie gut oder flüchtig) und dieser Sache so viel Platz in seinem Leben einzuräumen, dass eine Lücke entsteht, wenn sie nicht mehr da ist. Haben ist der Grund, aus dem manche Dinge erst Sinn machen. Verlust ist deren Untergang.

In diesem Teil geht es um den Untergang.

Es geht um Dinge, die wir nicht vorhersehen können und die wir nicht in der Hand haben, egal wie sehr wir uns anstrengen. Den Schmerz, vor dem wir uns nicht schützen können, die Talismane, die wir mit uns herumtragen, und die gottlosen Gebete, die wir aufsagen. Es geht um den Grund, aus dem wir uns die Schuhe von den Füßen reißen und weglaufen wollen, wenn wir bei einer Hochzeit neben einer Familie sitzen, die sich wegen der Renovierung ihres Pools in die Haare kriegt. Es geht darum, unser Leben ins richtige Verhältnis setzen zu können, wenn wir die Orte besuchen, die so vieles verloren haben. Es geht um den Grund, aus dem du süchtig danach wirst, im Dunkeln zu liegen und in dein Handy zu glotzen, damit dein Hirn bloß nicht auf die Idee kommt, sich zu fragen: «Was wäre, wenn?»

Und vor allem geht es um das, was danach kommt.

Verlust teilt die Welt in zwei Teile: Menschen, die dieses Gefühl kennen, und Menschen, die es nicht kennen. Das hier ist für euch alle. Es geht um das Unvorstellbare und darum, wie man damit leben kann.

Nachwirkungen

Von Lucy

Lissabon, 1. Oktober 2023, vier Jahre danach

Es ist zehn Uhr morgens, und ich scrolle mich durch Pinterest, um ein Zitat über den Tod zu finden, das ich auf Instagram posten kann und das nicht zu düster oder cringe oder schon tausendmal gesagt worden ist. Das mache ich, weil heute ein schwerer Tag für mich ist und ich nicht möchte, dass sich die Leute in meinem Leben schlecht fühlen, weil sie vergessen haben, sich bei mir zu melden. Das Einzige, was schlimmer ist, als sich zum Antworten verpflichtet zu fühlen, weil jemand schreibt, dass er an einen denkt, ist, sich zu einer Antwort verpflichtet fühlen, weil jemand sich dafür entschuldigt, dass er es nicht gemacht hat. Am Todestag seines kleinen Bruders über Pinterest oder DMs oder Instagram nachzudenken, kommt mir verdammt beschissen vor, aber es sagt einem ja niemand, was man sonst machen soll. Ich schließe die Apps, weil es den Tag wahrscheinlich nicht leichter machen wird, wenn ich massenweise «Die Guten sterben jung»-Kommentare lese, und denke stattdessen an den See. In dem See, an dem wir aufgewachsen sind, haben Jimmy und ich immer ein Spiel gespielt, wir schnappten uns den schwersten Stein, den wir finden konnten, und liefen so lange am schlammigen Grund entlang, wie wir die Luft anhalten konnten. In den Sekunden zwischen Fallenlassen und Auftauchen kam mir jedes Mal der furchtbare Gedanke, dass ich an die Oberfläche kommen, mich nach ihm umsehen und feststellen könnte, allein zu sein. Jetzt weiß ich, wie das ist.

Lass deine Eltern bloß nie den Rickshaw Run googeln. Auf der Website wird er als «unbestreitbar unvernünftigste Sache, mit der man sich zwei Wochen vertreiben kann» beschrieben. Es gibt keine festgelegte Route, keine Absicherung und keine Garantie, dass man ins Ziel kommt. Sicher ist nur, dass du dich *auf jeden Fall* verfährst, *auf jeden Fall* stecken bleibst und *auf jeden Fall* eine Panne haben wirst.

Ich kann gar nicht sagen, was mir an dieser Beschreibung Lust darauf machte, ein Rikscha-Rennen quer durch Indien zu fahren. Ich weiß nur, dass es für mich damals keinen Grund gab, Angst zu haben. Das Wochenende, an dem ich 21 wurde, nutzte ich, um die einzigen beiden Mitfahrer anzuwerben, mit denen ich mir den Rickshaw Run vorstellen konnte: meinen kleinen Bruder Jimmy und einen meiner besten Freunde – Josh. Bei den Jungs musste ich weniger Überzeugungsarbeit leisten als bei unseren Eltern. Nachdem wir fast ein Jahr lang Pläne gemacht, Spenden gesammelt und uns immer wieder gesagt hatten, dass das Leben dazu da ist, gelebt zu werden, ging es endlich los.

Indien, August 2019

Ich gebe zu, dass wir vielleicht ein bisschen naiv an die Sache rangegangen sind. Nachdem wir uns von Mum, Dad und unseren Brüdern Nick und Ben verabschiedet hatten, brachten die Jungs und ich ein paar unangenehme Reisetage hinter uns, bis wir endlich in Kochi, Indien, ankamen und die schlimmsten Überschwemmungen erlebten, die ich je gesehen habe. Nachdem wir etwas getrocknet waren, machten wir Bekanntschaft mit unserer Rikscha: einer leuchtend gelben Zitrone mit Smiley vorne drauf. Jimmy und Josh brachten mir das Fahren bei, dann kauften wir die Sachen ein, die uns als Grundausstattung empfohlen worden waren – Kanister, Kabelbinder, solche Sachen –, und bestiegen ein Boot, das uns zur Eröffnungsfeier fuhr. Nichts davon war mit irgendwas vergleichbar, das wir schon mal gemacht hatten, es war ein Rausch. Jimmy war ein bisschen nervös, wie wahrscheinlich jeder mit 18, also blieb ich nüchtern, um auf ihn aufzupassen. Als wir in unser Hostel zurückkamen, schaute er von der oberen Koje zu mir herunter, wiederholte immer wieder, dass das der beste Abend seines Lebens gewesen sei, und schickte unserer Familie betrunken ein Foto mit dem Kommentar «Lucy und ich sind beste Freunde». Dieses Foto sollte eins meiner wertvollsten Besitztümer werden.

Das Rennen ging los, und wir schlüpften in unsere neuen Rollen. Jimmy war von uns dreien der beste Fahrer, also manövrierte er uns durch die windigen Straßen. Josh stellte die Playlist zusammen und hielt die Moral hoch, und ich war die meiste Zeit für die Navigation zuständig. Nach ein paar Tagen hatten wir uns eingegroovt. Anders als die meisten anderen Teams hatten wir keinerlei Probleme mit unserer Rikscha und waren zuversichtlich, dass das Glück uns hold bleiben würde. Jimmy entdeckte, dass er Chai und den Duft von Jasmin liebte. Wir spielten Kricket mit einheimischen Kindern, und er verblüffte sie mit seinen weichen Händen. Josh fand allmählich Gefallen an Eimerduschen und wurde mutiger, was die Essensauswahl betraf. Ich war einfach nur glücklich, mit den beiden als Mitstreitern unterwegs zu sein.

Staudämme hatten Jimmy schon immer fasziniert. Unser Steinspiel-See wurde von zwei der größten Dämme des Landes aufgestaut, und als wir einen entdeckten, der grob auf der nächsten Tagesetappe lag, unternahmen wir einen Abstecher dorthin. Jimmy machte ausgiebig Fotos, wie von allem, was er liebte, und wir erkannten, dass wir uns abseits der ausgetretenen Pfade würden bewegen müssen, wenn wir weiter über so etwas stolpern wollten. Und so war die Sache beschlossen: keine Autobahnen mehr. Kurz nach dieser Entscheidung, Josh hatte das Rikscha-Steuer übernommen, bekam Jimmy plötzlich Kopfschmerzen, und ich wusste sofort, dass es keine normalen Kopfschmerzen waren.

Es muss verdammt viel passieren, damit ein Damm bricht. Eine Naturkatastrophe, ein tragischer Unfall, eine Steigerung des Drucks. In Jimmys Kopf passierte alles drei.

Google Maps. Wissen, dass es ein näheres Krankenhaus gibt. Warum sind wir nicht auf der Autobahn geblieben? Jimmy festhalten, damit er nicht aus der Rikscha fällt. Josh navigieren. Die beiden überzeugen, dass es nur eine Migräne ist. Wissen, dass es keine ist. Ankommen. Schreien. Nicht verstanden werden. Versuchen, ihn zu tragen. Warten. Hirnaneurysma, erklärt man uns. Operation. Zu Hause anrufen. Nicht sprechen können. Schnell wieder auflegen, falls das Krankenhaus anruft und Bescheid gibt, dass wir Ausrüstung kaufen müssen, damit die Ärzte weiteroperieren können. Hirnscans im Keller. Die Bilder in winzigen dunklen Räumen gezeigt bekommen. Nicht wissen, was man darauf erkennen soll. Intensivstation. Seine ans Bett gebundenen Hände. Tage, die vergehen. Josh am Telefon mit der Auslandsreiseversicherung. Gott sei Dank ist er da. Es wird schlimmer. Mum kommt. Dad kommt. Besserung. Verschlechterung. Niemand weiß, was diesmal nicht stimmt. Krankentransport Nummer eins. Neues Krankenhaus. Neue Woche. Zum ersten Mal wieder seine Stimme hören. Bewegung in den Beinen. Kostbare Gespräche, die ich in meiner Notiz-App festhalte. Wochen vergehen. Der nächste Krankentransport, diesmal zurück nach Neuseeland. Der Arzt und die Krankenschwester, die dafür eingeflogen werden. Die aggressive Durchsuchung seines Rollstuhls am Sicherheitscheck. Kuscheln in einem Hotelbett in Singapur.

Noch ein Flug. Ein Notfall in der Luft. Der Krankenwagen, der uns auf der Landebahn abholt. Kotzen am Flughafen. Ich dachte, in Neuseeland würde alles besser werden. Ein Krankenhaus, in dem Englisch gesprochen wird. Fistbumps mit seinen Brüdern. Wochen, die vergehen. Es wird wieder schlimmer. Herausfinden, was Antibiotikaresistenz bedeutet. Es meiner Familie erklären. Reservemedikamente aus Australien. Warten. Das Zimmer. Die Entscheidung. Herausfinden, was Palliativversorgung bedeutet. Besuch von der Familie. Besuch von Freunden. Kreuzworträtsel. Lachen. Tränen auf seinem Kopfkissen. «Junge Herzen geben nicht so schnell auf.» Weiter warten. Seine Hand halten. Der Duft von Bacon and Egg Pie. Seinen 19. Geburtstag mit Sterben verbringen. Schnee am See. Ein letzter Atemzug. Seine kalte Stirn küssen. Erleichterung.

Zu Hause, Oktober 2019

Als er tot war, holten wir ihn für ein paar Nächte in sein altes Zimmer nach Hause. Da lag er dann, zwei Türen von mir entfernt, umgeben von den Fotos, die er für die Highschool gemacht hatte, und Postern seiner Lieblingskricketspieler. Sein ferrariroter Sarg lag auf der Bettdecke, auf die ich samstagmorgens immer als Allererstes geklettert war. Das nervte ihn so sehr, dass wir irgendwann eine Vereinbarung trafen: Ich durfte für die Dauer einer Family-Guy-Compilation bleiben, dann musste ich raus. Hätte ich mir doch nur aufgeschrieben, wann ich das zum letzten Mal gemacht habe.

Eine Sache, die in Filmen korrekt dargestellt wird, ist, dass die Leute mit Lasagne und Mitgefühl vor der Tür stehen. Seine Freunde kamen, und ich brachte sie zu ihm. Meine Freunde kamen, und ich tat dasselbe. Danach saßen wir auf dem Boden im Kreis und versuchten, die Stille zu füllen, die von ihm im

Nebenzimmer ausging. In dieser Zeit war das Beste, was jemand tun konnte, da zu sein, ohne Anerkennung dafür zu erwarten. Nachrichten zu schicken, auf die es keine Antwort brauchte. Auf einen Kaffee vorbeizukommen, der unangerührt kalt wurde. Mich in den Arm zu nehmen, obwohl meine Arme stocksteif an den Seiten hingen, weil einfach klar war, dass ich nicht die Kraft hatte, sie hochzuheben. So was tut man, wenn es nichts anderes mehr zu tun gibt.

Es vergeht nicht viel Zeit zwischen Verlust und Gedenken. Die Beerdigung will geplant, Reden wollen geschrieben, Fotos zusammengestellt und Diskussionen darüber geführt werden, ob wir alle einzelne Facebook-Posts machen oder nur Dads Beitrag teilen wollen.

Die Musikauswahl überließ man uns Kindern, und es konnte für das große Ereignis nur einen Künstler geben: Kanye West. Kanye zierte unsere Weihnachtsbaumspitze und war der Soundtrack zu Jimmys Leben. Sein neues Album sollte an Jimmys 19. Geburtstag erscheinen, also legten meine Brüder ihre Handys in diesem letzten Monat jeden Tag unter sein Krankenhauskissen und spielten darauf leise *ye*, während wir auf das neue Album warteten und hofften, dass es ein Wunder bewirken würde. Er bekam das Album nie zu hören.

Hat Kanye einen Song, der sich für eine Beerdigung eignet? Wen interessiert's. Nick, Ben und ich saßen auf Jimmys Bett und gingen seine Diskografie durch, um den perfekten Song für den Mittelteil einer Beerdigung zu finden.

Runaway

Pro: Einer der Klassiker mit seltsam passendem Outro für eine Beerdigung.

Con: Den anwesenden Boomern gefällt es wahrscheinlich

weniger, wenn wir in so einem Moment auf die Douchebags, Assholes, Scumbags und Jerk-offs anstoßen.

Can't Tell Me Nothing

Ganz ehrlich? Das wäre absolut legendär gewesen, aber wir konnten nicht zulassen, dass die Leute sich die gesamte Diashow hindurch fragten, woher sie den Song kennen, nur um dann festzustellen, dass es der Song aus *Hangover* ist.

All of The Lights (Interlude)

Nah dran. Zu schwermütig.

Only One

Von dem Moment an, in dem wir erfuhren, dass er im Sterben lag, wusste ich, dass ich diesen Song am Anfang des Gottesdienstes für ihn singen würde. Vom Tisch.

Ghost Town

Ein Lied, in dem es darum geht, dass nichts mehr wehtut und wir immer die Kinder sein werden, die wir mal waren? Perfekt.

Verlust heißt festhalten. An alten Nachrichten. An den Sportarten, die derjenige geliebt hat. An der Musik, die man einst auf langen Autofahrten um jeden Preis gegen die eigene tauschen wollte. Jimmy starb, bevor Kanye seine Präsidentschaftskandidatur bekannt gab und bevor er sich von Kim Kardashian scheiden ließ. Jimmy musste sich nie überlegen, ob er die Kunst vom Künstler trennen konnte oder ob man ihn canceln würde, weil er Kanye immer noch mochte. Ich hasse es, dass ich mich jedes Mal, wenn ein Kanye-Song in einer meiner Playlists läuft, verpflichtet fühle, die Geschichte von meinem toten Bruder zu erzählen, um zu erklären, warum auch ich seine Musik nicht loslassen kann. Die Dinge, an denen wir uns festhalten, kommen in die Schatzkiste, die wir unseren Verstorbenen bauen, und niemand darf uns vorschreiben, was da reingehört und was nicht.

Bei seiner Beerdigung erzählte ich, dass er der Beste von uns gewesen war. Er war derjenige, der mich in jeder Vorlesungspause vom Flughafen abholte, derjenige, der mit unserem kleinen Bruder auf seine erste Party ging. Der mich drei Abende die Woche am Telefon begleitete, wenn ich im Dunkeln vom Babysitten nach Hause ging. Er fachsimpelte mit meinem älteren Bruder über Weltraumraketen und Van-Ausbau. Er machte Drohnenfotos von Farmen, die Dad verkaufen wollte. Er half Mum bei der Suche nach einem Haus, als Dad und sie sich trennten. Er zog die Autos seiner Freunde aus Flüssen und brachte ihnen Benzin, wenn sie mitten im Nirgendwo liegen geblieben waren. Er bat nur ganz selten um etwas, kaufte und verpackte seine Weihnachtsgeschenke selbst und spielte den Überraschten, wenn er sie an Weihnachten aufmachte. Es heißt ja immer, dass das Beste noch kommt. Aber wie konnte das sein, wo ich doch gerade allen gesagt hatte, dass der Beste von uns nicht mehr da war?

Nach meiner Rede sagte jemand zu mir, ich müsse irgendwann als Premierministerin kandidieren, weil ich mich so «gut beherrscht» hätte. Ich konnte nicht glauben, dass das offenbar das Einzige war, was diese Person von alldem mitgenommen hatte. Wäre diese Bemerkung nicht auf der Beerdigung meines kleinen Bruders gefallen, hätte sie einen echt guten Tweet abgegeben, dachte ich und kam mir für diesen Gedanken wie der schlechteste Mensch der Welt vor.

Die Monate danach

Nach der Beerdigung kümmern sich die Leute ungefähr vier Monate lang um einen, ehe sie sich wieder ihrem eigenen Leben zuwenden und man feststellt, dass es eigentlich eine Erleichterung ist. Man verbringt viel Zeit damit, anderen ein besseres Gefühl zu geben, und hört sich, öfter als man es für angebracht hält, Sachen sagen wie: «Er hatte ein tolles Leben!» oder «Mir geht's gut, ehrlich!» Freunde werden sagen, dass man das nicht machen muss, aber man weiß nicht, was man sonst sagen soll.

Du denkst viel über das nach, was er alles nicht mehr erlebt. Zum Beispiel, dass sein Lieblingssänger durchdreht oder wie das Unternehmen läuft, das du mit deinen besten Freundinnen gegründet hast. Du wirst beschließen, dein Instagram-Konto zu löschen, weil die Leute dich nicht mehr erreichen können und die Fotos nicht sehen sollen, die aus Zeiten stammen, in denen er noch da war und ihr glücklich wart. Du wirst durch eine Pandemie gehen und dich fragen, was er von der heutigen Welt halten würde. Dir wird klar werden, dass er nie seinen 21. feiern oder die Liebe seines Lebens oder die Freundinnen deiner Brüder kennenlernen wird. Du wirst dich fragen, ob er je gelernt hätte, Oliven, Rosenkohl, Wein und dieses ganze andere Zeug zu mögen, das mit dem Alter kommt. Jeden Tag wird dir etwas Neues einfallen und dein Innerstes nach außen kehren.

Die Jahre danach

In den Jahren danach werden die Erinnerungen anderer Menschen das größte Geschenk werden. Ein Freund von ihm schickt dir zum Beispiel ein Foto, das er auf seinem Handy gefunden hat und das du noch nie gesehen hast, und du hängst es dir an den Kühlschrank. Eine ehemalige Lehrerin von ihm schickt dir einen

Text, den er geschrieben hat, als er jünger war, und deine Mutter weint. Sein alter Arbeitgeber schenkt dir eine Zeichnung, die er an einem ruhigen Tag auf ein Post-it gemalt hat, mit Namen und Datum versehen, und du machst einen Schlüsselanhänger daraus. Lass diese Geschichten zu dir kommen, und lass dich von der Hoffnung, dass es mehr davon gibt, durch die Jahre tragen.

In den Jahren danach wirst du immer wieder zu hören bekommen, dass du eine Sichtweise auf die Welt gewonnen hast, die nicht viele andere Menschen haben. Du weißt, dass sein Leben es wert gewesen ist, gelebt zu werden, wenn du ihn vermisst, dass die Lücke, die er hinterlässt, nur so groß ist, weil er es auch war. Aber diese romantisierenden Formulierungen kotzen dich mehr an, als dass sie dir Erleichterung bringen, denn diese Horizonterweiterung war es nicht wert, ihn zu verlieren. Nichts ist das wert.

In den Jahren danach wird der Tod dich zur Narzisstin machen. In manchen Nächten wirst du wach liegen und dich fragen, warum das ausgerechnet dir passieren musste. Warum ihm? Warum nicht jemand anderem? Das macht dich nicht zu einem schlechten Menschen. Es hält auch nicht für immer an.

In den Jahren danach wirst du glauben, dass du falsch getrauert hast, weil die Trauer bei dir nicht in Phasen kommt, wie das Internet behauptet. Eigentlich bist du dir nicht mal sicher, ob die Trauer überhaupt «kommt» oder ob sie nicht einfach in dir steckt, wie Blei in den Knochen, das dafür sorgt, dass du dich nie wieder leicht und unbeschwert fühlen wirst.

Dein Leben danach

Du wirst dich fragen, womit dein Gehirn beschäftigt war, bevor es den Tod gekannt hat, und mit welchen Gedanken andere

Menschen wohl ihre Zeit verbringen. Du wirst eine Serie mit Freund*innen schauen, in der jemand stirbt. Sie werden sich zu dir umdrehen und sich entschuldigen und sagen, dass sie das nicht wussten, und du wirst dich unwohl fühlen. Du wirst den *Hamilton*-Soundtrack nur zu 90 Prozent kennen, weil du die Lieder über den Tod seines Sohns jedes Mal skippst. Du lernst jemand Neues kennen und betest, dass die Person dich nicht nach deinen Geschwistern fragt.

Die Leute beklagen sich über die größten Lächerlichkeiten, und du wirst unverhältnismäßig wütend. Wie können sie darüber jammern, dass ihr Lieblingswein ausverkauft ist, wenn dir jemand für immer geraubt worden ist? Diese Wut wird milder werden. Und du auch.

Du wirst Veränderungen durchmachen, mit denen du nicht rechnest, zum Beispiel musst du, egal wo du hinwillst, googeln, wie weit das nächste Krankenhaus entfernt ist. Du wirst akzeptieren, dass das jetzt zu dir gehört. Du wirst beim Feiern eine Krankenschwester kennenlernen, ihr überschwänglich für ihre Arbeit danken und dich fragen, warum zum Teufel sie nicht besser bezahlt wird. Du wirst darüber nachdenken, dass du auch Krankenschwester werden würdest, wenn du nicht solche Angst vor Nadeln hättest.

Nichts davon wird jemals einen Sinn haben. Die Leute erzählen dir, was sie gelesen oder gehört oder gesehen haben, und du wirst ihnen erklären wollen, dass Trauer ganz anders ist. Trauer ist, die Straße entlanggehen und die Sonnenbrille über die Tränen ziehen müssen, weil die Sonne sich heute so anfühlt wie damals, als ihr noch Kinder wart.

Der Tod wird dir immer wieder zeigen, dass das Leben zerbrechlich ist, aber du stark bist. Starksein ist, aufs Handy schauen müssen, wenn es dir eines Dienstags eine willkürliche Erinnerung an ihn anbietet. Starksein ist, wenn ein neuer

Familienchat ohne ihn aufgemacht wird. Starksein ist sehen, wie seine Social-Media-Konten zu Gedenkorten werden. Starksein ist, einen Abschluss zu feiern, bei dem er hätte dabei sein sollen. Starksein ist, sein Fehlen bei jeder Gelegenheit zu spüren, für immer. Starksein ist wissen, dass du nie wieder so glücklich sein wirst wie früher, als er noch da war, aber es trotzdem zu versuchen. Starksein ist, dein Unternehmen weiterführen, weil er es so gewollt hätte. Starksein ist, dich zurückzuziehen, wenn der Traurigkeitsstrudel dich einsaugt, und wiederkommen, wenn er dich wieder ausspuckt. Starksein ist, die Trauer zum inneren Kompass machen, der dir hilft, dich in der Welt zurechtzufinden. Wie du dich in ihr bewegst. Wie du durch sie hindurchsteuerst. Wer du darin bist. Starksein bedeutet, mittendrin sein, während alle anderen zuschauen, vor allem er.

Und danach. Der Versuch, da zu sein, dich nicht zu verschrecken, dir zu zeigen, dass es mir nicht egal ist

Von Bel

Unterwegs nach Penha de França, Lissabon, August 2023

Zwei Jahre nach Jimmys Tod lernten Luce und ich uns kennen und wurden schnell Freundinnen. Bald darauf fingen wir an, zusammen an Texten zu arbeiten und einen Podcast zu machen; sie machte SYSCA, und ich half dort neben meinem Hauptjob aus. Eine solche Zusammenarbeit erfordert eine ganz besondere Art von Nähe; oft außerhalb jeglicher geregelter Bürozeiten, oft völlig unvergleichbar mit anderen Beziehungen, und oft erfordert sie eine kreative Verletzbarkeit, die nicht viele zu Gesicht bekommen. Jemanden zu finden, der genauso besessen von manchen Dingen ist wie du selbst, gibt dir das Gefühl, dass alles möglich ist, und dann musst du dich mit ganzer Hingabe hineinstürzen. Wenn wir frühmorgens unsere gemeinsamen Projekte ausheckten, sah ich, dass Luce' Trauer sorgfältig in ihrem Innern verstaut war, wie in einem Behälter mit geschlossenem Deckel. Hin und wieder sprachen wir darüber, wenn wir schlimme Geschichten austauschten, aber die Trauer schwappte nie über. Als wir unseren Buchvertrag abschlossen und mir die Schnapsidee kam, nach Portugal zu gehen, um unser Buch dort zu schreiben, wollten wir beide aus einem ähnlichen Grund weg: Wir wollten an einem Ort sein, der uns nicht daran erinnerte, wer wir waren und welchen Schmerz wir erlebt hatten.

Wir wollten das Neue, die vermeintliche Perfektion, die das mit sich bringt. Es macht Spaß, die Naivität so lange auf die Probe zu stellen, wie das Leben es zulässt.

Wir fanden eine Wohnung am Fuß eines Hügels in Penha de França, von wo aus man, wenn man auf der Straße stand, die marshmallowfarbenen Häuser sah, die sich zum Tejo hinunterzogen, und in der anderen Richtung die hohen gelben Mauern des Cemitério do Alto de São João, Lissabons größtem Friedhof. Ich landete Wochen vor Luce, und an dem Tag, an dem ich sie vom Flughafen abholte, mussten wir an einer Ampel in der Nähe unserer neuen Wohnung halten. Es herrschte gerade eine Hitzewelle, die Fenster waren heruntergelassen, und wir waren beide von diesem Adrenalinrausch gepackt, den ein Umzug in eine fremde Stadt auslöst, in dem einen jeder Zentimeter ihrer Neuheit high macht und man so schnell wie möglich alles über jede Ecke und jeden Winkel wissen will.

«Was ist das?», fragte sie und zeigte auf die Mauer.

«Der Friedhof. Irgendwie komisch, irgendwie schön, oder?» Man sah prunkvolle Statuen wie Kerzen über die Mauer ragen. «Daran orientiere ich mich immer, um zu unserer Wohnung zurückzufinden», sagte ich und malte mit dem Finger ein «L» auf den Sitz zwischen uns, um die Kreuzung der Straßen zu erklären. «Das heißt auch, dass wir immer günstig Blumen kriegen.» Ich hielt ihr einen Willkommensstrauß aus lila Gänseblümchen hin, den ich in einem kleinen Laden erstanden hatte, der Grabgestecke verkaufte. Sie lächelte und wurde still, wandte den Blick ab und schaute aus dem Fenster. Da dämmerte mir, was ich getan hatte: Ich hatte sie in der ersten Sekunde am neuen Ort an das erinnert, was sie verloren hatte und so weit wie möglich hinter sich lassen wollte. Die Ampel schaltete auf Grün. Wir fuhren weiter und taten so, als sei nichts passiert, hievten ihre Koffer fröhlich die schmale Treppe hinauf in unseren neuen Lebensabschnitt, und die Trauer schob sich hinter uns unter der Tür durch wie eine Postkarte.

Relativ kurz nach dem Umzug hat Lucy Geburtstag und Jimmy Todestag, im Abstand von wenigen Tagen. Es ist ein ganz seltsames Gefühl, als Freundin die kleinsten Verästelungen des Schmerzes eines Menschen zu kennen und nicht das geringste bisschen helfen zu können. Plötzlich spürt man sie auch, als hätte man jemanden verloren, den man nie kennengelernt hat, aber der so lebendig in einer Person ist, die eine wichtige Rolle im eigenen Leben spielt. Ich möchte ihr etwas schenken, das kein kleines, quadratisches Büchlein mit Trauergedichten ist, die irgendwelche Männer 1919 geschrieben haben, und entdecke in einem Secondhandladen ein oranges Seersuckerhemd mit einer gestickten Ente (Jimmys Lieblingsmotiv) vorne drauf, das ich in Seidenpapier einwickle und mit Schleifenband verziere, das ich von zu Hause mitgebracht habe. Luce weint (passiert selten) und trägt es zu ihrem Geburtstagsausflug, auf dem wir mit dem Zug an den Strand fahren, in den blauen Buchten von Cascais schwimmen und uns beim Mittagessen reichlich Wein zu einem riesigen Fisch gönnen. Das ältere Ehepaar am Nebentisch lacht und ist beeindruckt, dass zwei jung wirkende Frauen unter der Woche so viel Spaß haben können, wo sie doch theoretisch im Büro sitzen und sich schinden müssten. Das ist der Vorteil, wenn man im Internet arbeitet, sagen wir. Außerdem ist das ein Arbeitsessen. Es mag zwar nicht so aussehen, aber wir arbeiten immer.

Wir sind glücklich, alles ist ungewiss, aber wir werden uns schon zurechtfinden. In diesem aufregenden Schwellenbereich, in dem wir uns aufhalten, kann alles passieren. Und manchmal ist genau das das Problem. Alles. Selbst an guten Tagen gibt es immer etwas, das zugleich da (Trauer) und nicht da (Jimmy) ist, und ich kann nichts dagegen oder dafür tun. Es fühlt sich an, als könnte jeden Moment wieder eine Katastrophe eintreten, die sich unserer Kontrolle vollkommen entzieht. Ich sehe mir das an und versuche, um dieses Gefühl herumzureden, ohne wie eine Vertrauenslehrerin zu klingen oder wie jemand, der einen achtteiligen Life-Coaching-Kurs auf YouTube gemacht hat. Wir kommen nach Hause, als die Sonne gerade anfängt unterzugehen, verteilen Sand in der ganzen Wohnung und kümmern uns nicht darum, wir lachen darüber, wie sehr wir beide Geburtstage hassen und überhaupt jede Art Aufhebens um einen einzelnen Tag. Eine hängt die Handtücher auf, während die andere duscht. Ich stelle eine Karaffe mit Wasser in den Kühlschrank, und der Tag ist vorbei. Unsere Zimmertüren sind zu, und ich weiß, dass Luce auf der anderen Seite der Wand ist und versucht, die richtigen Gefühle für ein weiteres Jahr Leben zu finden.

Es gibt nichts, was man sagen kann, damit jemand besser mit seiner Trauer umgehen kann. Wir unterdrücken sie, und sie kommt wieder hoch. Wir öffnen den Behälter, und die Tränen schwappen über den Rand. Man kommt sich so hilflos, so faul vor, weil man nur dasitzen und zuhören und überkompensieren kann, wenn es im Auto zu heiß wird und man vor einem gottverdammten Friedhof steht. Im besten Fall wird man so nah herangelassen, dass man sich in eine billige Decke einwickeln und zusammen eine ganze Serienstaffel rewatchen kann, in der eigentlich nichts passiert, weil man weiß, dass so ein Portal in eine einfachere Welt manchmal alles ist, was die andere Person braucht. Manchmal gibt es Antworten. Meist ist es nur Zeit, die vergehen muss, und du selbst wirst zwar nie ganz verstehen, aber du bist trotzdem da und versuchst es.

Sachen, die ich aus unerklärlichen Gründen nach dem Verlust meines Bruders gemacht habe

Von Lucy

▷ Den schönen Biergarten sausen lassen, in den alle nach seiner Beerdigung gingen, um stattdessen mit all meinen Freund*innen auf einem schäbigen Parkhaus zu sitzen.

▷ Eine alljährliche Kapo-Tour (eine Kapitalismus-Tour, um sowohl die lokale Wirtschaft als auch mein emotionales Wohlbefinden anzukurbeln), auf der ich an seinem Todestag ohne Angabe von Gründen alles kaufen darf, was ich will.

▷ Sein komisches Lieblingsgetränk (Canadian Club Whisky mit Dry Ginger Ale) zur Bandprobe mitgebracht und alle gezwungen, auf ihn anzustoßen und zu trinken.

▷ Seinen alten Teddy auf allen Roadtrips aufs Armaturenbrett gesetzt, damit er die Landschaft sehen kann, die Jimmy geliebt hat.

▷ Ihm weiterhin Fotos, Nachrichten und Memes geschickt, denn nur weil er nicht mehr bei uns ist, heißt das nicht, dass er nicht mehr dabei sein kann.

▷ Völlig fanatisch Formel 1 geguckt, weil er das geliebt hat. Mir mit Dad und meinen Brüdern Rennen angesehen, während unser Lieblingsfoto von Jimmy in einem Ferrari auf dem Kaminsims lehnte.

▷ Die Nachricht von einem Hellseher, die mir meine Cousine geschickt hat, so oft angehört, dass ich die kompletten fünfzehn Minuten auswendig mitsprechen kann.

▷ Unverhältnismäßig wütend geworden, wenn ich irgendwelche Schwachsinnszitate zum Thema Tod las, wie: «Was
ist Trauer, wenn nicht Liebe, die überdauert?»

▷ Ihm zu Ehren einen Geocache an seinem Lieblingsort ver-
steckt, damit irgendwelche Wildfremden etwas über ihn
lesen können, wenn sie ihn finden.

▷ Angefangen, mich mit dem Ganzen okay zu fühlen.

Durch den Verlust hindurch

Bade in den Erinnerungen, die andere Leute an ihn haben. Immer und immer wieder. Über die Jahre hinweg. Über lange Zeit. Wieder und wieder. Biete im Gegenzug deine Geschichten an. Schreib sie dir in deine Notiz-App und öffne sie in stillen Nächten, wenn du versuchst, nach Hause zu kommen. Geh an den schweren Tagen langsam und mit Sonnenbrille die Straße entlang. Schieb es auf den Heuschnupfen. Schieb es auf die Wahlen. Schieb es auf den Krieg. Schieb es auf alles, was du willst – die Leute lieben Wracks. Sei ein Wrack. Dann reiß dich zusammen – du kannst nicht ewig so leben. Schaff konkrete Orte, an denen sein Geist weiterleben kann. Glaub an Geister. Glaub an Gespenster. Glaub an Zeichen. Glaub an alles, was du willst, um durchzuhalten. Aber halte nicht nur durch; denk dran, du bist hier unten, auf der Erde. Erfinde Traditionen, egal wie komisch sie wirken. Nimm es denen nicht übel, die es nicht verstehen. Die Glücklichen werden es nie verstehen. Nicht ganz. Sie können nichts dafür, sie haben nur Glück gehabt. Guck die Filme und Serien, die er geliebt hat. Schlag alte Bücher auf, in die er geschrieben hat. Fahr seine Handschrift mit dem Finger ab und fühl dich ihm gleichzeitig sehr nah und sehr fern. Staune über die Zeit und ringe mit ihr und lass sie schließlich Ruhe in dir finden. Bereise ferne Orte, die er nie gesehen hat. Betrink dich in Bars im Ausland mit Fremden und erzähl ihnen alles. Fühl dich gleichzeitig extrem glücklich und traurig, aber stoß auf die Zeit an, die ihr zusammen hattet. Trink auf das, was du verloren hast. Trink aufs Weiterleben. Tu es für ihn. Und dann, immer und immer wieder, jeden Tag, für dich selbst.

KAPITEL 5

Phoenixing

Phoenixing (Verb): Das, was kommt, wenn alles niedergebrannt ist, das Leben unwiderruflich zerstört scheint und man in neuem Glanz wiederaufersteht. Die schlechten Zeiten sind die Asche, und man selbst ist der Vogel.

Das Beste gegeben und trotzdem
nur so weit gekommen

Von Lucy und Bel

In der Schule lernt man nicht, dass es Momente im Leben gibt, in denen alles zusammenbricht und man sich selbst nicht wiedererkennt. Man darf sich mit Trigonometrie befassen, Geschlechtskrankheiten und Kriegsgedichten. Und wenn man dann noch aufpasst, lernt man was über DNA-Strukturen, die Funktionen des Parlaments oder die Vorteile quantitativer Lockerung. Aber niemand bereitet einen auf diese erschütternden Momente vor, die das komplette Selbstverständnis über den Haufen werfen und einen vor die Frage stellen, wozu man sich den Scheiß überhaupt antut. Niemand zieht einem die Vorhänge auf, in den Wochen, wenn man nicht aus dem Bett kommt. Den dunklen Zeiten und Down-Phasen, in denen Nachrichten von Freund*innen das Einzige sind, was einen durch den Tag trägt.

Niemand warnt einen davor, wie es ist, auf die peinlichste, übelste Art zu scheitern. Von der Welt einen auf den Deckel zu bekommen, wie man es nie für möglich gehalten hätte. Durch die Straße zu fahren und einfach nicht umkehren zu können. Und ganz bestimmt erklären sie einem nicht, was man tun soll, wenn das Leben über einem zusammenbricht und nur noch Scherben bleiben, die sich nie wieder zusammenfügen lassen. Wenn wir Singer-Songwriterinnen wären, schrieben wir darüber ein Lied namens *Kintsugi*.

Doch was kommt nach diesen einschneidenden Momenten, die so unüberwindbar scheinen? Phoenixing.

In der zischenden Glut des Zusammenbrechens, Nicht-mehrzusammen-Seins oder Sich-nicht-mehr-zusammenreißen-Könnens liegt eine riesige Chance, das alte Ich gegen ein neues zu tauschen. Und diese Chance muss man ergreifen.

Wenn man den Zustand des Phoenixing erreicht hat, steht einem praktisch alles offen. Man kann zum Morgenmenschen werden. Man kann nach Hause gehen, bevor die Party richtig losgeht. Man kann sich neu erfinden und Drogen microdosen oder sich einer Noise Band anschließen. Man kann sich einen Pixie Cut schneiden lassen. All seine Klamotten verkaufen. Livezuschauern die Tarotkarten lesen. Sich im Parkour ausprobieren. Man kann einfach alles tun, und keiner kann einen verurteilen, denn das Leben ist Schutt und Asche, und bis es wieder einen Wert hat, sind der Kreativität keine Grenzen gesetzt. Ja, dieser Zustand ist beschissen, aber auch befreiend.

Doch natürlich ist es schwer, es so zu sehen, wenn man noch am Boden ist. Es ist dunkel da unten, und oft ist das Einzige, was einem in dieser schmerzhaften Einsamkeit Gesellschaft leistet, ausgerechnet ein kleiner Bildschirm voller Menschen mit scheinbar perfekten Leben. Und selbst wenn diese Menschen mal durchscheinen lassen, dass bei ihnen nicht alles rundläuft, dann nur zum Sound eines wiederentdeckten Velvet-Underground-Songs und mit salbeigrüner Bambusdecke und japanischen Räucherkerzen im Hintergrund. Aber ein wahres Chaos lässt sich nicht in ästhetische Storys verpacken. Das Leben muss manchmal unschön sein und offline bleiben, damit es wieder Schwung aufnehmen kann.

Hätten wir doch nur von Anfang an gewusst, dass alles früher oder später gut wird, wenn wir nur den Sinn dahinter sehen. Irgendwie halten die großartigen Momente im Leben nie lange an, während die, die einen in Stücke reißen, endlos scheinen. Wie man es da durchschafft? Man nimmt Anlauf. Und phoenixt.

Aber vorher kommt der Bruch.

Zur Erinnerung für später I Titanic[1]

BEL: Weißt du woran ich merke,
dass du phoenixt

        LUCY: woran? (wird das jetzt cringe?)

BEL: Das klingt jetzt ein bisschen kitschig
Also so richtig
Du wirst es hassen
Mega sentimental

        LUCY: omg
        Ok

BEL: Ich sag es dir, weil du's hören musst
Es ist dein Lachen
Wenn du aus dem Podcast-Studio rausgehst und lachst ...
dann strahlt alles um dich herum irgendwie
Keine Spur von Evanescence *Wake me up inside*[2]
Die Welt ist wieder in Ordnung <3
Ich klinge wie dein Mann am Valentinstag

---

1 Titanicing: Wenn man langsam, aber sicher ins Verderben sinkt und einem die nächste Durststrecke oder Katastrophe bevorsteht.

2 Evanescencing: Wenn man in einem unerträglichen Moment feststeckt und so schnell wie möglich flüchten will, an einen besseren Ort. In Anspielung auf den Nu-Metal-Hit *Bring Me To Life* der Band Evanescence aus dem Jahr 2003.

LUCY: Willst du wissen, woran ich
merke, dass du phoenixt?

BEL: Nur wenn du dir nicht irgendwas
aus dem Ärmel schüttelst, um von
dir selbst abzulenken

LUCY: SEI STILL und pass auf
Ok, also ich merke es immer dann, wenn du
ausnahmsweise mal nicht im Büro bist (sorry)
Dann bist du die ganze Nacht wach und markierst
mich in irgendwelchen Google Docs
Und schreibst mir irgendein wirres Zeug
(soweit ich weiß, nicht, weil du schlafwandelst)
Und ich merke spätestens dann, dass du phoenixt,
wenn ich dich im Podcast mal wieder roaste,
weil du irgendeinen random Gen Z Trend nicht
kennst, und du nicht sauer wirst
Man sieht es dir an deinem Gang an
Und wenn du Schlagzeug spielst
Phoenix energy

BEL: Hör auf, ich heul
Warum klingen wir beide, als würden
wir ne Hochzeitsrede halten

LUCY: Denkst du, Leute mit Langzeit-BFs
hören so was jeden Tag

BEL: Hmm. Also zu mir wurde so was
damals nicht gesagt
Vielleicht ist es bei anderen so

Bei Pärchen die sich so richtig lieben
Oder vielleicht achtet man auch nur
auf solche Details, wenn man es selber
schon mal aus nem Loch geschafft hat

        LUCY: brb, ich speicher deine Nachricht,
        fürs nächste mal, wenn ich titanice

MIT DIESEM SCHIFF UNTERGEHEN
(UND WIEDER AUFTAUCHEN)

INT. WOHNUNG – MORGENS.

FRAU, Ende 20, sitzt in Unterwäsche auf ihrem Wohnungsboden, um sie herum Nagellackfläschchen. Sie ist abgemagert, ihre Haare fettig und zu einem zerzausten Dutt gebunden. In der Ecke stehen Kartons. Licht fällt durch die Jalousien. FREUNDIN ertönt im Lautsprecher.

FRAU

(aufgebracht)

Was, wenn ich für immer allein bleibe?

CUT TO: Sitzecke in der Küche voller benutzter Weingläser und Teller, außerdem Schlüssel, Tampons: das Chaos einer jungen Frau.

FREUNDIN

Und was, wenn ich morgen sterbe?

FRAU

Was, wenn ich bei The Amazing Race genommen werde und in der ersten Sendung rausfliege?

FREUNDIN

Ganz genau. Niemand kann wissen, was kommt. Was machst
du, wenn du abends nach Hause kommst?

*Ein Mülllaster fährt vorbei. Flaschen werden
hineingeladen und zerschmettern.*

FRAU

Klingt wie eine Metapher für mein Leben. Ich
dachte so … das Dido-Album … *Life for Rent*.

*FRAU legt sich erschöpft auf den Boden. Wir sehen
ihr dürftig bestücktes Bücherregal. In der Wand
stecken Nägel, an denen nichts hängt.*

FREUNDIN
(lacht)

Ach, halt die Klappe. Jetzt sag schon,
was machst du abends zu Hause?

FRAU
(schließt die Augen, als beichte sie)

Trinken … Chardonnay. Und dann zu ABBA tanzen,
bis ich keine Luft mehr kriege und ins
Bett muss.

FREUNDIN
Genau.

                    FRAU
                (setzt sich auf)
                  Genau was?

    Kaffeemaschine von FREUNDIN surrt im Hintergrund.

                  FREUNDIN
                 (aufgeregt)
    Du hast jetzt wieder so viel Zeit. Du kannst …
    weiß nicht, wieder ein Kind sein? Rausfinden,
    was du vom Leben willst. Als wärst du gerade auf
    der Erde gelandet und dürfest entscheiden, wo es
    hingeht. Liebe ist schon schön und ich bin froh,
    sie zu haben, aber Girl, Liebe ist nicht alles.

                    FRAU
    Kannst du mir das jedes Mal sagen, wenn wir
    telefonieren, damit das am Ende wie so ein nerviger
          Carrie-Bradshaw-Zusammenschnitt wird?

                  FREUNDIN
    Klar. Weil ich dich lieb hab. Und jetzt spring
    unter die Dusche, iss was Richtiges und geh
               an die frische Luft.

Das Herz ist Himmel und Hölle

Von Bel

An dieser Stelle sollte ich vielleicht anmerken, dass mir durchaus bewusst ist, wie klischeehaft die Rede von Phoenixing nach einer Trennung ist, und dem tiefen Gefühl, das Leben wäre von heute auf morgen auf den Kopf gestellt worden. Bechdel-Test durchgefallen, und das im 21. Jahrhundert. Und doch ist es die Realität. In meinen Tagebucheinträgen von damals, mit 29, als ich mich von der, wie ich dachte, Liebe meines Lebens getrennt habe, klinge ich wie ein Schatten meiner selbst. Ich bin ein abgemagertes Häufchen Elend, das wie betäubt durch die Gegend fährt und dieselben vier Lana-del-Rey-Songs in Dauerschleife hört («When's it gonna be my tuuuuuuurn???»), pausenlos vapend, weil ich mir einbilde, es würde meine Atmung regulieren und mich davon abhalten, darüber zu reden. Ich hänge 24/7 mit meinen Freundinnen ab, als wäre heute mein letzter Tag auf der Erde, und trotzdem war mein Leben noch nie so still. Ich hasse solche klischeehaften Zustände, ich habe genug YouTube-Videos geguckt, um es besser zu wissen.

Aber ich muss eben ganz unten anfangen, damit ihr wisst, dass ich schon mal am Boden war, damit ihr mir glaubt, wenn ich sage, ich weiß, wie sich die absolute Selbstzerstörung anfühlt. Wir waren zwei Jahre zusammen, und die gemeinsame Wohnung fühlte sich wie die erwachsenste Entscheidung aller Zeiten an. Ich war für Typen schon durch die halbe Welt gereist, hatte mir lange Zugfahrten und Videocalls über Zeitzonen hinweg angetan, um sie nicht zu verlieren. Sogar meinen Körper hatte ich ihren Wünschen und Vorstellungen entsprechend angepasst. Aber mit jemandem ein Leben aufzubauen, kam mir wie das Endziel vor, das Größte, was eine erfolgreiche Frau tun konnte. Vorbei war es mit den besorgten Blicken auf Hochzeiten, vorbei mit den Dinnerpartys, auf denen ich ständig alleine aufkreuzte. Das Ende dieser Beziehung und alles, was damit einherging, hat mich komplett fertiggemacht. Ich schäme mich fast, es zuzugeben, aber ich hielt es für ein persönliches Versagen. Ich war immer die Frau gewesen, die im Flugzeug oder Wartezimmer mit ihrem Partner Händchen hält, lächelt und sich denkt: Ja, das ist mein Leben. Ich war gerne diese Frau, ich kam mir arriviert vor, hatte immer jemanden, mit dem ich meinen Geburtstag verbringen konnte oder meinen Freitagabend. Damals konnte ich einfach nicht begreifen, wie ich Meetings leiten, Millionen-Dollar-Kampagnen pitchen, die Nacht durchmachen und Präsentationen ausarbeiten, kurzum eine brillante She-EO sein konnte und trotzdem in einem der simpelsten Aspekte des Lebens immer wieder scheiterte: ein stabiles Liebesleben zu haben.

Aber schlagen wir mal den Bogen zurück zum Anfang. Es gibt Momente, da steht man vor einem Haufen Sachen, die einem ans Herz gewachsen sind. Man erinnert sich genau an die Geschichten hinter ihnen, und doch haben sie nun keinerlei Bedeutung mehr, sind nur noch Überbleibsel, Artefakte. Das kann unfassbar peinlich sein. Man hält einen Router in der Hand und fragt sich, wer beim Provider anruft, minutenlang in der Warteschlange *April Sun in Cuba* lauschen darf, nur um dann zu stammeln, dass das mit der gemeinsamen Wohnung nicht geklappt hat, und ob sie doch bitte den Vertrag auflösen könnten, ohne weitere Fragen zu stellen. Man fragt sich, wer allen Bescheid gibt, dass man gescheitert ist und doch nicht als Pärchen zu dieser und jener Veranstaltung kommen kann. Oder wie man das eigentlich seinen Eltern erklären soll.

In Filmen ist Scheitern mittelalten Männern vorbehalten, deren Unternehmen an der Börse crashen oder die als frischgebackene Geheimagenten ihre Frau betrügen und daraufhin sowohl sie als auch den Job verlieren. Ich hatte alles getan, was ich konnte: Alain de Bottons Liebesratgeber lesen, es langsam angehen, ehrlich sein, Therapie machen, eigene Hobbys haben, mir Mühe mit Geschenken geben, mich an Geburtstage erinnern, spontan sein und sogar seinen Freunden Frühstück machen, aber all das hatte wohl nicht gereicht. Dass man alles in seiner Macht Stehende tun und trotzdem so enden kann, ist eine harte Erkenntnis, die einen meistens nachts ereilt, wenn man wach liegt und um die Zukunft trauert, die man trotz aller Versprechung nie haben darf. Schon ernüchternd, dass man sich noch so sehr bemühen und Emissionen ausgleichen kann und trotzdem nicht um einen Wandel herumkommt.

«Wo ist dein Macker?», fragt der Mann, der im Erdgeschoss wohnt, als ich die nächste Bananenkiste hochschleppe. Bei unserem Einzug hatte er mir erzählt, dass er beruflich Gold ankaufe, es schmelze und weiterverkaufe.

«Ähm, wir haben uns getrennt», antworte ich und versuche, so auszusehen, als ob oben etwas sehr Wichtiges (die Trümmer meines Lebens) auf mich wartet, das dringend meine Aufmerksamkeit verlangt.

«Was?! Ach, wie schade! Ich dachte, ihr bleibt für immer zusammen», erwidert er in seinem vollgestellten Eingang. «Ich habe sogar einem meiner Kollegen – du weißt schon, die Goldhändler – gesagt, er soll die Augen offen halten, falls dein Freund es, na ja, amtlich machen will», sagt er lächelnd. (Warum lächelst du? Im Ernst, warum?)

«Danke, das ist nett.» Ich eile die Treppe hoch und hoffe, ich muss ihn nie wiedersehen.

«Echt schade.»

Ich schließe die Wohnungstür hinter mir und breche in Tränen aus. Minuten später platzt Johanna im Schlafanzug in mein Zimmer, die gerade vietnamesisches Essen für uns beide bestellt hat. «Als deine Freundin kann ich ja nicht megasnatched hier auftauchen, während dein Herz noch frisch gebrochen ist. Ich habe einen Kater. Und du siehst aus wie ein hungriges Küken. Wir müssen essen. Und dann musst du mir alles erzählen, und ich erzähle dir, dass ich mir gerade im Auto dachte, dass ich den Typen vermutlich bei einer Gegenüberstellung bei der Polizei nicht erkennen würde, wenn er direkt vor mir stünde. Wenn das mal nicht alles aussagt, dann weiß ich auch nicht.»

«Ich fühle mich wie ein Loser», sage ich.

«Wen juckt's? Du hast ein neues Leben vor dir. Im besten Sinne.»

Ein Hoch auf die Freundinnen, die einen zurück auf den Boden der Tatsachen holen.

In dieser Zeit, die nebenbei bemerkt ein hohes Meme-Potenzial hatte, habe ich Luce kennengelernt. Kurz danach fing ich an, für SYSCA zu schreiben, und langsam, aber sicher wurde ich wieder zu mir selbst. Die Monate zogen schmerzhaft an mir vorbei, genau, wie alle es immer erzählen, aber irgendwann nahm mein Leben wieder Fahrt auf. Luce und ich begannen, uns morgens vor der Arbeit zu treffen, in dem Café in der Nähe unseres Büros. Wir quatschten und planten und lachten über unsere kühnen Träume, fragten uns, ob sie eines Tages wahr würden.

Träumen. Das ist die Grundlage fürs Phoenixing.

Jetzt, wo mir nicht mehr Kaffee ans Bett gebracht wurde wie in einem Frank-O'Hara-Gedicht, wo nicht mehr ständig Eltern und Schwiegereltern ein und aus gingen und anderer Normie-Pärchenkram passierte wie neue Zahnbürsten kaufen oder so, hatte ich wieder eine Menge Zeit zum Träumen. Unter der Woche hatte ich abends frei. Und am Wochenende. Und sonntagmorgens. Ich konnte ständig lesen und Sprachnachrichten an Freunde schicken und nach Hause kommen und einfach nur ... durch ein Magazin blättern. Wenn ich nicht gerade am Boden lag und sich die Welt drehte, lag ich auf den Steinen am Strand, schwelgte mit meinen Freundinnen in Erinnerung an unsere früheren Ichs, an all die Urlaubsabenteuer, die wir erlebt hatten. Ich verbrachte Stunden mit ihnen auf dem Balkon, wir unterhielten uns über unsere Karrieren, buchten Campingplätze, besoffen uns mit knallpinken Krügen Cosmopolitan, verkauften online unsere Klamotten und gestanden uns unsere früheren Crushes und andere Liebesenttäuschungen. Alle sagen immer, die Zeit heilt ein gebrochenes Herz, aber das ist nur die halbe Wahrheit: Die Zeit reißt eine riesige, wunderschöne Wunde auf und bringt einen dadurch näher zu sich selbst. Man tritt einen Schritt zurück, schafft sich neue Geheimnisse, neue Antworten, wenn man nichts als Fragen hat.

Inmitten der Enttäuschung, in dieser Zeit, die eigentlich die einsamste meines Lebens hätte sein sollen, fühlte ich mich lebendiger denn je. Dort unten in der Asche merkte ich, dass die Person, die ich mir ausgesucht hatte, nicht die richtige für mich war, und fand stattdessen, was ich auf dem Weg verloren hatte: meine Bestimmung.

Wenn ich an diesen existenziellen Herzschmerz zurückdenke, den ich hoffentlich nie wieder so erleben muss (aber wer weiß), möchte ich mich am liebsten neben diese Taube mit gebrochenem Flügel knien, die ich einst war, und ihr mit aller Aufrichtigkeit versprechen, dass das Undenkbare eintreffen wird: Die Dinge werden sich ändern. Das Leben wird sich fügen. Du wirst wieder fliegen.

Wie Phoenixing ist

Von Lucy

▷ Phoenixing ist wie Pläne machen und sie einhalten.

▷ Phoenixing ist wie aus voller Brust lachen.

▷ Phoenixing ist, als wenn du im Auto wieder singen willst.

▷ Phoenixing ist wie alle Klamotten, die dich an schwere Zeiten erinnern, in den Zu-verschenken-Karton werfen.

▷ Phoenixing ist wie auf dich selbst wetten.

▷ Phoenixing ist wie einschlafen, ohne einen Podcast hören oder die Serie schauen zu müssen, die du mit 16 schon geschaut hast.

▷ Phoenixing ist wie knallbunte Farben anziehen, weil du keine Angst mehr hast, dich zu zeigen.

▷ Phoenixing ist wie ans Handy gehen, wenn die beste Freundin anruft.

▷ Phoenixing ist wie nicht mehr verstecken, wer du bist.

▷ Phoenixing ist wie der Tag, an dem dir von Citalopram nicht mehr übel wird.

▷ Phoenixing ist wie Freund*innen zusagen, statt irgendeine Ausrede zu finden.

▷ Phoenixing ist, als wenn eine winzige gute Sache passiert, dann die nächste, dann die nächste.

▷ Phoenixing ist wie ein Risiko eingehen.

▷ Phoenixing ist wie wieder Gitarre spielen wollen.

▷ Phoenixing ist, als wäre wieder Magie in der Welt, oder wenigstens in dir selbst.

▷ Phoenixing ist wie spontan sein, weil du keine Angst mehr vor den Konsequenzen hast.

- ▷ Phoenixing ist wie der Freude einen Raum geben.
- ▷ Phoenixing ist wie wissen, dass du es verdient hast.
- ▷ Phoenixing ist wie einfordern, gesehen zu werden.
- ▷ Phoenixing ist wie endlich über Dinge nachdenken, die nichts mit dir zu tun haben.
- ▷ Phoenixing ist wie der Mut, der dir gefehlt hat.
- ▷ Phoenixing ist genau wie dein altes Ich und gleichzeitig ganz anders.
- ▷ Phoenixing kündigt sich nicht immer groß an. Manchmal liegt es einfach bei dir, unter die Decke gekuschelt, bis du es merkst. Wart's einfach ab.

Ein gutes Leben ist die beste Rache

Von Bel

Eine weitere Werbeagentur, 2016

Ich bin 23, als ich nach meiner Sri-Lanka-Rundreise in Australien lande und wieder bei einer Werbeagentur anfange. Es ist ein kleines, von Männern geleitetes Indie-Unternehmen, das ständig entweder kurz vor dem Durchbruch oder kurz vor dem Bankrott steht. Ich bin die Erste in meiner Familie, die einen Uniabschluss und dementsprechend einen Studienkredit und Bürojob hat. Die Errungenschaften stapeln sich wie Glastrophäen, und ich habe tierische Angst, sie fallen zu lassen. Eher arbeite ich mich zu Tode, als mir mein Scheitern einzugestehen. Doch mit dieser Einstellung geht eine Gefahr einher. Steigen einem die Vorstellung dessen, wer man sein sollte, und die Verantwortung, die sich daraus ergibt, zu Kopf, leidet schnell der eigene Selbstwert darunter und man lässt auf sich rumtrampeln. Aber es war eben 2016, wir tranken immer noch hemmungslos aus Plastikbechern und kauften bei Influencer*innen Boomerangs mit Produktplatzierung ein.

Die Arbeit machte mich kaputt. Jeden Feierabend gingen wir was trinken. Alle trugen Sneaker. Das Büro lag in einem Wohngebäude. Zum ersten Mal durfte ich mich auch mal in eine neue Stadt verlieben, in eine neue Identität und ein Büro voller Menschen, die nichts über mich wussten, außer dass ich nach fünf Glas Wein so oft vom DJ Dave Dobbyns *Slice of Heaven* verlangte, dass mich schon bald alle «Dobbs» nannten. Ich fühlte mich wie in der Highschool-Mannschaft, in die ich es als Teenager nie reingeschafft hatte, und wurde für den Spaß auch noch bezahlt. Außerdem durften Frauen inzwischen auch Sneaker zur Arbeit tragen, also musste ich auf dem Weg ins Büro keine Schienbeinentzündung befürchten.

An meinem ersten Arbeitstag bekam ich einen Bleistift, einen Computer und drei Monate Zeit, um zu beweisen, dass ich mein Gehalt wert war. «Du weißt, wie es ist», sagte der Gründer der Agentur lächelnd in neuen Doppelmonks, «bei den Indies muss man hustlen.» «Hustlen» schien mir wie das coolste Konzept der Welt. Wenn man das kann, hat man es wirklich geschafft. Ich habe 42 000 Dollar Kreditschulden und will unbedingt beweisen, dass ich was draufhabe und mein Abschluss nicht umsonst war. Der Projektmanagertyp, der die Kampagnen koordiniert, für die ich zuständig bin, könnte das nie nachvollziehen. Wir sind irgendwie nicht auf einer Wellenlänge. Bei Meetings überragt er mich mit seiner Körpergröße, und hier lerne ich, den Zustand des Sich-klein-Fühlens überzukompensieren.

In der Werbeindustrie kommt man sich oft vor wie Hollywood. Man merkt gar nicht mehr, dass es auch eine Außenwelt gibt, was aufregend ist, aber auch unfassbar arrogant. Alles dreht sich um Geld und Business-Lunches, ums Tanzen und irgendwelche Drogen, die einem spätabends in Hinterräumen unter die Nase gehalten werden, als müsste niemand für irgendwas bezahlen. Am anderen Ende der Welt in dieser Branche zu arbeiten, hatte einen besonderen Charme, denn alles kam einem pompöser vor und hatte das Potenzial, einen ganz groß rauskommen zu lassen. Ich war inzwischen älter, wusste, wer ich war, und kannte meinen Wert, dachte ich jedenfalls. Was dann passierte, riss mich in tausend Stücke.

Die Arbeit wird gehetzter, intensiver, manchmal bringe ich fünfzig, sechzig oder gar achtzig Stunden die Woche damit zu, Pitch Decks für Kunden zu erstellen, die gerne Nike wären, ohne dafür die Kohle zu haben. Schon früh erklärt mir ein berühmter Marketingchef, dass die Arbeit «hier» (er zeigt um sich und meint wohl die Werbebranche allgemein) so ist wie Meth nehmen. «Sie leiert dich dermaßen aus, danach gibt's kein Zurück mehr! Hahaha.» Er hat erst kürzlich eine Vitrine voller Preise für eine Kampagne gewonnen, die in jeder Kategorie eingereicht wurde. «Aber die Hochphasen, die machen alles wieder wett!», sagt er, klopft mir auf die Schulter und verschwindet in der Menge, als er einen Promi entdeckt, mit dem er reden will.

Ich bekomme immer regelmäßiger Ausschlag. Werde ständig krank. Sage Freund*innen in letzter Sekunde ab. Ich bleibe länger und länger auf der Arbeit, esse an meinem Schreibtisch eine Orange zu Abend und schreibe den Leuten nicht mehr zurück. Die Girlboss-Ära hat gerade erst angefangen und alle haben ihre Arbeits-Apps auf dem Privathandy, niemand findet es wahnsinnig, um zehn Uhr abends in der Supermarktschlange Text_version_9.pdf per E-Mail zu verschicken. Die TikTok-Trends darüber, sich auf der Arbeit minimal anzustrengen und Grenzen zu setzen, gibt es noch nicht, gerade reden wir uns noch ein, es wäre geil zu schuften. Zum ersten Mal hatten wir Frauen diese Möglichkeit, und das Schlimmste, was wir tun konnten, war, sie zu verschwenden und uns über die Arbeit auszukotzen. Ich bin jung und in vielerlei Hinsicht privilegiert, ich habe keinen Grund, mich zu beschweren. Ich muss noch einen drauflegen, denke ich mir, einer mehr geht immer.

Ständig passieren fürchterliche Dinge, aber ich ignoriere sie, weil es nichts Schlimmeres gibt als eine hysterische Frau. Je krasser es wird, desto mehr verbiete ich mir, es an die große Glocke zu hängen, wie es eine hysterische Frau tun würde. Irgendwann bin ich an dem Punkt, an dem ich mich im Bad übergebe, mir den Mund abwische und direkt ins nächste Pitch-Meeting spaziere, ohne auch nur ein Wort darüber zu verlieren.

Arbeit ist die Schnittstelle zwischen unserer Innenwelt (was wir können und wie viel Wert wir dem beimessen) und unseren äußeren Bedürfnissen (dem Geld, das wir zum Überleben brauchen). Genau das macht es so schwer zu erkennen, was das Richtige ist und wann es genug ist. Ich schäme mich und bleibe doch entschlossen, woraufhin alles noch schlimmer wird. Einmal schmeißen sie mich aus einem Meeting, als meine attraktivere Kollegin aus der Mittagspause zurückkommt. Bei ein paar Feierabenddrinks erwähnt eine Kundin, ein Kollege hätte behauptet, ich wäre seine Praktikantin. Als ich mich überwinde, ihn zu konfrontieren, streitet er es ab, und am nächsten Morgen finde ich einen Brownie auf meinem Schreibtisch. Bilde ich mir das alles nur ein? Ich bleibe länger und arbeite härter, will mich unbedingt beweisen. Ich bin so gestresst, dass ich mich in der Bürotoilette übergebe, mir einen Kaugummi reinschiebe und zurück an die Arbeit gehe.

Ihr müsst verstehen, dass es zu dem Zeitpunkt noch kein Wort für so was gab, dass «Gaslighting» sich damals noch auf das Theaterstück aus den Dreißigern bezog, über den Mann, der mit Gaslampen herumspukt, um seiner Frau einzubläuen, sie schnappe über. Aber wenn jemand solche Spielchen mit einem spielt, dann stellt man eben alles infrage und glaubt, was einem vorgegaukelt wird. Vielleicht hatte ich mich tatsächlich mit den Zahlen geirrt. Vielleicht hätte ich beim Meeting die Klappe halten sollen. Vielleicht läuft es halt so, wenn man arbeitet. Vielleicht sollte ich jeden Abend bis neun hier sein. Vielleicht mache ich aus einer Fliege einen Elefanten. Vielleicht ist das alles meine Schuld. Ich beschwere mich beim Personalmanagement, und sie empfehlen mir ein Rhetoriktraining, damit ich vor Kund*innen souveräner auftrete.

Arbeit ist kein Wettbewerb, wer am meisten aushält. Es sollte nie darum gehen, wer am längsten wach bleibt, am spätesten noch Mails versendet oder am schnellsten antwortet. Wenn wir der Arbeit ihre Menschlichkeit rauben, raubt sie uns unsere. Wir werden zu Geldquellen ohne Privatleben, dabei arbeiten wir, um uns ein Leben aufzubauen, und gehen nach Hause zu den Dingen und Menschen, die uns echt machen. Inzwischen weiß ich das, und auch als Gesellschaft wird es uns langsam bewusst. Aber damals wusste ich es noch nicht, weil ich jung war und dachte, wenn bei der Arbeit etwas nicht stimmte, wäre das meine Schuld und nicht die des Systems.

Die Sache nimmt eine körperliche Dimension an. Ich sehne mich nach Antworten und suche einen Arzt auf, der ganzheitlich praktiziert. Unser zweiwöchentliches Ritual läuft folgendermaßen ab: Frühmorgens nehme ich ein Uber und fahre einmal durch die ganze Stadt, ziehe meine Kreditkarte durch die Maschine und zahle 350 Dollar pro Sitzung. Er macht allerlei Tests mit mir, pikst mich mit Nadeln, reicht mir einen Jutebeutel voller Nahrungsergänzungsmittel und legt mir eine Vitamininfusion, dann schickt er mich nach Hause. Immer wieder sitze ich in seinem winzigen weißen Raum und lese alte Magazine über Prinzessin Diana, während er mich mit Nährstoffen vollpumpt, die mein Körper schon lange nicht mehr produziert. An den meisten Tagen verkneife ich mir Tränen, blättere fleißig und lese von Rachekleidern und der Kunst, sogar auf der Aids-Station schick auszusehen. Irgendwie muss ich mich davon ablenken, was gerade geschieht. Diese romantische junge Frau, die alle liebten, aber keiner ernst nahm, und was ist aus ihr geworden? Wie soll ich da keine existenziellen Fragen stellen, überzogene Parallelen zwischen mir und einer der berühmt-berüchtigtsten Frauen der Welt ziehen? Diana und ich freunden uns an. Die Quälerei beim Arzt dauert eine Stunde, dann klebt er mir ein Pflaster drauf, und ich schaffe es rechtzeitig zu meinem ersten Meeting. Die Routine wird immer zermürbender, eine Tortur für Geldbeutel, Seele und Geist, von der ich niemandem erzähle. Noch nie habe ich mich so einsam gefühlt.

Zwei Monate lang zu Stoßzeiten durch die Stadt düsen, mein Erspartes aufbrauchen, und nichts verändert sich. Immer noch bin ich ständig krank, übergebe mich auf der Arbeit, und immer noch brauche ich das ganze Wochenende, um mich zu erholen, nur um am Montag von vorne anzufangen. Ich nehme ab und werde bleich, manchmal will ich mich morgens anziehen, bleibe dann aber ewig erstarrt auf der Bettkante sitzen. Irgendjemand erwähnt, dass sie in dunklen Zeiten einmal eine Hexe aufsuchte, die ihr Leben veränderte. Das lasse ich mir nicht zweimal sagen. Ich nehme die Straßenbahn und fahre zu ihr. Sie sitzt in einem schwülen Zimmer und trägt lila Hippieklamotten. Nach unserer Sitzung schickt sie mir einen Zehn-Liter-Kanister «Zauberwasser» ins Büro. Sie habe es verhext, und niemand außer mir solle es trinken. Der Kanister nimmt die Hälfte meines Schreibtischs ein. Mir gehen die Erklärungen aus, was er da sucht, und alle wollen einen Schluck abhaben. Bei einer spontanen Bürofeier benutzen wir das Wasser als «Zaubermische» und alle halten sich danach für eine Hexe.

Am nächsten Morgen beim Arzt bricht alles in sich zusammen.

«Bel, Ihre Testergebnisse sind da. Es zeichnet sich immer noch keine Veränderung ab.» Der Arzt rückt mit seinem Schreibtischstuhl näher. Ich habe inzwischen so viel Zeit in diesem Raum verbracht, ich weiß alles über ihn: wo er studiert hat, wie seine Kinder heißen, was seine Frau 2003 im Fidschi-Urlaub anhatte. Im Gegenzug kennt er meinen Trümmerhaufen eines Körpers in- und auswendig. Er kennt meine Schmerzen. Auch von meinen Kolleg*innen weiß er, von meinen Pub-Freund*innen und vor allem meiner Liebe zu Lady Di, ihrem Style und ihrer Bedeutung für die Gesellschaft. Ich frage mich, ob wir Freunde sind und ob er, würde ich sterben, zu meiner Beerdigung kommen würde, und zwar nicht nur aus Anstand. «So was habe ich noch nie gesehen. Sie nehmen von allen Mitteln die höchste Dosis ein, die ich Ihnen verabreichen darf, und nichts passiert. Es ist, als hätten Sie den Körper einer 65-Jährigen, die sich ihr ganzes Leben überarbeitet hat. Ich würde sagen, Sie haben chronisches Erschöpfungssyndrom.» Ich spüre meinen Körper nicht mehr und kann meine Tränen nicht mehr zurückhalten. Ich atme schnappartig wie ein Manic Pixie Dream Girl in einem Indie-Film.

«Ich tu. Doch alles. Was ich kann», keuche ich, zerknülle ein billiges Taschentuch und grabe mir die Fingernägel in die Hand.

«Es tut mir leid, Bel, es funktioniert einfach nicht. Sie müssen sich eine Auszeit von der Arbeit nehmen. Es wird nie besser, wenn Sie so weitermachen.» Ich frage mich, ob er mir das schriftlich geben würde, dann könnte ich es meinem Chef weiterleiten, durch die Bürohintertür abhauen und nie wiederkommen.

Es ist unglaublich, wie das Universum einem dienen kann. In diesem Moment kann ich nur noch den Schweiß auf meinen Händen spüren, den Linoleumboden und die überwältigende Dankbarkeit für meinen Arzt und alles, was er für mich getan hat. Es kann nicht so weitergehen, und wenn ich die Anzeichen noch länger ignoriere, könnte es sehr viel schlimmer enden. Ich habe keine andere Wahl. Ich reiche meine Kündigung bei einem Meeting mit all meinen Chefs ein und komme aus dem Weinen nicht heraus. An dem Abend kriege ich eine Mail von einem Vorgesetzten, der mich am nächsten Tag zum Frühstück einlädt. Ich tue, was ich für die Arbeit schon immer getan habe, solange ich nur irgendwie das Haus verlassen konnte: Ich stehe auf, ziehe meine Kitten-Heel-Stiefel an und gehe hin.

Wir treffen uns in einem Café, in dem man den Kaffee im Einmachglas serviert bekommt. Er sieht aus wie der Hauptdarsteller in einem Lebensversicherungs-Werbespot und ich frage mich, ob er jemals Vermögenszuwachssteuer gezahlt hat und vor allem ob er überhaupt irgendetwas über mich weiß. Wir begrüßen uns und bestellen rasch. Geschäftsmänner vergeuden keine Zeit, das muss man ihnen lassen. Wahrscheinlich, weil sie sich den «Zeit ist Geld»-Slogan selbst ausgedacht haben. Jede Minute, die sie mit einem verbringen, hätten sie woanders auch Kohle machen können.

«Lass mich gleich zum Punkt kommen», sagt er und legt die Tageszeitung beiseite. «Du bist jung und arbeitest bei einer Agentur, die bald durch die Decke gehen wird. Du wirst niemals wieder so eine Chance kriegen, das verspreche ich dir. Wenn du jetzt gehst, wirst du das für den Rest deines Lebens bereuen.» Der Kellner bringt uns den Kaffee.

Alles wird unscharf, und ich kann nichts mehr hören, so wie kurz vor der Bewusstlosigkeit oder kurz vor einem Abflug. Ich fange an zu evanescencen, denke mir «wake me up, wake me up inside» und wäre am liebsten irgendwo, nur nicht hier. Dieser Mann in ausgewaschenen Chinos und einem grauen T-Shirt, der in den 80ern (70ern?) Millionen mit TV-Spots gemacht hat, will mich davon abhalten, mein Leben zu ruinieren. Er redet davon, wie glücklich ich mich doch schätzen könne, dass man mir diesen Job überhaupt anvertraut habe, und dass die meisten jungen Frauen für so eine Chance töten würden. Und was hatte ich überhaupt anderes vor?

Ich höre nicht mehr zu. Er merkt nicht, wie ein ganzes Jahr an

mir vorbeizieht: morgens mit Angstschweiß die Treppe runter-
rennen, um es rechtzeitig ins Büro zu schaffen. Mittwochs um
zehn Uhr abends nach Hause kommen, so erschöpft, dass ich
gerade noch die Energie aufbringe, ein paar Gurkenstücke mit
Käse auf meinem Schlafzimmerboden zu essen. Die Partys.
Die Pitches. Die Hexe, die ich besucht hatte, und ihr Pseudo-
heilwasser. Meine Dokumente von anderen verpfuscht, ich mit
passiv-aggressiven Nachrichten bombardiert. Ich, wie ich mir
vor Personalern wegen Mobbing die Seele aus dem Leib heule
und ständig wiederhole: «Bitte – ich bilde mir das nicht ein.» Ich
war offiziell gelemonyt[1].

Ich denke an die Hubschrauber und die Promis und die Son-
nenbrillen, die ich für die Partys auf den Jachten gekauft hatte.
An die Beschwerden, die ich eingereicht hatte. Das Schweigen,
das mir entgegengebracht wurde. All die Stunden, die ich mir
in Polyester-Outfits den Arsch abgeschwitzt hatte, nur um ernst
genommen zu werden. Der ganze Scheiß, den ich über die Monate mitgemacht hatte. Ich stelle mein Glas ab. Ich bedanke und
verabschiede mich. Ich steige in die Straßenbahn. Ich gehe zurück in meine Wohnung, buche einen Flug zurück nach Hause.
In diesem Moment entscheide ich mich fürs Verlieren. Ich hatte
sowieso schon verloren, wer ich war. Es war nichts mehr übrig.

Sich einzugestehen, dass man am falschen Punkt ist, dass
man katastrophal gescheitert und das Leben einem in den Rücken gefallen ist, bedeutet, sich die Magie der Welt einzugestehen, auch wenn man sie nicht immer bemerkt. Ohne etwas
Düsterheit geht gar nichts, egal wie sehr wir versuchen, sie loszuwerden oder uns gegen sie zu wappnen. Ich hatte die Arbeit

---

1 Gelemonyt: Eine liebevolle Anspielung auf die Buchserie *Eine Reihe
betrüblicher Ereignisse* von Lemony Snicket. Häufig verwendet, wenn einem
ununterbrochen schlimme Dinge passieren.

dermaßen glorifiziert, aber wofür? Was bringt einem die Arbeit, wenn sie einem vom Leben abhält? Ich war enttäuscht, dass ich die Antwort nicht im Hexenkanister auf meinem Schreibtisch gefunden hatte.

Ich kehre zurück in meine Heimatstadt und erzähle es niemandem. Ich behaupte, ich fange bald wieder an zu arbeiten, dann schreibe ich nachts panische E-Mails und nehme mein Versprechen zurück. Ich liege mit zugezogenem Vorhang im Bett, während meine Mutter kleine Teller mit Essen vor die Tür stellt, sage nichts und drücke auf Play für eine weitere Folge *Dawson's Creek*. Meine Augen sind rot. Ich kann meinen Kopf nicht anheben, kann mir nichts anziehen oder mit irgendwem reden. Ich bin ein einsames Schiff am Horizont, und keiner weiß, ob es stürmen wird.

Am schlimmsten wird es, als mir klar wird, ich hätte mehr für mich einstehen sollen. Ich hätte auf mich vertrauen und wissen sollen, wo meine Grenzen liegen, wissen sollen, dass meine Kündigung längst überfällig gewesen ist. Aber wenn man jung ist, fällt man den Plänen anderer schnell zum Opfer. Man konzentriert sich auf deren Lebensziele, auch wenn die eigene Gesundheit darunter leidet. Ich wünschte, ich hätte mehr auf meine Intuition vertraut, auf meinen Sinn für die objektive Wahrheit. Dass der Körper schlapp macht, ist meistens das letzte Anzeichen, dass etwas sehr viel Größeres falschläuft. Freunde, die mich damals kannten und gesehen haben, wie ich mich immer wieder über den Yarra schleppe, um sie zu treffen (ständig zu spät) und mit ihnen etwas (zu viel) zu trinken, sagen, ich sei ein schrecklicher Anblick gewesen. Kaum auszuhalten, wie jemand, den man liebt und der immer tiefer sinkt. «Als wärst du in einer toxischen Beziehung», meinte mein Freund Simon einmal. In der Liebe und der Arbeit läuft es gar nicht so unterschiedlich.

Zu Hause sein fällt mir schwer. Ich habe keine Perspektive, meine Eltern sind nett und besorgt, aber beschäftigt mit ihrer eigenen Arbeit, leben von Jahreszeit zu Jahreszeit. Ich fühle mich wie ein Teenager, liege auf dem Boden, höre mir die alten Lieder von The Postal Service an und andere Hits von *The O.C.*, die zu mir sprechen wie nichts anderes. Nach einem Monat im mergelgrauen Jogginganzug im Gästezimmer meiner Eltern, nichts als beige Pampe essend, geht es langsam bergauf. Ich fange an, spazieren zu gehen, jeden Tag ein paar Meter mehr – zur Brücke, zum nächsten Zaunpfahl, zum Flussufer. Ich gehe wieder ans Handy, wenn mich Freunde anrufen, deren Fürsorge in solchen Krisenzeiten mich immer wieder überrascht. Ein befreundeter Creative Director leitet mir den Kontakt einer Karriere-Coachin weiter, die ihm noch einen Gefallen schuldig ist, und wir verabreden uns für einen Videocall.

Jo trägt eine exzentrische Brille und hat eine Sammlung von Ottolenghi-Kochbüchern in ihrem Regal stehen. Ich erzähle ihr alles. Wir unterhalten uns zwei Stunden lang, und schließlich kommen wir im Hier und Jetzt an.

«Also, das solltest du tun: Du musst einen langen Spaziergang machen und dir überlegen, welche Erfahrungen du mit in die Zukunft nehmen und welche du für immer in der Vergangenheit lassen willst», sagt sie. Ich versuche, noch mehr Details ihrer stilvollen Melbourne-Wohnung zu erspähen, wo sie vermutlich in Leinenschürzen Dinnerpartys für ihren angepassten, diversen Freundeskreis ausrichtet. Es ist ermutigend zu sehen, dass so ein Leben möglich ist, auch wenn ich mir meilenweit davon entfernt vorkomme. Ich kann sowieso nicht fassen, dass ich gerade allen Ernstes mit einer Karriere-Coachin rede. Vielleicht lasse ich mir danach ein Tattoo stechen und gebe Yogakurse.

«Und dann?», frage ich. Ich schaffe es zwar inzwischen wenigstens bis zur Brücke und zurück, kann mir aber beim besten Willen nicht vorstellen, was nach diesem Spaziergang passieren soll. Ich kann mir sowieso kein Leben vorstellen.

«Dann baust du dir dein wundervolles, poetisches Ich auf, Schritt für Schritt. Du steckst all deine Energie da rein, dir das Leben zu schaffen, das du verdient hast. Es wird nicht so enden, wie du denkst, und es wird nicht perfekt sein. Aber gib nicht auf.» Zum ersten Mal, seit ich in dieser Wolke von Asche festhänge, schimmert ein kleines bisschen Hoffnung durch, dass ich tatsächlich etwas Gutes aus alldem schöpfen könnte.

«Und bevor wir auflegen, wollte ich dir noch etwas sagen, das du nie vergessen solltest.»

«Was denn?» Ich frage mich, ob sie gleich einen tattooreifen Spruch ablässt. Vielleicht lasse ich ihn mir ja auf Latein stechen.

«Ein gutes Leben ist die beste Rache. Wenn es hart wird oder du mit deinen Plänen nicht mehr hinterherkommst, denk immer daran.»

Ich brauche keine lila Hellseherin, die einen Zehn-Liter-Kanister mit dem Zauberstab antippt, um zu wissen, meine Gefühle haben eine Daseinsberechtigung. Ich brauche kein weiteres Burn-out-Opfer, das mir auf einer Geschäftsveranstaltung sagt, ich soll ein Vision Board erstellen. Ich muss keine Podiumsdiskussion darüber streamen, wie ich mein Gehalt hochhandeln kann, damit es meinem Wert als Mensch entspricht, oder einen Blogpost darüber lesen, dass ich den Mund offen lassen soll, wenn Männer mir bei Meetings ins Wort fallen, damit sie merken, was sie tun. Ich muss ganz grundsätzlich verstehen, dass ich schon immer schützenswert war und mir die Arbeit das nicht wegnehmen kann. Und da war noch etwas, das ich im Laufe meiner Selbstzerstörung lernte: Je mehr mein Job mich vereinnahmt, desto langweiliger werde ich außerhalb des Büros. Als Menschen wollen wir solche Dinge am liebsten gleich schnallen, aber es wird uns nur langsam klar, kristallisiert sich genau dann raus, wenn wir es am meisten brauchen.

Es wird dunkel. Ich fahre meinen Laptop runter, ziehe die Vorhänge zu und setze mich mit einem Kissen auf die Terrasse meiner Eltern, halte die Füße in die kratzige Wiese. Alles hat sich auf so unfassbare Weise geändert. Ich bin so weit weg von dem Ort, an dem ich sein wollte. Ich bin genau da, wo ich angefangen hatte. Ich ziehe meine Beine eng an mich und nehme mir vor, niemals wieder meine Selbstbestimmung aufs Spiel zu setzen. Und niemals wieder Bierwerbung für Männer in Leinenhemden zu machen. Das können die auch selbst tun.

How to phoenix

Lass zu, dass du zerbrichst. Tu es mit Würde und mit Wut. Trag hässliche Klamotten und hör Dido auf dem Fußboden, aber bleib nicht so lange da, dass nichts von dir übrig bleibt außer Melancholie. Finde jemanden, der dasselbe oder Schlimmeres durchlebt hat, und unterhalte dich häufig mit der Person. Meide Leute, die es gut haben, sie werden es nie verstehen. Setz dich in die Sonne, wo niemand dich sehen kann, und vergiss die Zeit. Gib dich mit Leuten ab, die dir Dinge sagen, die sich im Laufe deiner Heilung als wahr rausstellen. Geh es langsam an. Ignorier das Internet. Schreib jeden Tag deine dummen Gefühle in ein Notizbuch, das du unterm Bett aufbewahrst, und sieh an, wie sie von Tag zu Tag besser werden. Schalte alte Schulkamerad*innen stumm, die Fotos vor «Verkauft»-Schildern machen. Sag Verabredungen ab. Lass dir von Leuten Süßigkeiten bringen, sie sich an deine Bettkante setzen und Mitleid mit dir haben. Zieh die Vorhänge auf. Öffne das Fenster. Stell deine Möbel um. Werde deine alten Klamotten los wie eine Schlange, die sich häutet. Bewerte jeden Tag von eins bis zehn und sieh zu, wie die Zahlen steigen. Und wenn sie es nicht tun, hol dir Hilfe. Finde eine Serie mit sieben Staffeln, sodass dir am Ende das Drama so zum Hals raushängt und du merkst, dein Leben hat sich mehr geändert als das der Charaktere. Klau Blumen aus fremden Gärten und steck sie in eine Vase neben deinem Bett. Beobachte, wie sie verwelken. Dann tu's noch mal. Häng mit Reichen ab und verstehe, dass man eine Jacht haben und trotzdem am Arsch sein kann. Ignorier die Mutter deiner Freundin, die dir sagt, sie hätte dich noch nie so gesehen. Park dein Auto irgendwo und bleib einfach dort sitzen. Tu so, als wäre die Person, die dich verletzt hat, tot. Finde Hilfe an Orten, an denen du noch nie warst. Meide den Supermarkt, in den du als Kind gegangen bist. Stell eine monatliche Erinnerung in deinem Kalender ein, dass du es bis hierher geschafft hast. Hör jeder zweiten Person zu, die dir sagt «Die Zeit heilt alle Wunden», aber sei dir im Klaren, dass es nicht ganz so einfach ist. Andere Menschen und bestimmte Dinge werden helfen – aber du bist es, die dein Leben rettet. Wart's ab.

KAPITEL 6

Darüber, sich zu verlieben (oder eben nicht)

Und den romantischen Lebenswillen
nicht zu verlieren. ·

God, it's brutal out here
Von Lucy und Bel

Was, wenn ich den nächsten Liebeskummer nicht überstehe? Was, wenn ich gar keine Romantik will? Was, wenn ich sie unbedingt will, sie aber nie kommt, und ich eines Tages krank werde und allein in meiner Wohnung sterbe, weil meine Familie und meine Freund*innen alle denken, ich hätte bloß mein Handy auf «Bitte nicht stören» gestellt? Warum bin ich schon wieder auf einem Junggesellinnenabschied? Ob mir das wohl auch jemals passiert? Will ich das überhaupt? Wenn ich noch ein einziges Mal geghostet werde, kann ich dann ein Liebes-Sabbatical[1] nehmen und einfach nie wieder zurückkommen?

Unser ganzes Leben lang ist uns Liebe als Meilenstein vermarktet worden, und wenn man ihn bis zu einem bestimmten Alter nicht erreicht hat, bedeutet das, der Zug ist abgefahren, alle anderen sitzen schon drin, und man fragt sich, ob er jemals wieder zurückkommt, damit man selbst auch noch aufspringen kann. Irgendwer hat diese Zeitfenster festgelegt (jemanden in den Zwanzigern kennenlernen, sich ein Schlafzimmer teilen, in den Urlaub fahren, über den Tisch hinweg Fotos knipsen, die Liebe unseres Lebens kennenlernen, einen Hund kaufen und in den Dreißigern sesshaft werden), und obwohl uns klar ist, wie willkürlich das ist, hält das nervige Verwandte nicht davon ab,

---

1 Liebes-Sabbatical: Eine Auszeit vom Daten nehmen, um sich auf sich selbst zu konzentrieren und darauf, ein erfülltes Leben zu führen, und eine Pause vom Verfassen lockerer und zugleich reizvoller Textnachrichten an potenzielle Love-Interests einzulegen.

zu fragen, ob wir uns denn schon mit jemand Gutem «häuslich niedergelassen» hätten. Liebe ist himmlisch und schwindelerregend und köstlich und eine glückliche Fügung und mächtig und verrückt, aber ihr Timing in unserem Leben führt uns unweigerlich vor Augen, dass wir eben nicht alles kontrollieren können, selbst wenn wir das noch so sehr versuchen. Wie nervig ist das denn?

Für Frauen ist moderne Liebe ein extremer Clash zwischen dem, wovon uns das Patriarchat abgehalten hat, und dem, was uns die Technologie ermöglicht. Sie ist auf unserem Smartphone, sie liegt in unserer Hand. Sie ist sowohl leicht verfügbar (Swipe) als auch flüchtig (Ghosting). Sie bedeutet Spaß (sich verknallen und rummachen und Schicksal) und ist zugleich ein logistischer Albtraum (SMS um zwei Uhr morgens: «Noch wach?»). Ein Spiel war sie schon immer, aber noch nie ein so kompliziertes. Jetzt, da sich herumgesprochen hat, dass man Frauen das Gleiche zahlen muss wie Männern, ist unser Bedürfnis nach Liebe weniger wirtschaftlicher Natur. Weniger von Abhängigkeit geprägt. Aber die meisten von uns wollen sie immer noch. Nach wie vor brauchen wir Liebesbeziehungen, aber wir müssen lernen, dass sie nicht alles sind.

Im Marketing werden alleinstehende Menschen, von denen niemand finanziell abhängig ist, als «SINKs» (single income, no kids) bezeichnet; wir machen uns beide ständig darüber lustig:

Gehe jetzt nach Hause und verSINKe.

VerSINKe auf dem Sofa und gucke, was ich will, ohne mich um andere kümmern zu müssen.

VerSINKe in meinem schwindenden Kontostand und esse zum Abendessen Toast, weil ich für niemanden außer mich selbst kochen muss.

VerSINKe in meinem Alleinsein.

VerSINKe in einem leisen Schnaufen.

VerSINKe in noch einer Flasche Rotwein.

VerSINKe in einem Buch und schaue erst nach Mitternacht wieder auf.

Wenn wir uns darauf einlassen, können wir Alleinsein so richtig genießen. Manchmal hingegen, wenn man sich mit einer Kommode vom Facebook Marketplace auf den Rücksitz eines Ubers quält, fühlt man sich wie die Hauptfigur in einer Mockumentary über das Alleinsein (Wird sie es die Treppe hinaufschaffen? Was wird sie zum Abendessen kochen? Wird ihr jemand rechtzeitig mit dem Reißverschluss an ihrem Kleid helfen?!) Auf die Umstände haben wir nicht immer Einfluss, sehr wohl aber darauf, wie wir die Geschichten formulieren, die wir uns selbst erzählen, wenn wir keine Gesellschaft haben.

Es folgen zwei gegensätzliche Geschichten: die einer Person Mitte zwanzig, die noch nie verliebt war, und die eines Menschen Anfang dreißig, der trotz der Spielchen, die heutzutage dazugehören, an die Liebe glaubt.

Liebe ist echt. Liebe macht Spaß. Liebe ist alles Gute und Schwierige und Wertvolle. Liebe im romantischen Sinne ist nicht die einzige Liebe. Liebe steht im Zentrum unserer Gefühle gegenüber allem, vor allem uns selbst gegenüber und dem, was wir zu verdienen glauben.

Wenn man noch nie verliebt war

Von Lucy

Was sagt man über eine alleinstehende Frau? Sie hat ein paar Katzen, ein, zwei Vibratoren im Nachtschränkchen, und sie ist unglücklich. Sie ist zu sehr Freigeist, um eine Beziehung aufrechtzuerhalten, oder zu karrieregeil, um die Zeit dafür zu haben, und Samstagabend sitzt sie voller Sehnsucht zu Hause. Hat sie schon mal versucht, ihre Erwartungen runterzuschrauben? Therapie ausprobiert? Ihr Glück auf den Apps versucht?

Ich war noch nie richtig verliebt, und ich kann dir garantieren: Mir und meinem sündigen Nachtschränkchen geht's bestens.

Muss ich hier ausdrücklich versichern, dass ich keine komplette Jungfer bin? Ich hatte was am Laufen mit Leuten, mit denen ich jetzt eng befreundet bin, Lebensabschnittsgefährten, bei denen die Betonung mehr auf Lebensabschnitt lag als auf Gefährten, und Leuten, die ich zu lieben versucht habe, vielleicht sogar hätte lieben sollen, es aber nicht konnte. Von Therapeut*innen wurde ich gefragt, wie die Beziehungen waren, die ich beim Aufwachsen miterlebt hatte, und meine Antwort lautete, dass ich in meiner Kindheit nie eine Beziehung mitbekommen hatte, die ich selbst gern geführt hätte. Stattdessen sah ich Paare, die sich egal waren, sich gehasst haben oder sich trennen wollten, aber zu große Angst vor dem Alleinsein hatten. Im besten Fall habe ich die Art von Beziehung miterlebt, die man zu der Jeans hat, die einem seit vier Jahren nicht mehr passt, die man aber trotzdem behält in der Hoffnung, dass sie eines Tages doch wieder so sitzt wie früher. Vielleicht haben diese Paare einfach alle zu jung geheiratet und waren die Produkte ihrer Generation, in der man sich in einer Kneipe getroffen, sich per Festnetz näher kennengelernt, geheiratet und ein paar Kinder in die Welt gesetzt hat, die schon bald zur einzigen Gemeinsamkeit wurden. Ich bin mir sicher, dass Beziehungen heutzutage anders sind; ich bin mir nur nicht sicher, ob ich eine will. Verklag mich doch!

Geh ich meine Zwanziger falsch an?

Uns wird suggeriert, dass wir in unseren Zwanzigern ständig unterwegs sein und uns von Verabredungen und Jahrestagen, Enttäuschungen und unerfüllter Liebe ablenken lassen sollten. Nichts macht mir mehr Freude, als meine Freund*innen bei alldem zu unterstützen. Wir waren schon immer verschieden – sie sind auf Apps, auf denen man durch Swipen jemanden sucht, der halbwegs zu einem passt, ich bin auf Apps, die Videos mit automatischen Untertiteln versehen. Sie gehen in schicke Weinbars und treffen sich mit Leuten, die übers Angeln und über *Pulp Fiction* sprechen. Ich gehe in schicke Weinbars und treffe mich mit Leuten, die mir helfen wollen, auf die am besten für kleine Start-ups geeignete Newsletter-Plattform umzusteigen. Jeder so, wie er mag, würde ich sagen.

Vielleicht rechtfertige ich damit nur meine zeitweilige Einsamkeit, aber wenn ich auf meine stolzesten Momente zurückblicke, frage ich mich, ob es die auch gegeben hätte, wenn ich mit Verliebtsein beschäftigt gewesen wäre. Wenn ich damals, als mir im Hörsaal langweilig war, in einer Beziehung gewesen wäre, würde es dann heute *Shit You Should Care About* geben, oder hätte ich der Person eine SMS geschickt und gefragt, ob sie mit mir am Abend Ramen essen gehen möchte? Hätte ich in den darauffolgenden Jahren nicht meine ganze Freizeit damit verbracht, Teile aus meinem Leben online zu posten oder auf Privatnachrichten, E-Mails und Kommentare zu antworten, hätte ich dann in New York City auf der Bühne gestanden und mit Leuten von der *New York Times* oder *The Atlantic* über die Plattform und Community gesprochen, die wir bei SYSCA aufgebaut haben, und diesen Medien Tipps gegeben, wie sie das ebenfalls schaffen können? Wäre ich jeden Sonntagmorgen mit meiner «besseren Hälfte» beim Brunchen gewesen, anstatt E-Mails abzuarbeiten und mich über das Weltgeschehen zu informieren, würde ich dann heute trotzdem mit meinen Vorbildern brunchen gehen? Ich weiß, manche Menschen entscheiden sich für beides: Aber zu denen gehöre ich eben nicht. Ich war wie berauscht von der Freiheit und wusste, wenn ich etwas Außergewöhnliches erreichen wollte, musste ich mich für ein anderes Abenteuer entscheiden. Und genau das habe ich getan.

Sonntagvormittage sind für Sex, Einsamkeit oder deine Leidenschaften da

Wenn du dich für Letzteres entscheidest, entscheidest du dich für dich selbst. Vielleicht können deine Freund*innen das nicht nachvollziehen. Du bist mal wieder auf einer Gruppenreise gelandet, mal wieder in einem Einzelbett, verbringst mal wieder einen Abend damit, den Pärchen in deinem Freundeskreis zuzuhören, wie sie sich gegenseitig fragen, ob sie zum Abendessen «ein paar Kleinigkeiten bestellen und sie uns teilen» wollen. In solchen Momenten denkt man an die Single-Steuer und wie teuer das Leben ist, wenn man mit niemandem die Miete teilen kann und keine Hochzeitswunschliste hat, um seine Wohnung einzurichten. An teure Junggesellinnenabschiede auf Weingütern und an die unbequemen Schuhe, die man für «Destination Weddings» gekauft hat, wohl wissend, dass das wahrscheinlich irreversible Kosten sind, für die sich deine Freund*innen nie revanchieren werden. Sie sagen Sätze wie: «Eines Tages wirst du jemanden kennenlernen, und dann ändert sich deine Einstellung zu der ganzen Sache», und sie glauben tatsächlich daran. Man spielt mit und am nächsten Morgen steht man früh auf und sucht sich einen Platz, um einen Newsletter zu schreiben, oder man bleibt lange wach, um für einen Podcast zu recherchieren, und Gott sei Dank liegt niemand neben einem im Bett, der einen bittet, leise zu sein oder das Handydisplay dunkler zu stellen.

Wenn der Platz neben einem im Bett vom eigenen Ehrgeiz eingenommen wird, opfert man auch etwas. Natürlich tut man das. Habe ich das Gefühl, dass ich aus einem geheimen Club ausgeschlossen bin, zu dem man nur Zutritt bekommt, wenn man schon mal eine Bilderunterschrift gepostet hat wie: «Drei Runden um die Sonne mit dem hier!»? Ja, klar. Aber das finde ich auch irgendwie mega für mich. Vielleicht geht es für dich in den Zwanzigern darum, einen Menschen zu finden, der dich von ganzem Herzen liebt, dir die Welt zeigt und deine Hand hält, weil er genau das will. Und das finde ich mega für dich.

Ich habe mal gehört, Liebe sei eine Droge

Nie verliebt sein ist so, wie ich mir das Gefühl vorstelle, noch nie mit Drogen experimentiert zu haben – man weiß nicht, was man verpasst, fragt sich aber immer, ob man nicht ein erfüllteres Leben hätte, wenn man es ausprobieren würde. Ständig stellt man sich Fragen. Wie es wohl ist, sich mit dem Großteil von Taylor Swifts Diskografie identifizieren zu können? Jemanden zu haben, der im Flugzeug deine Reisetasche ins Gepäckfach hievt? Würde man Gedichte besser verstehen? Würde man sich mehr für Shakespeare interessieren? Da man sich nicht einfach im Bett umdrehen und die Liebe seines Lebens fragen kann, muss man sich die Fragen selbst stellen. Der leere Platz neben dir wird ausgefüllt von der Geschäftsfrau, der Schriftstellerin, der Witzeerzählerin, der Schwester, der Freundin und den ganzen anderen Rollen, für die du dich entscheidest, wenn du nicht darauf wartest, dass sich jemand für dich entscheidet. Ein leerer Platz bedeutet nicht Einsamkeit. Er bietet dir Raum, um dein Leben zu gestalten. Menschen kommen und gehen zu lassen, wann und wie sie es brauchen. Ihn mit dem zu füllen, was du möchtest, wann immer du es möchtest. Außerdem bedeutet ein leerer Platz, dass niemand schnarcht.

Wenn man noch nie eine Guten-Morgen-SMS bekommen hat oder jemanden hatte, der die Sätze von einem beendet, lernt man, allein einen guten Morgen zu haben und seine eigenen Geschichten zu schreiben. Man hört auf, dem Timing, den Planeten oder einfach nur Pech die Schuld zu geben, und konzentriert sich stattdessen auf die Kleinigkeiten, die einen daran erinnern, dass man auch ohne Lover geliebt wird. Liebe steckt in jeder «Das hat mich an dich erinnert»- oder «Schreib mir, wenn du daheim angekommen bist»-Nachricht, die du erhältst. Liebe steckt in jedem Lied, das dir geschickt wird, und in jedem Buch, das dir empfohlen wird. Liebe steckt in allen, die dir zuhören, wenn du darüber sprichst, was dich begeistert. Liebe steckt in allen, die dich zur Toilette begleiten, dir beim Umzug helfen oder dir sagen, dass sie stolz auf dich sind, wenn du einen neuen Traum verfolgst.

Auch wenn du noch nie verliebt warst, ist da trotzdem Liebe. Und Romantik kann später noch folgen, wenn du das willst.

Cheatcodes für den Alleinflug

Niemand hat dir versprochen, dass es so schwer oder leicht sein würde, also nimm's einfach, wie's kommt. Im Leben ist eine Lücke – die spüren alle. Schade dir so wenig wie möglich, indem du versuchst, sie zu füllen. Lass dich nicht von den Hürden des Alltags frustrieren, sondern begreife sie stattdessen als kleine Erfolge. Liebe dich selbst, aber nicht so sehr, dass andere den Eindruck bekommen, du hältst dich für etwas Besseres als sie. Vielleicht bist du das sogar. Geh, wann du willst, von der Party nach Hause und lach darüber, wenn du daheim ankommst. Deine Geheimnisse sind dein Trumpf, teile sie mit Bedacht. Flipp nicht aus, wenn du dich einsam fühlst, aber finde heraus, was dir fehlt, wenn du einsam bist. Such dir ein Hobby. Buch eine Reise. Fülle die Leere, aber geh achtsam und bewusst vor. Bitte um das, was du möchtest. Beschwer dich nicht, wenn du es nicht bekommst, sondern versuche es noch einmal auf andere Art. Hab eine gute lockere Begründung parat, falls dich jemand fragt, warum du keine bessere Hälfte hast, und schiebe «Haha!» hinterher, damit klar ist, dass es dir eigentlich ganz gut damit geht. Leg dir einen guten Stil zu, damit alle wissen, dass du mit dir selbst zufrieden bist. Behalte deinen Neid für dich – das tun alle anderen auch. Druck dir etwas Inspirierendes aus und kleb es dir an den Spiegel. Triff dich mit Fremden und sag «Hi» mit einem flirty Augenzwinkern, als hättest du ein Geheimnis und wüsstest es einzusetzen. Steig hinter ihnen aufs Motorrad und fliege durch die laue Nacht, einfach nur um des glühend heißen Vergnügens willen. Mach Fotos, um dich an Details zu erinnern, die niemandem außer dir auffallen werden. Führe Protokoll über dich und deine Veränderungen. Behalte deine Geheimnisse für dich. Erzähl deine eigenen Lügen. Schreibe deine unbändigen Gelüste auf und zeige sie niemandem, sondern zieh dich selbst zur Verantwortung. Betrachte dein Leben als dein eigenes und nicht in der Form des Lebens eines anderen. Mach dich in den weniger strahlenden Momenten, über die es sich nicht anzugeben lohnt, wieder an die Arbeit. Mach dich wieder daran, dein Leben zu gestalten.

Date Night

BEL: Kam gerade rein
Ich bin heute Abend nicht zu Hause, weil
Und es soll jetzt nicht nur um Männer gehen
Das ist so langweilig, aber
Ich hab ein Date

LUCY: omg wer
bin später unterwegs
und dann daheim, bin zum abendessen
verabredet, und dann
schnell zurück wg zoom call
mit dem weißen haus lol

BEL: Omg
Soll das ein Witz ein?
Dein Leben
Komm nicht klar
Wird Biden dabei sein
Was sagst du zu ihm

LUCY: halt die klappe
und nein wird er nicht aber ja
voll verrückt

BEL: Ich geh wieder da raus
Ich machs. Ich lass die Liebe zu
Ich hab ein zweites Date mit dem Bio-Anzugtypen

LUCY: mega.
wo geht ihr hin

BEL: Zum Abendessen
Da fällt mir ein
Ist das überhaupt sicher?
Soll ich das wirklich?
Vielleicht sollte ich absagen. Ich sag ab

LUCY: ich denke du solltest hin
warte hast du ihn gegoogelt
hat er referenzen

BEL: Hat er hab ich auf seinem
LinkedIn-Profil gelesen
Aber wer weiß schon was das heutzutage
Überhaupt noch heißt

LUCY: ich steck dir einen meiner
airtags ins portemonnaie
dann hab ich deinen standort in
echtzeit falls du nicht heimkommst
dann weiß ich dass du in sicherheit bist
und kann ruhig schlafen
schick mir auch seine adresse

BEL: Ok gesendet

LUCY: cool
was ziehst du an?
lol
jeans und ein schickes top?

230

BEL: Ich dachte
Schlichtes Kleid und Sneaker
Nichts Einschüchterndes
Nicht overdressed
Wassermelonen-Farbkombi (natürlich)
Damit kann man nichts falsch machen

LUCY: lass die liebe zu katherine heigl
bin am anderen ende des airtags
falls du mich brauchst

BEL: Kathy Heigl wie in 27 Dresses?
Ich sterb tausend Tode

LUCY: HAHAHA
pass auf dich auf und geh einfach hin
und hab spaß verdammt

BEL: Werde ich!
Ich meine, ich werd's versuchen!
Und falls was passiert ruf ich einfach
Das Weiße Haus an

Ich wäre gern verliebt, aber ich bin damit beschäftigt, hier zu sein, bei einem Date mit dir

Von Bel

Ich überlege, ob ich dir schreiben soll, was ich anhabe, nur für den Fall, dass du mich nicht erkennst und wir vor dem Eingang eine dieser furchtbaren «Wer zur Hölle bist du»-Situationen erleben. Darüber denke ich auf dem Weg zu dem Restaurant nach, an das ich niedrige Erwartungen habe und in das ich mit Sicherheit nie wieder gehen werde, und auch über die ganzen Dinge, die ich heute Abend stattdessen tun könnte. Zum Beispiel zu einem Töpferkurs gehen oder Abendessen kochen, damit ich morgen Mittag eine Tupperdose voll mit Essen habe, oder bis halb zwölf Filmtrailer auf YouTube angucken oder mit Mitesserstreifen auf der Nase im Wohnzimmer meiner besten Freundin auf dem Boden liegen und meine Messages ignorieren. Hoffentlich ist der Abend den Parfumspritzer wert. Ich schätze die Kosten auf 0,75 Dollar pro Sprühstoß. Ich denke über den Return On Investment nach.

Jetzt setzen wir uns beide hin und ich denke: Du bist ganz okay. Nicht unglaublich, aber eben ganz okay. Sämtlichen Tipps zufolge soll man weitermachen, wenn es sich ganz okay anfühlt, weil wir Romantik mit Zusammenpassen verwechseln, und daran sind die 1990er schuld, sei nicht so oberflächlich. Du stehst auf, um zur Toilette zu gehen, und ich denke über meine Steuererklärung und die Jeans nach, die online in meinem Einkaufswagen liegt. Mein Handy piept. Es ist eine Nachricht von dir. Ich frage mich, ob sie zeitverzögert angekommen ist, ob du sie geschickt hast, bevor wir uns getroffen und das Restaurant betreten haben. Ich habe sonst nichts mit meinen Augen und Händen zu tun, also öffne ich sie. Ist sie nicht. Da steht «Bist cool». Ich lege mein Handy mit dem Display nach unten auf den Tisch und tue so, als hätte ich sie nicht gesehen.

Du bist wieder da und erzählst von einer, mit der du mal zusammen warst und die in «B» gewohnt hat, was vermutlich für Berlin steht, aber ich frage nicht nach. Du erzählst ausführlich von ihrer Vorliebe für das Designen von Düften und davon, wie das deine Sicht auf die Welt völlig verändert hat, und guck, hier ist die Parfumtheke, die du jetzt bei dir zu Hause stehen hast. Während du sprichst und mir Bilder auf deinem Handy zeigst, frage ich mich, warum du dich heute Abend ausgerechnet für dieses Paar Schuhe entschieden hast. Es sind Schlappen, aber nicht irgendwelche Schlappen – sondern solche, die mein Vater 1997 beim Rasenmähen getragen hat. Ich denke über den exakten Moment nach, als du zur Tür hinausgegangen bist und dir gedacht hast: Ich schlüpf einfach in die hier. Ich kann hören, wie du unter dem Tisch in sie hineinschlüpfst. Wenn ich mich jemals verlieben will, muss ich die Klappe halten und aufgeschlossener sein. Ich lächle und sage, wow, sie klingt echt cool.

Das Abendessen kommt und ist vorbei, und ich habe versucht, nicht zu viel oder zu schnell zu essen oder mir mit den verschiedenfarbigen Speisen den Mund zu verschmieren, was erstaunlich leicht ist, weil du mir seit etwa 17 Minuten keine Frage mehr gestellt hast. Vielleicht weniger als 17 Minuten. Ja, es könnten weniger sein. Vielleicht eher fünf, jedenfalls kommt es mir lang vor. Ich wage den Versuch, ein anderes Thema anzuschneiden: meinen Job, den ich eigentlich schon ziemlich mag und über den ich gern sprechen würde, so wie ich den lieben langen Tag über die Ideen anderer Leute spreche, aber das scheint dich zu langweilen, also kehren wir zu den kleinsten Details anderer Bereiche in deinem Leben zurück, die du optimiert hast. Ich nicke und sage: Das ist ja interessant, erzähl mir mehr. Ich frage mich, wie ich herausfinden kann, ob du auf einer Matratze auf dem Boden schläfst, ohne dich ausdrücklich fragen zu müssen, wie dein Schlafzimmer aussieht.

Es ist 20:57 Uhr und ich überlege, ob ich noch ein Glas Wein bestellen soll, weil ich meins ausgetrunken habe, aber du deins noch nicht. Wäre es geschmacklos, noch eins zu trinken, oder würde eine selbstbewusste Frau genau das tun? Am liebsten würde ich meinen Freund*innen schreiben und sie fragen, aber das wäre unhöflich, und ich möchte nicht, dass du weißt, dass ich die SMS gelesen habe, die du mir von der Toilette aus geschickt hast. Außerdem muss ich hier jetzt völlige Präsenz zeigen. Ich nehme noch einen Schluck, und wir kommen auf die lebensverändernde Reise zu sprechen, die du mal nach Brooklyn, New York City, unternommen hast. Ich entscheide mich für den zusätzlichen Wein, und während du sprichst, denke ich darüber nach, wie viel Arbeit ich morgen zu erledigen habe und ob ich mir auf dem Heimweg eine Flasche Mineralwasser und eine Tafel Schokolade gegen den potenziellen Kater und das Gefühl der Ernüchterung kaufen soll. Vom Daten bekomme ich noch Diabetes.

Jetzt räumen sie unsere Teller ab, und ich frage mich, was man wohl denkt, wenn man uns hier sieht, in diesem Fusion-Restaurant, das mitten unter der Woche Anonymität und nicht allzu ausgefallene Speisen für unter 25 Dollar verspricht, und mir ist klar, dass ich nicht darüber nachdenken sollte. Nein, ich sollte über dich in einem möglichen Zukunftsszenario nachdenken und darüber, ob ich dich zum Beispiel auf einer Party in der Küche zurücklassen oder dir meine Bankkarte anvertrauen wollen würde, damit du sie in der Innentasche deines Sakkos aufbewahrst, und ob ich in drei Monaten ein Foto, auf dem du nicht richtig zu erkennen bist, mit einer Bildunterschrift posten möchte, in der nichts steht außer «Samstag» oder so was in der Art. Stattdessen frage ich mich, wie das Paar neben uns zusammengekommen ist und ob sie sich wohl gerade wünscht, sie wäre an meiner Stelle: scheinbar kurz vor hemmungslosem Sex mit einem Fremden mit unglücklicher Schuhwahl. Sie ahnt nicht, dass ich, wenn ich das jetzt richtig anstelle, in 27 Minuten mit einem Abschminktuch im Bett liegen werde.

Das Abendessen ist vorbei, und wir stehen draußen und stecken mitten in dieser peinlichen Situation, bei der beide nicht aussprechen können, was wir als Nächstes tun wollen. Ich frage mich, ob ich es mit dem Elefant-im-Zimmer-Ansatz[1] versuchen und dich einfach geradeheraus fragen soll, was du möchtest. Aber bevor ich dazu komme, hebst du mein Kinn an, als hättest du dir das in einem Hugh-Grant-Film abgeguckt, und küsst mich leidenschaftslos auf die Lippen. Bisschen Zähne. Leichtes Herumstochern mit deiner Zunge. In den vier Sekunden, in denen wir uns küssen, fühle ich mich innerlich ein wenig tot und frage mich, ob diese Zuneigungsbekundung besser ist als der Stressabbau, den ich empfinde, wenn ich aus dem Büro gehe, um mir einen zweiten Kaffee zu kaufen. Ich meine, ich habe nichts gegen dich. Aber es fühlt sich nicht so an, wie es sich meiner Meinung nach ziemlich sicher anfühlen sollte. Andererseits war mal eine Freundin von mir mit einem langweiligen Typen was trinken, hat sich weiter mit ihm getroffen, und jetzt haben sie gemeinsam einen Hund und ihr Leben scheint eigentlich ganz gut zu laufen. Wir hören auf, uns zu küssen,

---

1 Elefant-im-Zimmer-Ansatz: Strategie, bei der man laut ausspricht, was offenbar ohnehin alle denken oder was einem Sorgen macht oder einen verunsichert, um die Angstspirale angesichts dessen, was andere denken könnten, zu vermeiden.

oder vielleicht höre auch ich auf, dich zu küssen, und sage auf süßliche Art, ja, ja, wär voll schön, wenn wir uns bald mal wiedersehen, umarme dich und gehe weg. Ich muss meine ganze Willenskraft aufbringen, um nicht sofort mein Handy zu zücken und den Gruppenchat mit einer dramatischen Nacherzählung des gesamten ereignislosen Abends zu unterhalten.

Jetzt bin ich zu Hause und denke über den Kuss nach, der mir im Nachhinein betrachtet schon irgendwie das Gefühl gegeben hat, lebendig zu sein, und dass es das vielleicht doch alles wert war. Obwohl es mir eigentlich ganz recht wäre, dir nie wieder zu schreiben, sondern dir einfach in sechs Monaten auf einem Gemüsemarkt über den Weg zu laufen, wo du deine Arme um eine Freundin geschlungen hast, die besser zu dir passt als ich. Andererseits wäre ich dann vielleicht eifersüchtig und vielleicht sollte ich dir doch noch eine Chance geben ... Über das alles denke ich nach und darüber, was ich als Nächstes tun soll, aber ich bin müde und ein bisschen beschwipst, also lege ich mein Handy neben das Bett. Eine Benachrichtigung aus der App poppt auf von jemandem, mit dem ich mich noch nicht persönlich getroffen habe. «Noch wach?» Ich schalte mein Handy auf lautlos, lege es mit dem Display nach unten auf den Nachttisch und tue so, als hätte ich die Nachricht nicht gesehen.

Romantik ist der Soft-Launch deines Love-Interests im Internet

▷ Romantik ist, jegliches Zeitgefühl zu verlieren.

▷ Romantik ist, alles zu riskieren, obwohl ich zu Hause auf der Couch sein könnte.

▷ Romantik ist deine Hand in meinem ungewaschenen Haar und es macht mir nichts aus.

▷ Romantik ist, wie du meinen Namen sagst.

▷ Romantik ist, wie ich mir meine Zukunft ausmale.

▷ Romantik ist, was passiert, wenn niemand zuguckt.

▷ Romantik ist, wenn mit meinem Körper etwas geschieht, das nicht von dieser Welt ist.

▷ Romantik ist, langsam das Spannbetttuch zu falten, es in die Schublade zu räumen und zu hoffen, dass du wiederkommst.

▷ Romantik ist, wenn ich eine Weile nicht antworte, damit es zwischen uns spannend bleibt.

▷ Romantik ist, was das Licht gerade getan hat.

▷ Romantik ist etwas, das die Welt weicher macht.

▷ Romantik ist, es nicht langsam angehen zu lassen.

▷ Romantik ist meine eigene Zeit.

▷ Romantik ist, wenn du von mir hingerissen bist.

▷ Romantik ist in den winzigen Details.

▷ Romantik ist der Mensch, den ich liebe: du, und sie ist ich, der Mensch, den ich zu lieben lerne.

▷ Romantik ist das Brechen sämtlicher meiner Regeln.

▷ Romantik ist, es geheim halten zu wollen, um es nicht zu beschreien.

- ▷ Romantik ist, wie ich dein Leben verändere.
- ▷ Romantik ist, was deinen Blick weich werden lässt.
- ▷ Romantik ist deine Hand auf meinem Rücken, nicht auf «Die gehört mir»-Art, sondern auf «Das fühlt sich gut an»-Art.
- ▷ Romantik ist eine glückliche Fügung, krieg ich was davon?
- ▷ Romantik ist, ein Foto von dir auf meiner Couch zu machen, um zu beweisen, dass es dich gibt.
- ▷ Romantik ist dein Name auf meinem Sperrbildschirm.
- ▷ Romantik ist, wie hast du das bekommen? Ich will das auch.
- ▷ Romantik ist so viel zu feiern, wenn ich nur diese Arbeit auf meinem Schreibtisch erledigt bekomme.
- ▷ Romantik ist, etwas mit meinen Händen zu tun.
- ▷ Romantik ist, sich in dieses Gefühl zu stürzen, denn dieser Moment kommt nie wieder.
- ▷ Romantik ist Köpfchen gemischt mit geilem Verhalten.
- ▷ Romantik ist, meine bescheuerten kleinen Kerzen anzuzünden, mein bescheuertes kleines Vision Board anzulegen und tatsächlich daran zu glauben, dass etwas davon Wirklichkeit wird.
- ▷ Romantik ist unsere Retterin, wenn wir das zulassen.
- ▷ Romantik ist keine Zeitverschwendung, sondern wie ich mein Leben ausfülle.

Gute Liebe findet dich

Von Bel

Gamification der Liebeshölle. Gegenwart

Im Niefrauland zwischen Single- und Vergebensein gibt es Crushing und Baiting und Orbiting und Benching und Pedestalling und Breadcrumbing und alles Mögliche an anderen problematischen Zuständen, und deshalb solltest du in Liebesangelegenheiten keine Tipps von jemandem annehmen, der seit 2012 auf keinem Date mehr war, also auch noch nie eine Dating-App benutzt hat. Wer nämlich selbst noch nie das Vergnügen hatte, schenkt sich gern mal ein großes Glas Sauvignon blanc ein, nimmt dein Handy und swipt sich durch die Dating-Lotterie, um dann, wenn schon nicht aus erster, so doch dank dir wenigstens aus zweiter Hand, mitzuerleben, wie es ist, spätnachts in einer Gasse mit jemand Passablem-aber-nicht-Unvergesslichem rumzuknutschen, spricht darüber, den Nervenkitzel der Jagd zu vermissen, und wird dann zwei Stunden später von der besseren Hälfte abgeholt, die unten in der Einfahrt im Hybrid-SUV wartet.

Trotz des Irrgartens aus Männern, die einen Fisch in die Kamera halten oder vor betäubten Tigern posieren, Gruppenfotos, bei denen man gar nicht so genau weiß, mit wem man sich da eigentlich unterhält, und Leuten, die eine «Affäre, von der die Hauptpartnerin nichts erfährt» suchen, müssen wir uns bewusst machen, dass Gute Liebe existiert. Sie ist nur nicht mehr das, was sie mal war, denn die Apps fungieren als Glückspielautomaten der Liebe, die uns vorgaukeln, dass jemand Besseres, Schlaueres, Schöneres nur einen verführerischen Fingertipp weit entfernt ist. Ich weiß, dass Gute Liebe existiert, weil ich sie selbst erlebt habe.

Ja, ja, ich weiß. Von Guter Liebe zu lesen, ist manchmal ganz schön öde, in etwa so, als wollte dir jemand, der gerade von einer Reise zurück ist, Urlaubsfotos zeigen, dabei hast du sie schon die letzten drei Wochen online gesehen, während du im Dunkeln aufgestanden, dir mit feuchten Haaren Kaffee gekocht und dich beeilt hast, um es pünktlich zur Arbeit zu schaffen. Das hat was von: «Mit ein bisschen Glück will das eines Tages auch jemand mit dir machen! Swipe einfach fleißig weiter!» Als die Dating-Apps damals rauskamen, war das total aufregend, weil wir dachten, wir könnten unser Schicksal in Sachen Liebe jetzt selbst in die Hand nehmen. Aber dann wurden sie zu einem Spiel, dessen Regeln wir alle erst einmal lernen mussten.

Bei einem Date hat mir mal einer erzählt, dass er und seine Mitbewohner manchmal im Wohnzimmer ihrer fünfköpfigen WG sitzen, auf dem Fernseher Tinder aufrufen und gemeinsam durch die Profile scrollen. Wir erwarten von Dating-Apps, dass sie wie Nachrichten-Feeds funktionieren, die ständig mit etwas Dringendem, Strahlendem, Neuem aktualisiert werden, über das wir unbedingt Bescheid wissen sollten. Kein Wunder, dass wir uns in einer Gumption-Epidemie[1] befinden – das Hier

---

1 Mit «Gumption» beschreiben die Autorinnen jemanden mit Köpfchen und Mumm, der Initiative ergreift und einfallsreich ist. «Gumption-Epidemie» verwenden sie ironisch. Sie meinen damit, dass uns das Internet sowohl weniger mutig als auch fauler gemacht hat. Wir haben das Gefühl, dass wir nur eine Dating-App öffnen müssen und schon können wir jederzeit jemand Besseren finden. Dadurch handeln wir weniger dringlich, und es fällt uns schwerer, den Moment zu genießen.

und Jetzt reicht uns nicht mehr. Als ich am nächsten Morgen sein Haus verließ, kam ich an dem Zimmer vorbei, in dem vier Sofas in diversen traurigen Blaugrüntönen wie eine Tribüne um den großen Fernseher herum aufgestellt waren. Seitdem verfolgt mich der Gedanke, auf diesem Bildschirm angezeigt und von einer Gruppe Jungs bewertet zu werden, die in Jogginghose dasitzen und Mi Goreng essen. Ich bin nie wieder hingegangen.

In einem Jahr in der Adventszeit trug fast jeder Zweite, der meine Freund*innen nach rechts geswipt hat, irgendeine Art von Weihnachtsdress. Nackt mit Weihnachtschürze. Im nuttigen Weihnachtsmann-Outfit auf einer Feier. Als Elf eingerollt unter dem Christbaum. Die Belege aus dieser Zeit waren zum größten Teil kurzlebig und existieren nur noch in den Untiefen unseres Gruppenchats, den wir liebevoll «Pick Your Fighter» genannt haben. Es endete damit, dass jemand von ihrer ehemaligen Lehrkraft nach rechts geswipt wurde und wir feststellen mussten, dass wir das örtliche Dating-Internet fast komplett durchgespielt hatten wie ein Level in einem Videogame und keine Herausforder*innen mehr übrig waren. Kein Wunder, dass sich zu verlieben komplizierter zu sein scheint als je zuvor und ältere Generationen nicht verstehen, warum wir alle eine Therapie machen wollen, um unseren Bindungsstil zu ergründen und herauszufinden, was wir die ganze Zeit über falsch gemacht haben. Es ist nicht mehr so leicht, unsere Ex-Partner*innen zu vergessen, weil sie immer nur einen Post weit entfernt sind, in dem sie getaggt werden und der unerwartet in unserem Feed aufploppt. Wir wollen Liebe, aber wir wollen, dass es die richtige Art von Liebe ist, und wir wollen, dass sie so ist wie früher: ein glücklicher Zufall.

Aber in diesem Chaos aus Wir-fühlen-uns-sofort-verbunden-und-schreiben-uns-eine-Woche-lang-ununterbrochen-unddann-am-Morgen-der-ersten-Verabredung-bekomme-ich-auf-einmal-keine-Antwort-mehr-Escape-Rooms, die das moderne Dating-Leben geschaffen hat, dürfen wir den Glauben an Gute Liebe nicht verlieren. Wir brauchen Geschichten, die uns daran erinnern, dass in unserem Körper dieses lebendige, herzförmige Ding schlägt, das jeden Moment auf ein anderes stoßen kann.

Mount Victoria, Wellington, 2020

Als es dann passierte, war das eins der aufregendsten Dinge, die ich jemals erlebt habe. Ehrlich. Du verliebst dich auf Gute-Liebe-Art, und auf einmal wirst du glücklicher. In der Therapie wird dir das nicht gesagt, weil niemand garantieren kann, dass dir das auch passiert, aber es ist wahr. Eines Tages findest du dich spätabends in der Küche wieder und machst Nudeln selber, weil du auf einmal Lust hast zu kochen. Dabei hat dir das noch nie Spaß gemacht. Wenn du von der Arbeit nach Hause kommst, hörst du Musik in deiner Küche, jemand macht Abendessen und schenkt zwei Gläser Wein ein. Als die Gute Liebe kam, war das – wenn ich das so sagen darf – eine Riesenerleichterung. Ich war beim Surfen in Marokko gewesen, hatte in Amsterdam in Parks gekifft, war hinten auf Motorrädern durch die Blumenmärkte von Hanoi gefahren, aber diese süße, sanfte, alltägliche Häuslichkeit gab mir etwas, das ich nie erwartet hätte: Sie schenkte mir Ruhe. Sie gab mir das Gefühl, meinen Platz gefunden zu haben.

Meine Gute Liebe trug gelbe T-Shirts und hatte nicht nur die neueste Technik und durchgeplante Männerwochenenden im Kopf – Eigenschaften, die ich 2020, als sowohl Soft Boys als auch eine Welle von Klimaangst auftraten, exotisch und geil fand. Er wusste Sachen wie, warum Städte auf eine bestimmte Art gebaut waren und dass Napoleon in Frankreich die Straßen mit Bäumen hatte säumen lassen, damit die Soldaten im Sommer im Schatten marschieren konnten. Oder dass das höchste Gebäude in einer Gegend philosophisch gesehen das repräsentiert, was dort am meisten geschätzt wird (bei uns war das ein Kasino, worüber wir immer lachen mussten, wenn wir von unserem Mietbalkon aus darauf guckten). Fünf Jahre nachdem wir uns kennengelernt hatten und uns über fast ein Jahr aus der Ferne langsam ineinander verliebt hatten, fand ich für uns eine kleine Siebzigerjahrewohnung mit Schiebetüren, die sich zu den Baumwipfeln hin öffneten. In dem buttrigen Abendlicht, in das sie getaucht wurde, war ich davon überzeugt, dass sich dort zu verlieben wie Urlaub anfühlen würde und alle Einsamkeit, die ich jemals in der Welt empfunden hatte, vorüber wäre. Und eine Zeit lang hatte ich damit recht. So herrlich und naiv ist Gute Liebe am Anfang. Ich hoffe, das wird sich nie ändern, für niemanden.

In den Wochen, bevor wir zusammenzogen, wurde ich so nervös bei dem Gedanken, dass ich vielleicht zu unabhängig war, um gut mit einem Partner zusammenleben zu können, dass ich anfing, Freund*innen auszufragen, die in Langzeitbeziehungen waren.

«Was ist mit Sonntagen? Was macht ihr sonntags?»

«Ähm – Sonntage sind am besten, weil man dann entweder eins dieser Pärchen beim Brunch sein kann, die man sein ganzes Singleleben lang verachtet hat, oder man liegt verkatert bis drei Uhr nachmittags im Bett und futtert ungestört Burger.»

«Glaubst du, er findet es peinlich, dass ich hübsche Sachen mag? Wie diese Vase hier [hält im Videochat Vase hoch]?»

«Nein.»

«Was, wenn er findet, ich bin voll Mainstream, weil ich mir gerade wieder die dritte Staffel von *Sex and the City* reinziehe?»

«Mach Schluss.»

«Habt ihr noch Sex? Was machst du, wenn er oder sie dich nicht mehr heiß findet?»

«War's das jetzt?»

Was für ein unerträglicher Gedanke, dass wir jemanden finden können, bei dem wir uns so zu Hause fühlen, und trotzdem glauben, dass unsere Menschlichkeit uns früher oder später einen Strich durch die Rechnung macht.

Und dann tut Gute Liebe das, was sie unweigerlich tut: Sie setzt sich über alle Logik hinweg und verändert dein Leben. Auf Gute-Liebe-Art verliebt zu sein, war das größte Glück, das ich je empfunden habe, weil ich endlich selbst die junge Frau im Film sein konnte und nicht diejenige, die schon wieder an einem Photo-Dump «mit dem hier» vorbeiscrollt. Ich war «die hier». Die, um die jemand in der Öffentlichkeit den Arm gelegt hatte, und die wollte, dass er da war, der billige Blumen gekauft wurden, die ich in die hübsche Vase neben meinem Bett stellen konnte, und die von dem Geräusch zweier aneinander klirrender Kaffeetassen aufwachte – dem Geräusch, dass jemand, der mich liebte, wach war.

Damals arbeitete ich in einem Büro im obersten Stockwerk eines hohen Glasgebäudes mit Blick auf eine Hauptstraße. Ich war gelangweilt von meinem Job, aber glücklich mit meinem Leben (wie es anscheinend oft der Fall ist), und ich verbrachte viel Zeit damit, aus dem Fenster zu gucken und die Frau zu beobachten, der der Mini-Markt auf der anderen Straßenseite gehörte. Jeden Tag um etwa ein Uhr, sobald die Sonne langsam in den Eingang kroch, zog sie eine Plastikkiste vor ihren Laden, drehte sie um und setzte sich drauf, die Schuhe ausgezogen, die Augen geschlossen, das Gesicht zur Sonne gerichtet. Die Kundschaft konnte warten. Der Verkehr konnte sie kreuzweise. Die Welt konnte warten. Ich dachte immer, so fühlt sich Gute Liebe an. Einmal fuhren wir am Nachmittag auf dem Heimweg mit dem Fahrrad an ihr vorbei, und ich war mir sicher, dass ich vor ihrem Laden kurz Blickkontakt mit ihr hatte, bevor die Ampel umschaltete. Ich könnte schwören, bei dieser flüchtigen Begegnung stand in ihrem Gesicht: «Bel, nicht blinzeln – verpass das nicht.» Ich wollte der Guten Liebe alles geben, was ich konnte.

Mal abgesehen von den offensichtlichen Vorteilen, wie sich das Abendessen mit jemanden teilen zu können und sich für ein Date nur ein bisschen die Wimpern zu tuschen, ergab allmählich auch das Pärchenverhalten in meinem Freundeskreis Sinn. Warum sie am Wochenende nicht in verlässlichen Zeitabständen zurückschrieben. Warum sie ständig zu irgendeiner Familienfeier oder einem Abendessen mit der Verwandtschaft mussten. Außerdem machen auf einmal die langweiligsten, banalsten Dinge Spaß. Zum Beispiel an einem Sonntagnachmittag in der Wohnung auf dem Boden in der Sonne sitzen, einfach nur sitzen, die Beine ineinander verschlungen, und währenddessen trocknet die Wäsche auf schönste häusliche Art. Auf dieses Gefühl bereitet dich niemand vor. Es ist verrückt. Zu Kmart fahren und einen Mülleimer kaufen fühlt sich aufregend an. Unser Mülleimer. Der unter unser Spülbecken kommt. Wo unser Wasserhahn aufgedreht wird. Auf einmal ertappt man sich dabei, wie man sagt: «Mal sehen, was wir an dem Wochenende vorhaben», als wäre das schon immer so gewesen – es rutscht einem geradezu heraus, bevor einem bewusst wird, was man da gesagt hat. Nach einem Besuch bei meinen Eltern sah mein Vater mal zu, wie wir aus der Einfahrt fuhren, zurück nach Hause, um weiter, wie er sich ausdrückte, «unsere Leben ineinander zu stricken». Wir waren die Nadel, Gute Liebe war die Wolle.

Aber wenn du auf Gute-Liebe-Art verliebt bist, passiert noch etwas anderes. Die Zeit läuft dir davon. Du wachst an einem faulen Samstagmorgen auf, und deine Freund*innen stecken schon zwölf ungelesene Nachrichten tief in einem Gruppenchat, und sie treffen sich irgendwo, um irgendwas zu unternehmen, und du willst nicht aus deiner Blase raus. Du kannst nicht mithalten. Früher warst du mal eine Gute Freundin, die Zeit für einen Videoanruf aus der Umkleidekabine eines Schlussverkaufs heraus hatte, die lange aufblieb, um eine Bewerbung Korrektur zu lesen, oder die mit einer Flasche Chardonnay aus dem Supermarkt herbeigeeilt kam, sobald eine Katastrophe hereinbrach. Aber in der Anfangsphase der Guten Liebe geht das nicht mehr, weil man beschäftigt ist. Damit, verliebt zu sein. Gute Freund*innen werden dich loslassen, und wenn du eine Gute Freundin bist, wirst du irgendwann zurückkehren, sobald du nicht mehr den Eindruck hast, der erste Mensch zu sein, der sich jemals so gefühlt hat.

Diese Kompromisse, die wir im Austausch für die Liebe eingehen, sind unvermeidlich. Wir können nicht alles für alle auf einmal sein, und das Gefühl der Guten Liebe ist so verführerisch, dass es uns schwerfällt, uns nicht selbst aufzugeben. Ich hatte so viel Zeit in meine Karriere und in Freundschaften investiert, dass sich in einen tollen Menschen zu verlieben so war, als würde ich im Auto den Leerlauf einlegen und mit heruntergekurbelten Fenstern einen Berg hinunterrollen. Von jemandem zu hören: Mach langsam und sei präsent, bau mit mir ein kleines Leben auf, war die romantischste Aufforderung, die ich je hätte bekommen können. Wir müssen diese Momente genießen. Aber wir dürfen auch nicht vergessen, wer wir davor waren.

Hochzeit, Neuseeland, 2022

Wenn ich noch einmal höre: «Es wird dir passieren, wenn du es am wenigsten erwartest», dann stopfe ich mir die Taschen mit

Steinen voll und laufe raus ins Meer. Genau diese und andere gigantische Lügen sind der Grund, warum wir völlig verwirrt sind, was wir jetzt eigentlich tun oder nicht tun sollen, um Liebe anzuziehen. Ob wir glauben, dass wir es wert sind, dass wir hart genug arbeiten, um sie zu bekommen, oder dass wir dank Glow up inzwischen gut genug aussehen, dass uns jemand anbaggert und beschließt, es mit uns zu versuchen – wegen dieser Lügen haben wir das Gefühl, dass wir niemals Gute Liebe erleben werden.

Du kennst das, wenn du schon mal als Single auf einer Hochzeit warst, was sowohl unglaublich spaßig sein kann, weil du dir keine Sorgen machen musst, ob sich dein*e Partner*in amüsiert, als auch eine vergnügliche Form von selbstloser Hingabe – fast schon auf dem Level gemeinnütziger Arbeit – an das Brautpaar. Vor allem, wenn einem kalt wird und man sich von niemandem ein Jackett leihen kann oder man am Tisch beim Small Talk mit irgendwelchen Verwandten des Brautpaars zusammensitzt.

«Wow, du lebst also einfach allein?»

«Hast du einen Job?»

«Hast du daran gedacht, heute Abend vielleicht einen Freund oder eine Freundin mitzubringen?»

«Hast du's mal mit Dating-Apps probiert?»

«Kennst du Nathan, den Trauzeugen? Er fährt einen Hilux und besitzt ein paar Hektar Land in einem riiiiichtig guten Stadtviertel.»

Und dann hört man die Coverband *Wagon Wheel* anstimmen, und man darf höflich seine winzige Handtasche nehmen, sich ein Stück Torte einpacken und unbemerkt aus dem Staub machen …

Woher also können wir wissen, dass wir Gute Liebe erleben werden? Die Wahrheit lautet: Das können wir nicht. Die Wahrheit lautet: Sie könnte sich auf ganz traditionell romantische

Art in deinem Leben zeigen oder in einer völlig anderen Form. Wenn wir Gute Liebe von der Spitze der Erfolgspyramide herunterholen, ist sie immer noch Teil unseres Lebens, nur eben nicht mehr der Hauptteil. Sie existiert neben den ganzen anderen wichtigen Meilensteinen und Errungenschaften des Lebens, und wir können uns von der Vorstellung lösen, dass wir erst dann voll und ganz existieren, wenn sich jemand für uns entscheidet.

Allerdings ist das leichter gesagt als getan. Eine der häufigsten Sorgen in unserem Leben, wenn wir durch das Online-Fenster das Glück aller anderen so halb miterleben, ist der verzweifelte Wunsch zu wissen, wann auch wir die Liebe finden werden. Aber wenn wir das wüssten, bräuchten wir auch Antworten auf alle anderen existenziellen Fragen, zum Beispiel, wann wir sterben, wo wir letztendlich leben und wie viel Geld wir verdienen werden. Wir sind so daran gewöhnt zu wissen, wie viele Schritte wir gemacht haben, vielleicht machen werden, wahrscheinlich machen werden, wie lange es dauert, bis unser Fahrdienst da ist und wo genau auf der Karte er gerade herumfährt, um uns zu finden, wie oft unsere Beiträge angeschaut wurden und was über ein bestimmtes Gericht in einem Restaurant gesagt wird, dass wir erwarten, dieses Maß an Daten auch in unsere Gefühlswelt übertragen zu können. Die Wahrheit ist echt ärgerlich, und es liegt außerhalb unserer Kontrolle, aber um etwas von der Magie in der Welt zu bewahren, muss manches unbekannt bleiben, bis es passiert. Dazu gehört auch Gute Liebe.

Santo António, Lissabon, 2023

Zwei Jahre nach dem Ende der Guten Liebe und drei fehlgeschlagenen Anläufen, die Apps im Einklang mit meinen Waxing-Terminen und schwindendem (Liebes-)Lebenswillen zu aktivieren und zu deaktivieren, lerne ich Peggy auf einer Tech-Veranstaltung kennen, die keine von uns beiden sonderlich interessiert. Sie ist auf diese beiläufige, zufriedene Art glamourös wie jemand, der verliebt ist. Wir verstehen uns auf Anhieb, und anstatt den QR-Code zu dem Portal zu scannen, das unsere KI-Zukunft voraussagen wird, unterhalten wir uns den ganzen Abend darüber, dass sie frisch verliebt ist, nachdem sie … aus Versehen bei einer E-Mail in CC war. Ist das nicht verrückt? Dass so was immer noch passiert? Man denkt, es sei vorbei, und dann hat man auf einmal eine Benachrichtigung in seinem Posteingang wie in einem Meg-Ryan-Film. Ich prüfe meinen leeren Sperrbildschirm, nur für den Fall.

«Das ist unglaublich», sage ich und leere mein Glas, «die schlichte Macht des CC – über diesen Mist werden Bücher geschrieben!» Und ich meine das ernst. Und bin neidisch. Und beeindruckt. Und schäme mich dafür, dass ich durch die E-Kommerzialisierung der modernen Liebe auf die Art abgebrüht bin, vor der uns Esther Perel in einem 47-sekündigen Clip in einer Podcast-Folge warnt. Bei dem Gedanken, dass mir noch mal das Herz gebrochen wird, fress ich eine Duftkerze.

«Ich weiß», sagt sie. Sie strahlt auf diese süße Art, die ich noch selbst aus meinen glücklichen Tagen der Guten Liebe in Erinnerung habe, und ich will dieses Gefühl zurück. Ich finde es toll, dass sie daran glaubt. «Ich bin 57! Ich fühle mich wie 15! Wie verrückt ist das denn! Da war ich gerade dabei, mir mein Leben aufzubauen, und dann, boom! Alles – und ich meine wirklich alles – ist möglich», sagt sie und auf ihrer Apple Watch leuchtet eine neue Nachricht von ihm auf. Ich erzähle ihr, das Romantischste, was jemals jemand für mich getan hat, war, als ein Franzose mir ein Foto von einem Obstteller geschickt hat, auf dem die Erdbeeren in Form meines Namens angeordnet waren. Sie sagt, wie süß, und ich antworte: «Ich glaube, wenn mir noch mal das Herz gebrochen wird, überleb ich das nicht. Aber gleichzeitig ist es extrem deprimierend, wenn das die letzte Romantik sein soll, die ich jemals erleben werde.»

«Ach, Süße – du solltest es nie bereuen, etwas ausprobiert zu haben! Außerdem könntest du dich auf Gute-Liebe-Art verlieben und dann bricht dir etwas anderes das Herz. Im Leben lässt sich nichts mit Sicherheit voraussagen!» Gott, wie nervig, wenn glückliche Fremde recht haben.

Den ganzen Abend über tranken wir die kostenlosen Mocktails, und darum bin ich mir sicher, dass alles, was sie sagte, stimmte. Die Wahrheit stand ihr förmlich ins Gesicht geschrieben: Gute Liebe ist eine Erleichterung. Wir empfinden sie als Frieden. Sie ist, was vor den Fotos, den Partys und den Momenten passiert, von denen wir glauben, dass wir sie verdienen. Auf den ganzen Hochzeiten, auf denen ich eine Rede gehalten, für die ich Gelübde geschrieben, bei denen ich die Trauung durchgeführt habe oder als Gast anwesend war und mich gefragt habe, ob und wann es mir jemals in diesem großen Stil passieren wird, bin ich zu folgender Erkenntnis gekommen: Gute Liebe braucht keine Perfektion, damit du sie findest – sie bahnt sich ihren Weg durch deine Menschlichkeit. Ich habe noch nie zwei Verliebten gegenüber an einem Tisch gesessen, die gesagt haben: «Ich habe mich eben einfach vollkommen gefühlt, und dann haben wir uns kennengelernt.»

Wir müssen dem Chaos des Lebens ein wenig mehr zutrauen. In meinen Zwanzigern habe ich den Fehler gemacht, mein Leben in perfektionistische Marketingphasen einzuteilen, die dem Hauptevent vorausgingen, bei dem die Gute Liebe eintreffen sollte. Das war sowohl meine eigene Schuld als auch die jedes Erwachsenen, der Menschen, die solo unterwegs sind, als Verlierer*innen der modernen Gamification der Liebe betrachtet.

Ganz nach dem Motto: Mir geht's gut, aber wenn meine Haare erst einmal länger sind, wenn ich genug gespart habe, wenn ich den perfekten Körper habe, wenn ich meine Schulden abbezahlt habe, wenn diese Familiensache erst mal geklärt ist, wenn ich ein Outfit habe, in dem ich sowohl perfekt als auch nahbar aussehe – dann wird meine Zeit kommen. Den idealen Zeitpunkt gibt es nicht. Aber wenn dieser Wendepunkt eintrifft – hinterfrage das nicht. Nimm einen Happen von dem extra für dich zusammengestellten Obstteller und lass dir den Saft am Kinn heruntertropfen. Glaube daran, dass die Liebe in ihrer ganz eigenen Form zu dir kommt, die aber vielleicht nicht das ist, was du gesucht oder erwartest hast. Und wenn sie über dir hereinstürzt, wende dein Gesicht der Sonne zu. Halte sie fest wie das Licht.

SCHREIBEN ODER ANRUFEN?

AUFBLENDE:

EXT. STRASSE – NACHT

Eine kleine Gruppe ausgelassener Menschen strömt auf die belebte Straße vor einem Livemusik-Club in der Innenstadt. Drinnen spielt eine Reggae-Coverband. Es ist heiß. Alle sind fröhlich und aufgedreht. Unbeeindruckt von der Partystimmung um sie herum küssen sich zwei Leute auf dem Gehweg.

Ein teures Auto fährt vorbei und HUPT.

SCHWARM 1
(löst sich aus Kuss, ist aber noch nah)
Das könnte deine Chefin sein, die da vorbeifährt.

SCHWARM 2
Ist mir egal.

Auf der anderen Straßenseite schreit ein BETRUNKENER:
«WO-WOO!»

SCHWARM 2 (WEITER)
Das könnte deine Ex sein.

SCHWARM 1
(lächelt und geht einen Schritt zurück,
lässt alles auf sich wirken)
Ist mir egal.

Ein Beat. Drinnen stimmt die Band eine Coverversion
von Shake It Off an. Es klingt nicht gut. Keiner der beiden
achtet darauf. Keiner der beiden will gehen.

SCHWARM 1 (WEITER)
Also, ähm, du bist ziemlich cool.

SCHWARM 2
(lächelt auch und geht ebenfalls einen Schritt zurück)
Bin ich das, ja?

SCHWARM 1
Ja. Das ist, äh. Ziemlich selten.

SCHWARM 1 fährt sich durch die Haare und beißt
sich betreten auf die Lippe.

SCHWARM 2
Frage. Verwendest du 3-in-1?

SCHWARM 1
(Überrascht, aber lachend)
Was? Nein.

SCHWARM 2
Was ist mit einer Matratze auf dem Boden?

SCHWARM 1
Auch dazu: nein.

SCHWARM 2
Polyamourös?

SCHWARM 1
Nein!

SCHWARM 2
Hmmm. Du hast recht. Das ist selten. Und ich
fühle mich richtig lebendig, aber auch echt
betrunken und es ist zwei Uhr morgens, also sollte
ich besser nach Hause. (Beat) Allein.

Schwarm 2 zückt ihr Handy und bestellt sich einen
Fahrdienst. Schwarm 1 wirkt nervös. Innerhalb von
Sekunden ist das Auto da.

SCHWARM 2
Das ist für mich.

SCHWARM 1
Warte! Kriege ich deine Nummer?
Ich finde, das sollte nicht so enden.

Schwarm 2 nimmt sein Handy und tippt ihre Nummer ein,
speichert sie unter einem Weinglas-Emoji, damit er sie
erst suchen muss, dann gibt sie ihm das Handy zurück,
öffnet die Autotür und will einsteigen.

SCHWARM 1 (WEITER)
Eins noch, bevor du gehst …

Die Fahrerin hupt. Schwarm 2 bleibt zwischen Autotür
und Rücksitz in der Schwebe.

SCHWARM 2
Klar.

SCHWARM 1 (WEITER)
Schreiben — oder anrufen?

SCHWARM 2
(lächelnd)
Anrufen. Auf jeden Fall immer anrufen.

*Schwarm 2 schließt die Autotür
und der Wagen fährt los.*

Geiles Verhalten

Organisiert etwas, irgendwas (im Idealfall etwas, das Spaß macht und sich nicht um das eigene Hobby dreht). Ruft dich an. Unter deiner Handynummer. Als ob das etwas ganz Normales wäre. Besitzt ein Auto oder ein anderes Verkehrsmittel, das gewartet werden muss, und ist in der Lage, es zu bedienen. Merkt sich die Namen deiner Freund*innen. Geht mit dir auf eine Party, verlässt sie mit dir und ist dazwischen ehrlich zufrieden. Kann ein Gespräch mit deinen Eltern führen, ohne dass du dir Sorgen machen musst. Tanzt gerne oder sieht dir beim Tanzen zu, ohne eifersüchtig zu werden. Wird eifersüchtig, aber auf süße Art. Hat von Natur aus Köpfchen. Findet sich relativ leicht auf einem Flughafen oder in einer Notsituation zurecht. Geht im Restaurant zur Toilette und bezahlt heimlich. Kann dein Internetverhalten gut genug stalken, um zu wissen, was ein passendes Geburtstagsgeschenk für dich wäre. Deine Freund*innen lügen nicht, wenn sie sagen, es macht ihnen nichts aus, wenn die Person mitkommt. Umhegt dich, wenn du krank bist. Kauft dir oft billige Blumen, statt einmal im Jahr einen teuren Strauß. Trägt etwas für dich (die Last kann emotional oder körperlich sein), ohne sich zu beschweren. Zeigt die Eigenschaften, die nötig sind, um eine Stützmauer zu bauen oder sie emotional anzubieten. Kann ein Restaurant fürs Abendessen auswählen und reservieren, ohne dass die Entscheidung zu einer dreißig Textnachrichten langen Konversation wird. Extravagant auf kleine Art. Hat richtig Spaß an einem Hobby, das nichts mit Proteinen zu tun hat oder mit dem NASDAQ. Bringt dir Kaffee ans Bett. Verwendet nicht die Ausrede, nicht aufs Handy geguckt zu haben, wenn du lange keine Antwort bekommst. Verliert trotz aller Widrigkeiten nicht den Glauben an manche Sachen. Behandelt dich nicht wie eine unbegrenzte Ressource.

Ungeiles Verhalten

Besitz dünnsohliger Chucks, aus denen oben Sneakersocken hervorgucken. Erzählt Geheimnisse der eigenen Mutter statt dir. Vergisst regelmäßig wichtige Termine. Sagt unironisch: «Die Jungs halt!» Kommt absichtlich nicht mit dem Google-Kalender klar, um nichts organisieren zu müssen. Sagt Freund*innen nicht: «Ich hab dich lieb.» Ist über 20 und hört immer noch Trap. Leichtes Begrabbeln, wenn du verkatert oder im Halbschlaf bist. Obsession entweder mit New York oder Berlin oder beidem. Kann nicht über die Zukunft nachdenken, behauptet aber immer, «ein Abenteuer» erleben zu wollen. Besitzt Unmengen von Rasierwasser, kauft dir aber nie etwas, nicht einmal einen Schokoriegel im 7-Eleven. Kann dir nichts zu trinken machen, außer es kommt aus einer Dose. Verwendet «Die hier» als Bildunterschrift auf Social Media. Schläft in dunklem Bettzeug, das wahrscheinlich noch aus der Zeit vor dem ersten Job stammt. Benutzt ein verdrehtes Stück Frischhaltefolie als Gürtel. Bekommt Dating-App-Benachrichtigungen, während ihr eine Verabredung zum Abendessen habt. Schickt dir ununterbrochen Privatnachrichten, ruft aber nie an. Ist nie beschäftigt. Denkt, dass du nicht verstehst, was er oder sie beruflich macht. Sagt nicht Danke. Ignoriert dich in Gegenwart von Freund*innen. Unterbricht dich. Geht nicht wählen. Duscht zu oft. Duscht … nie. Glaubt, dein Sternzeichen bringt Unglück. Wäre kein gutes Teammitglied bei *The Amazing Race*.

KAPITEL 7

In der Matrix bei Sinnen bleiben

Online überleben und in der echten
Welt leben, ohne durchzudrehen

Einklinken und ausklinken

Von Lucy und Bel

«Okay. Was ist deine erste Erinnerung ans Internet?», fragen wir uns gegenseitig, bevor wir dieses Kapitel schreiben.

▷ Meinen Bebo-Account mit Wallpaper im Skins-Look erstellen und gnadenlos sozialanalytisch die Rankings meiner 16 besten Freunde ändern.
▷ Auf Schulausflügen die E-Mail-Adressen von Jungs rauskriegen und danach monatelang hin und her schreiben, ohne sie je wiederzusehen.
▷ Meine dolphins2themax-Hotmail-Adresse einrichten, ohne zu wissen, dass sie sich danach nicht mehr ändern lässt.
▷ Im Arbeitszimmer meines Vaters am Familiencomputer sitzen und darauf warten, mich ins Internet einwählen zu können, wenn mein Vater endlich fertig damit ist, am Telefon Schafpreise zu verhandeln.
▷ Ganze Unterrichtsstunden lang lernen, wie man eine «effektive» Google-Suche startet.
▷ Ein random Typ, der mir sagt, er beendet das mit uns, wenn ich ihm auf Habbo Hotel nicht mehr antworte.
▷ Ein random Typ, der verlangt, dass ich ihm ein Foto von mir schicke, und der wissen will, ob ich Panic! At the Disco mag.
▷ Ein random Typ, der sich als Nick Jonas ausgibt und es «beweist», indem er mir seine Diabetesdiagnose erläutert.

Die Leute folgen einem online, weil sie was von einem wollen, nicht weil sie was zu bieten haben. Sie ist inzwischen so allgegenwärtig, diese Erwartung, dass wir ständig etwas für andere schaffen – wir dürfen nicht vergessen, uns selbst etwas übrig zu lassen, jenseits dieser flüchtigen Internetmomente.

Das Internet war so früh Teil unseres Lebens, dass wir als «Digital Natives» gelten, und gleichzeitig so spät, dass uns eine Welt bekannt ist, in der «ins Internet gehen» noch eine Handlung war, kein Zustand. Damit sind wir wohl die letzte Generation, die diese Online-offline-Existenz kennt, und das ist ein Privileg, dessen wir uns bewusst sind. Deswegen sind wir hier.

Was sich früher mal angefühlt hat wie ein Buch, in dem man gemächlich von Seite zu Seite blättert – gerade noch die Wikipedia-Seite über sexuell aktive Päpste, als Nächstes irgendein Emo-Tumblr-Account –, ist inzwischen etwas ganz anderes. Eine völlig neue Welt. Es ist ein Tagebuch. Es ist Rache. Es ist der Ort, an dem die schlimmsten Menschen sich zusammenfinden, sich gegenseitig Zuspruch geben und wichtigtun. Der Ort, an dem man die besten Ideen und Menschen findet, wenn man nur hartnäckig sucht. Du kannst da draußen einen einzigen Fehler machen, und du (und deine Lebensgrundlage) wirst sofort gecancelled. Du machst eine Sache richtig und hast vielleicht für immer ausgesorgt. Aber so sehr wir dieses scheinbar allwissende Monster auch gezähmt haben, bleiben immer noch Fragen, die nicht mal eine perfekt formulierte Google-Suche beantworten kann.

Hat uns all dieses Netzwerken wirklich vernetzt?

Könnten unsere jüngeren Ichs, die damals buchstäblich «brb» an ihre Freunde geschrieben haben, jedes Mal, wenn sie sich ausgeloggt haben und auf die Toilette gegangen sind, uns jetzt sehen, wären sie beunruhigt von all den unbeantworteten Nachrichten, die sich bei uns ansammeln, obwohl wir 24/7 am Handy sind.

Wäre ich ohne das Internet besser dran gewesen?

Klar war es der Horror, als Teenager langsam die Welt zu verstehen und zu merken, dass wir die Versuchskaninchen der sozialen Medien waren, uns unseren Weg durchs Dickicht geschlagen und gehofft haben, unversehrt wieder rauszukommen. Gleichzeitig wären wir nicht hier, hätten wir nicht das, was wir als Internet-Crashtest-Dummys gelernt haben, in etwas Wunderschönes verwandelt.

Bin ich hässlich/langweilig/durchschnittlich oder schaue ich mir nur zu oft das Leben anderer Leute an?

Zweiteres.

Manche von uns hängen den ganzen Tag vor dem Bildschirm, andere fanden Communitys, die ihr Leben gerettet haben, und wieder andere, nun ja, verdanken dem Internet ihre Karriere. Das Internet ist wie ein wunderschöner, mit Rissen durchzogener Spiegel, in dem manche von uns zumindest einen kleinen Teil ihrer kurzen Zeit auf dieser Erde verbringen. Wichtig ist herauszufinden, wie man im Internet sein und trotzdem mögen kann, was man im Spiegel sieht.

brb x

Schwere Zeiten

Von Lucy

«Ich hasse meinen Körper. Ich hasse mich selbst. Ich esse nichts, mir egal. Das Positive: Ich habe gerade die 17,9 k Twitter-Follower geknackt!» 9. Juni 2013. Ich bin 15 Jahre alt.

In meiner ersten Erinnerung daran, dass mein Gewicht ein Problem ist, sitze ich im Wintergarten meines Kindheitszuhauses. Mum hat sich mit mir hingesetzt und mir erklärt, ich müsse zum Arzt, um mich auf «etwas namens Diabetes» testen zu lassen. Ich kann nicht älter als fünf gewesen sein und wurde mit dem Versprechen auf eine Überraschung nach dem Arztbesuch in die Praxis gelockt. Am Ende bekamen wir beide eine Überraschung: ich ein *Sabrina total verhext!*-Magazin und meine Mutter den Befund, dass es kein Diabetes war. Sie hatte bloß ein pummliges Kind.

Seitdem ist kein Tag vergangen, an dem ich nicht über mein Aussehen nachgedacht habe. Ich verbrachte meine Jugend damit, jede «Challenge» und jedes «Programm» zu durchlaufen, das meine Kleinstadt anbot. Ich brachte meinen Dad dazu, mich vor der Schule in Fitness-Bootcamps zu fahren, und meine Mum, mir und meinen Brüdern unterschiedliche Gerichte zu kochen. Ich tauschte mein *Dolly*-Magazin-Abo gegen ein Abo des *Healthy Food Guide*, der mir jeden Monat von einer neuen Nahrungsgruppe abriet. Ich besuchte Heilpraktiker*innen, die sagten, ich solle zusätzlich zum Zucker und Gluten auch auf Milchprodukte verzichten.

Ich hasste es, shoppen zu gehen und mich durch unzählige Haufen von Jeans zu wühlen, bis mir endlich eine passte, oder Mitarbeitende zu fragen, ob sie mir den Kleiderbügel ganz hinten reichen können. Ich weinte in Umkleidekabinen, am Strand, weinte in meinem Kinderzimmer, jedes Mal, wenn ich an die Worte meiner Mutter dachte: «Einmal auf der Zunge, immer in den Hüften.» Ich schämte mich, als ich eines Tages über den Schulhof ging und meine Schulkameraden «Wal» riefen und als das «Schwerlast»-Schild im Führerschein-Kursbuch meines Bruders durchgestrichen und durch meinen Namen ersetzt wurde. Ich dachte ständig darüber nach, wie viele Mandeln ich auf einmal essen durfte, wie flach mein Bauch morgens im Vergleich zu nachmittags war, wie ich im Gegensatz zu den anderen Mädchen im Völkerballkleid aussehen würde und wie ich es schaffte, den ganzen Sommer lang Menschen zu meiden. Ich wollte einfach nur dünner sein und verschwendete dafür all meine Energie.

Wie so was passiert?

Es passiert, wenn man als Kind hört, wie die objektiv wunderschöne Bridget Jones ein komplettes Film-Franchise lang als «übergewichtig» bezeichnet wird. Es passiert, wenn ganze Magazindoppelseiten nur der detaillierten Besprechung von Promi-Cellulite gelten, woraufhin leise Angst in einem aufkommt, dass all diese roten Kreise und Pfeile in Wahrheit auf einen selbst gerichtet sind. Es passiert, wenn zwischen *The Biggest Loser* und *Project Runway* endlos Werbespots für Special K und Subway und Weight Watchers und Jenny-Craig-Abnehmprogramme und den neuen Ab King Pro laufen. Es passiert, wenn man sein erstes iPhone kriegt und anfängt, sich aus jedem Winkel zu inspizieren.

In gewisser Hinsicht hatte ich Glück. Meine schwierige Zeit

begann, lange bevor wir alle ständig ein Portal griffbereit hatten, das uns mit jedem Scrollen wissen ließ, was wir noch an uns verbessern konnten. Bevor das Wort «Selfie» so verankert im Zeitgeist war, dass Kim Kardashian ein ganzes Buch dazu veröffentlichte. Vor Lifestyle-Influencer*innen und Kommentarspalten und der Möglichkeit, an Poren ranzuzoomen, um sich ein klein wenig besser zu fühlen. Im echten Leben kann man Trolle erkennen. Aber wenn sie ständig die Gestalt wandeln, in die Haut derer schlüpfen, die uns Abnehmtees verkaufen, ihre letzte Schönheits-OP abstreiten oder unterschlagen, welches Zaubermedikament sie genommen haben, um so auszusehen, können wir ihnen nur schwer entkommen.

Deine Social-Media-Diät

Selbstoptimierte Menschen nennen es «Social-Media-Diät», wenn sie für eine Weile ihre Apps löschen und sich aus der Online-Welt zurückziehen. Sie schreiben Artikel darüber, wie sie auf bestimmte Plattformen «verzichten», ihren «Konsum einschränken», um eine «gesunde» Beziehung zum Internet zu entwickeln. Sie gehen auf die Bühne und warnen davor, was all dieser «giftige» und «süchtig machende» Content mit uns anstellt, wenn wir uns nicht «zurückhalten». Diese Formulierungen sind kein Zufall. Man entscheidet sich für eine «Social-Media-Diät», wenn man älter ist und es sich leisten kann, sich mit Achtsamkeit zu beschäftigen. Junge Menschen, die ständig online sind, haben es meist mit einer anderen Art von Social-Media-Diät zu tun.

Ich war fünfzehn, als ich das erste Mal eine Frontkamera benutzte und den App-Store besuchte. Dort lernte ich meine neuen liebsten Vertrauten und Mentoren kennen: Tumblr und Twitter. Ich machte mir Accounts auf beiden Netzwerken, um dort meinen Support für One Direction kundzutun, doch dort erwartete mich etwas anderes. Auf Tumblr suchte ich nach Freunden und Fanfiction und lernte stattdessen, was «Grunge» und «Thinspiration» ist. Diese beiden Konzepte hingen miteinander zusammen, denn Grunge war mehr als nur ein Kleidungsstil, es war ein Körperideal – eines, das Mädchen wie mir abverlangte, «Thinspo» zu unserer Religion zu machen. Unseren Dashboards waren keine Grenzen gesetzt, alles triefte vor bitterschönem Leid. Überall zerrissene Strumpfhosen, Thigh Gaps und sexy Schriftzüge, in denen Kate Moss zu mir sprach: «Nothing tastes as good as skinny feels» – nichts schmeckt so gut, wie sich Schlanksein anfühlt.

Jeder Reblog unterdrückte meinen Appetit ein Stück mehr und müllte mein Hirn mit Infos zu, die ich nie wieder vergessen werde, beispielsweise, wie ich es schaffe, an Thanksgiving so wenig wie möglich zu essen (wir feiern das in Neuseeland nicht mal), oder wie viel genau ich trainieren muss, um die Kalorien in Sojamilch zu verbrennen. Ich wurde abhängig von Tumblr, maß daran meinen Fortschritt, und für analoge Momente, in denen ich kein WLAN hatte oder mir mein iPod weggenommen wurde, druckte ich sogar ein paar meiner Lieblingsposts aus, klebte sie in ein altes Schulheft, auf dem «Naturwissenschaften» stand, und versteckte es unter meinem Bett.

Wenn Tumblr zum Hungern da war, dann war Twitter so was wie eine Energiequelle. Durch Twitter lernte ich den Zuckerersatz kennen, nach dem ich mich so sehnte, nämlich den süßen, süßen Rausch von Likes und Retweets. Ich verstand, was ein Dopaminkick war und wie dieser mit der Bestätigung von Fremden aus dem Internet zusammenhing – wenn ich schon nicht die Voraussetzungen mitbrachte, um im echten Leben beliebt zu sein, hatte ich dort wenigstens eine Chance. Ich war immer hungrig. Hungrig nach Engagement. Hungrig nach Antworten und Zitaten, von wem auch immer. Hungrig nach Follower*innen. Twitter lenkte mich von meinen Gedankenstrudeln übers Abnehmen ab, während Tumblr mich mit jedem Scrollen erinnerte, dass mein Körper meine höchste Priorität sein sollte. Es war ein Teufelskreis, auch wenn ich es damals noch nicht wusste. Mehr Follower*innen, weniger Kalorien.

Online wuchs ich, in der echten Welt löste ich mich praktisch in Luft auf. Doch das war mir egal. All meine Selbstzweifel und Unsicherheiten über mein Aussehen wurden im Internet nur bestätigt. Natürlich war ich dümmer als alle anderen! Natürlich sollte ich aufhören zu essen! Natürlich würde niemand merken, wenn ich morgen nicht mehr da wäre! Ich spielte online das hübsche, todtraurige Mädchen, bis es sich in der echten Welt niederschlug und ich nicht mehr essen, mit meinen Brüdern reden, Gitarre spielen oder Freunde treffen wollte. Das kam mir wie ein Fortschritt vor. Es war, was das Internet wollte.

Meine Freundinnen fragten mich, warum ich nicht mehr zu Mittag aß, und meine Mum schleppte mich in Cafés und beobachtete, wie ich Bissen für Bissen einen Toast runterwürgte. Immer, wenn jemand mir riet, eine Auszeit vom Internet zu nehmen, wurde ich ausfallend und entgegnete, die Person verstehe mich sowieso nicht. Warum sollte ich den einen Ort aufgeben, an dem ich jemand war? Ich gebe es nicht gern zu, aber es waren nicht die Interventionen meiner Freund*innen und Familie, die mich ermutigten, in die echte Welt zurückzukehren und mein Offline-Leben wieder wertzuschätzen. Es war schlichtweg die Tatsache, dass ich das One-Direction-Fandom verließ und erst in meinen Zwanzigern so richtig zurück ins Internet kam. Zu dem Zeitpunkt waren die Oldschool-Tumblr- und Twitter-Zeiten vorbei und die Leute sprachen auf einmal davon, sich in seinem Körper wohlzufühlen und selbstbewusst zu sein, ganz nach dem Motto «touch grass». Das kam mir nicht besser vor, nur anders.

Das Internet: Mutter, Gott oder beides?

Als Teenager gingen wir ins Internet, und es waren nur unsere Körper, mit denen etwas nicht stimmte. Wir durchlebten es tausendfach: Thinspiration, Body Positivity, Body Acceptance, Body Neutrality, Fitspiration, grüne Smoothies und Apple Cider Vinegar, Brazilian Butt Lifts, die Rückgängigmachung von BBLs, FaceTune, Filter, Ozempic. Und so weiter und so fortgescrollt.

Jetzt bekommen wir zu hören, dass einfach alles an uns falsch ist. Wir entsperren unsere Handys und ein Gesicht ploppt auf, das uns sagt, ein Kaloriendefizit sei der einzige Weg, dieses «lästige überschüssige Bauchfett» loszuwerden. Dass wir ADHS haben, weil wir uns kaum konzentrieren können und bei Gesprächen ständig abschweifen. Dass Minztee das Wundermittel gegen hormonelle Akne ist. Dass wir bi sind. Dass wir ein Ringlicht kaufen sollten oder dieses eine virale Serum oder unsere Lippen aufspritzen lassen sollten. Dass wir gut genug sein müssen, nicht für die Leute um uns herum im echten Leben, sondern gut genug fürs Internet. Als wäre das Internet unsere Mutter oder Gott oder unser Crush.

Algorithmen sind zu unseren Ärzt*innen geworden, zu unseren Therapeut*innen, Ernährungsberater*innen und Stylist*innen. Wir wachen auf und haben uns noch nie Gedanken über unsere Gehirnleistung gemacht, und wenn wir schlafen gehen, können wir nur noch darüber nachdenken, ob wir uns Ritalin beschaffen sollten, weil diese eine Influencerin gesagt hat, es hätte ihr Leben verändert. Das ist eine natürliche Reaktion auf die unnatürliche Situation, in der wir uns wiederfinden – in der Gesundheitsversorgung teuer ist, unterfinanziert und unterbesetzt, bestimmte Gebiete noch nicht genug erforscht, und manche sich eine bessere Behandlung leisten können als andere. Für einige von uns kann das Internet entscheidende Antworten liefern. Aber die meisten von uns öffnen an einem random Dienstag eine App, um sich eine Pause von den Strapazen des Alltags zu gönnen, und werden ganz nebenbei überzeugt, sie hätten drei verschiedene nicht diagnostizierte Krankheiten – und das ist einfach beschissen für die Psyche.

Ich war öfter im Internet als je zuvor, aber der Knackpunkt war, sich eine Plattform aufzubauen, auf der cool aussehen oder im echten Leben schlank sein keine Rolle spielen. Sich selbst aus seinem Internetkosmos rauszunehmen, macht ihn erst bedeutungsvoll. Verlier dich in den Nachrichten. In einer völlig unbekannten skandinavischen Serie. Im Bloggen. In allem, das nicht von dir verlangt, deinen Körper zu inspizieren oder Fremde zu fragen, ob sie dir bitte aus dem Bild gehen könnten. Mach dir bewusst, dass du zu jeder Zeit einen Ganzkörperspiegel in der Tasche hast, aber die Kraft darin liegt, dir davon nicht den Tag ruinieren zu lassen und dich zu weigern, «Lösungen» von ihm anzunehmen. Sei dir klar, dass du die Macht hast.

Während ich das in der Bibliothek schreibe, schaue ich von meinem Laptop auf und sehe ein etwa achtjähriges Mädchen, das mich an mich in dem Alter erinnert. Sie steht bei den Romanen und wird wahrscheinlich mehr Bücher mit nach Hause nehmen, als sie lesen kann. Sie hat rosa Wangen, trägt eine Skinny Jeans, Wildlederstiefel, die ein paar Nummern zu groß scheinen, und dazu einen Hoodie. Man merkt, sie versucht, erwachsen auszusehen, doch dank der dürftigen Auswahl an Klamottenläden in dieser Stadt und vermutlich viel beschäftigter Eltern sind ihre Möglichkeiten begrenzt. Irgendwie macht sie mir Hoffnung, dass in einer Welt voller «Get ready with me»-Videos und Blushes und Skin Tints und Serums und No-Make-up-Make-up immer noch Kinder wie diese existieren. Ich hoffe, sie bekommt so lange wie möglich kein iPhone. Ich hoffe, sie kann ihre Persönlichkeit für sich entdecken, bevor es zu spät ist.

Das Internet hat mir meine Anonymität genommen und ich will sie zurück

LUCY: Girl das was du mir für den Newsy
diese Woche geschickt hast, von wegen
Anonymität verlieren ... Ich STERBE

                BEL: Liebs, wenn du so reagierst
                    Aber erzähl, was meinst du

LUCY: idk musste nur daran denken,
wie es seit dem Internet so gut wie keine
Kennenlernphasen mehr gibt
Weil wir alle viel zu viel von uns teilen
Es ist gar nichts mehr übrig gefühlt
War letztens auf ner Party und ein Typ wollte
die ganze Zeit nicht mit mir reden, weil er nichts
Falsches sagen wollte. Der war voll eingeschüchtert
von meinem «woken» insta
Dann hat mich ein anderer Typ ins Bad gezogen,
um mit mir über Waffengesetze zu reden, und
ich war so ... okay keiner von euch sollte so viel
über mich wissen

        BEL: Oder wenn jemand mir nicht antwortet
              Dann denk ich, es liegt safe an mir
                Weil alle sind ständig am Handy
            Und ich WEIß was die Person gerade
                  treibt, weil ich es sehen kann

Wie ein Adler
Auf fucking Social Media
Ein Social Media adler

LUCY: Oder wie ich bei einem ersten Date
nie über den Job reden würde, weil ich nicht
will, dass er mich googelt

BEL: Oder einen von meinen Texten findet!
Über mich
Über DAS DATE
Über IRGENDWAS
Dann denken die, die kennen dich
Ich sollte ab jetzt einfach sagen, ich mach Informatik
Darunter kann sich eh niemand was vorstellen

LUCY: Aber echt

BEL: Ich wäre so gerne ein bisschen
anonymer unterwegs
Aber tja

LUCY: Tja
Jedenfalls
Schreib ich jetzt für den Newsy darüber, was ich am
meisten im Leben bereue x

Doomscrolling

Lass das Ding nicht dein ganzes Leben bestimmen, aber mit etwas Mühe kannst du es zu deinem Vorteil nutzen. Sei nicht cringe, sei lustig und informativ – es ist nicht schwer, das Richtige zu tun. Poste niemals auf der falschen Seite der Geschichte, es wird dich für immer verfolgen. Finde eine gesunde Balance und wag es ja nicht, vor lauter Chaos im Reallife etwas nicht mitzukriegen. Kümmert es dich wirklich oder willst du nur so rüberkommen? Beweis es. Panik macht die Leute verrückt. 5G macht die Leute verrückt. Und wenn sie panisch und verrückt sind, teilen sie ihre Meinung. Blockieren. Entblockieren. Stummschalten. Lautschalten. Wenn das so weitergeht, kriegst du Karpaltunnelsyndrom vom ununterbrochenen Tippen und wirst nie wieder einen Kuli halten können. Es ist 2024, brauchen wir überhaupt noch Kulis? Hüte dich vor den Trollen, fütter sie nicht, denn sie können beißen, und dann landest du in den Abendnachrichten. Mach keine Fehler, sonst kriegst du es mit dem wütenden Internet-Mob zu tun, wir sind alle nur drei Online-Fehler davon entfernt, abzusaufen. Dein Schweigen ist Mitschuld, also finde einen Mittelweg, der sich richtig anfühlt und trotzdem niemandem auf den Schlips tritt: viel Glück. Fass deinen Screen an, dann Gras. Guck in den blauen Himmel und mach dir bewusst, was echt ist. Das ist echt – wir, zu denen du nach Hause kommst. Schreib deinen Freunden zurück. Und deiner Mutter. Stell dir einen Reminder dafür ein. Dein nächster Newsletter geht um fünf Uhr morgens raus, gute Nacht.

Benachrichtigungen

▷ *Olivia Rodrigo folgt dir jetzt*

▷ *Mark Zuckerberg hat auf deinen Thread geantwortet*

▷ *Person, die du unglücklicherweise mal geküsst hast, gefällt deine Story*

▷ *Neuer Kommentar: Das ist KEIN shit I should care about*

▷ *Reese Witherspoon folgt dir jetzt*

▷ *E-Mail: Podcast-Anfrage: «Good Influence» mit Gemma Styles*

▷ *Neuer Post: Deine alte Kommilitonin hat ihren Crush gesoftlauncht, siehe Foto seiner bierhaltenden Hand auf einem Kneipentisch*

▷ *Neuer Kommentar: Was wisst ihr schon? Seid ihr nicht aus Neuseeland?*

▷ *Ariana Grande folgt dir jetzt*

▷ *Kommentar von deinem entfernten Verwandten, der nach der Familie fragt*

▷ *Dua Lipa folgt dir jetzt*

▷ *Neuer Kommentar: Warum bringt ihr nicht mal was über [hier beliebige Krise einfügen]*

▷ *Chrissy Teigen hat dich in ihrer Caption erwähnt*

▷ *Interview-Anfrage: Der Cast von Mean Girls The Musical*

▷ *Blake Lively folgt dir jetzt*

▷ *Joe Rogan folgt dir jetzt*

▷ *Neuer Kommentar: perfekt auf den Punkt gebracht, danke xx*

▷ *DM von Brittany Broski*

- ▷ *Neuer Post: Jemand, den du nicht mehr kennst, dem du aber aus irgendeinem Grund noch folgst, posiert mit einem «Verkauft»-Schild vor seinem neuen Haus*
- ▷ *E-Mail: Tritt jetzt dieser virtuellen Konferenz mit Jennifer Lopez bei*
- ▷ *DM von FINNEAS*
- ▷ *Neuer Kommentar: Wow, diese Seite lässt echt nach. Bin entfolgt*
- ▷ *Madonna folgt dir jetzt*

Was man lernt, wenn man auf einmal drei Millionen Follower*innen hat

Von Lucy

Positive Aufmerksamkeit macht süchtig

Wenn man «viral geht», kann man nicht mehr schlafen. Man liegt die ganze Nacht wach und antwortet auf jede DM, jeden Kommentar und jede E-Mail. Es ist ein unbeschreiblicher Rausch, der sich so nicht wiederholen lässt. Doch man sollte sich nicht an ihn gewöhnen, denn dann setzen die SEHR unrealistischen Standards ein (nur 10 000 Likes? Flop.) So viel Aufmerksamkeit ist nicht normal.

200 k ist die magische Zahl

Die Aufmerksamkeit, die man kriegt, ist nicht immer positiv. Ich habe für mich herausgefunden, dass man mit mehr als 200 k Follower*innen als Unternehmen gesehen wird und nicht als Person. Die Leute kommentieren alles, was ihnen in den Sinn kommt, weil sie glauben, es stecke entweder Mark Zuckerberg hinter dem Account oder ein Fünfzig-Personen-Team. Man verliert die Motivation zu posten.

Hannah Montana lässt grüßen

Wenn man es richtig macht, kriegt man das Beste aus beiden Welten: Das echte Leben und die Online-Person existieren separat voneinander. Ab und an verschmelzen sie jedoch, und das kann einen ganz schön durcheinanderbringen. Wie das eine Mal, als ich ein Mädchen bei einer Stadtführung im Ausland getroffen habe, die mir begeistert erzählte, dass sie meinen Newsletter liest. Oder als ich mich auf einem Langstreckenflug mit meiner Sitznachbarin unterhielt, die all ihren Freundinnen ein Selfie schickte, als sie rausfand, wer ich war. Meine liebste Begegnung war wahrscheinlich der Vater, der mir an einem winzigen Strand in Neuseeland lautstark zurief, wie toll er und seine Tochter mich finden, auf seine Frage hin, was ich beruflich mache. Wer hätte es erwartet? Ein Mädchen mit einem zweiten Leben als Superstar.

Das Internet ist auf Missverständnisse ausgelegt

Es kursiert ein Insider im Internet, dass man am schnellsten eine Antwort auf eine Frage bekommt, wenn man sie selbst völlig falsch beantwortet, denn dann kommen die Besserwisser von ganz allein. Das Einzige, was die Leute mehr mögen als Rechthaben ist, wenn ihr Gegenüber Unrecht hat und sie das schonungslos kundtun dürfen. Es gibt einen Begriff, den ich sehr mag, den «Was ist mit mir»-Effekt. Er beschreibt treffend, wie die Algorithmushölle, in der wir uns befinden, uns überzeugt, dass alles, was uns angezeigt wird, perfekt auf uns zugeschnitten sein sollte. Deswegen regen sich die Leute auch so auf, wenn etwas, das sie nicht direkt betrifft, es irgendwie auf ihre Feeds schafft (woraufhin sie natürlich einen Kommentar ablassen müssen). Es hilft, sich in Erinnerung zu rufen, dass man nicht für seinen größten Kritiker schreibt, oder für irgendeinen Algorithmus, in den man zufällig reingespült wird.

Die Kommentarspalte hat noch nie jemandem geholfen

Kommentare sind super für den eigenen Selbstwert und schrecklich zum Lösen komplexer globaler Krisen. Verbringt man zu viel Zeit in der Kommentarspalte, kriegt man Ausschlag. Mein Tipp: Stell dir eine Person in deinem realen Leben vor, die widerliche Sachen unter die Fotos anderer Leute kommentiert, und wenn du merkst, es geht nicht, schließ die App und melde dich bei einer echten Person. Es hilft auch, sich zu erinnern, dass die sozialen Medien Interaktion gut finden und die Algorithmen diesen befeuern. Im Grunde tun Trolle nur das, wozu sie ihr Unterbewusstsein drängt.

Wenn man nicht seinen Arsch verkauft, wird man nicht reich

Es liegt nahe, dass eine hohe Follower*innenzahl sich in einem üppigen Kontostand widerspiegelt. Für manche trifft das bestimmt zu, aber wenn man nicht gerade sein Gesicht zeigt oder bereit ist, mit irgendwelchen Produkten zu posieren, wirft eine große Plattform sehr viel weniger Kohle ab. Und wenn man doch einen Werbepartner findet, der dem eigenen Profil entspricht, werden manche trotzdem sauer sein, dass man Profit aus dem Service schlägt, den man Tag für Tag umsonst zur Verfügung stellt. Und wenn man den Service mal eine Weile einstellt, um im Café zu arbeiten und Geld zu verdienen, damit der Content umsonst bleibt, regen sich die Leute auf, dass man nicht über jedes einzelne Geschehnis des Tages berichtet hat.

... wie du's auch machst, es ist verkehrt.

Am besten gewöhnst du dich ASAP dran. Ein Konzept, das mir geholfen hat, mich damit zu versöhnen, dass ich es niemals allen recht machen kann, dreht sich um «behauptete Präferenzen versus tatsächliche Präferenzen». Zum Beispiel regen sich manche echt auf, wenn man Sachen postet, die sie selbst nicht als «Nachrichten» empfinden, aber gleichzeitig performt jedes Foto von Harry Styles mindestens fünfmal besser als alle journalistischen Posts. Lass dir davon nicht die Content-Strategie diktieren, aber behalt es im Kopf.

Man ist immer zwei Connections von seinen Kindheitshelden entfernt

Schon verrückt, dass Fangirlen im Internet so weit gehen kann, dass man eines Tages Listening-Partys für Harry Styles hosten darf oder Lorde interviewen. Auch irre, sich vorzustellen, dass jemand wie Shania Twain wahrscheinlich irgendwo in einer Villa sitzt und dasselbe tut wie wir alle: rumlungern, scrollen und an einem random Freitagmorgen einem Mädchen aus Neuseeland auf Instagram folgen. Vielleicht war's auch ihr Assistent.

Der Bürojob deiner Freundin ist dir ein Rätsel? Deiner ihr auch

Viele Leute denken, sie könnten meinen Job machen, wenn sie nur wollten. Sie glauben, mein Tag bestünde daraus, ein paar Fotos zu knipsen oder mich für mein Business-Lunch mit einer Hautpflegemarke hübsch zu machen. Das war noch nie mein Job. Mein Job ist der Hammer, aber er umfasst einiges mehr: ein Übermaß an nachrichtenbedingter Bildschirmzeit, den Druck, immer alles richtig zu machen und sich trotzdem von Trollen fertigmachen zu lassen, das unvermeidbare Kratzen an meinem Ego, wenn ich im Newsletter versehentlich das falsche Wort benutzt habe, und schlaflose Nächte, in denen ich versuche, irgendeinen Sachverhalt zu begreifen, weil jemand mich per DM darauf aufmerksam gemacht hat. Doch wenn all diese Leute diesen Job wirklich machen könnten, würden sie es tun. Der Gedanke hilft mir, wenn es zu viel wird.

Das Reallife wird realer

Offline-Freunde schicken dir keine Screenshots davon, was irgendwer online über dich gesagt hat. Sie erinnern dich, dass niemand, der dich im echten Leben respektiert oder dem du vertraust, dir so was antun (oder auch nur darüber nachdenken) würde. Dass du immer in Sicherheit bist, egal wie unerträglich es wird.

Niemand hat was davon, wenn man «durchpostet»

An der Uni wurde uns beigebracht, dass Schnelligkeit im Journalismus das A und O ist. «If it bleeds, it leads». Wie sich herausstellt, lässt sich das auf Social Media nicht so leicht übertragen. Das merkt man spätestens, wenn unzählige Influencer*innen (darunter auch der Premierminister Kanadas) ein virales Share-Pic mit Fakten teilen, die man persönlich überprüft und für fehlerhaft befunden hat. So schwer es auch sein mag, all die DMs zu ignorieren, die einen auffordern, sich zu positionieren, es ist IMMER besser, seine Plattform verantwortungsvoll zu nutzen.

Unbedeutende Fehler sind Gold wert

In der Öffentlichkeit kleine Patzer machen ist peinlich, aber jedes Mal bin ich froh, dass sie mir passiert sind. Nicht nur führen sie den Leuten vor Augen, dass ich ein Mensch bin, das Feedback lehrte mich auch, meinen Stolz runterzuschlucken und mir einzugestehen, wenn ich etwas falsch gemacht habe. Außerdem sind Fehlerchen großartig fürs Engagement, denn ungefähr JEDER weist dich auf sie hin.

DAS BESTE SEID IHR

Ihr schickt ermutigende Nachrichten, hinterlasst einen Kommentar, dass etwas «euer Leben verändert» hat, versichert mir, es macht euch nichts aus, wenn ich mal eine Pause mache. Euch sind Engagementraten und Rechtschreibfehler und unsere «Post-Frequenz» egal. Ihr stimmt bei unseren Umfragen fleißig ab, reicht Anekdoten ein und schickt Updates darüber, was in euren Heimatländern vor sich geht. Ihr wisst nicht, wie ich aussehe, aber das interessiert euch auch nicht. Ihr bringt Niveau ins Internet. Ihr helft mir, in der Matrix bei Verstand zu bleiben.

Bestätigung: Das Internet ist ein Geben und Nehmen

▷ *Olivia Rodrigo folgt dir nicht mehr*
▷ *Reese Witherspoon folgt dir nicht mehr*
▷ *Dua Lipa folgt dir nicht mehr*
▷ *Ariana Grande folgt dir nicht mehr*

Und ich dachte schon,
ich wäre die Einzige

Von Bel

Dank dir will ich zur Party und nicht alleine zu Hause sitzen

«Ich muss pinkeln.»

«Pinkel auf die Straße.»

«Das ist voll assi.»

«Wen juckt's – wenn jemand hinguckt, stell ich mich vor dich.»

Ich pinkle auf die Straße.

Niemand guckt.

Wir lachen und rennen weg.

Alice und ich kannten uns vorher nicht. Wir hatten uns zufällig auf Instagram gefunden und ein paarmal geschrieben, weil wir in derselben Stadt wohnten und dachten, vielleicht könnten wir uns ja anfreunden. Wir treffen uns, und der Inbegriff einer Frauenfreundschaft gedeiht: Einen ärgern dieselben Dinge, die Zeit vergeht im Flug, und am nächsten Morgen wacht man mit einer umgefallenen Box Pommes am Bett auf und einer sentimentalen Nachricht im Handy, die man nicht abgeschickt hat. Wir verabreden uns für eine Party eines Plattenladens in ein paar Wochen, denn genau das ist das Tolle am Internet: Man kann die Kennenlernphase beschleunigen, ohne die Person überhaupt getroffen zu haben.

Am Abend der Party stehen wir vor einem Haus und sehen nach, ob wir an der richtigen Adresse sind. Berauscht von der Vorstellung, eine neue Freundin vor mir zu haben, sage ich: «Hey, danke für die Einladung. Bin ich cool? Findest du das cool? Können wir Freundinnen sein?»

Sie lacht und hakt sich bei mir ein, und wir gehen rein: Als öffneten sich die Pforten in eine neue Stadt.

Man hört vieles über die Gefahren des Internets. dass man mit jedem Post den bösen Tech-CEOs in die Karten spielt. Dass man sich uninteressant macht, wenn man sich ständig von seiner besten Seite präsentiert, in der Hoffnung auf öffentliche Zuneigungsbekundungen. Aber man kann es auch anders sehen: Wenn wir online wir selbst sind, können wir das Internet zur Selbstverwirklichung nutzen, zum Experimentieren und zum Vernetzen mit Leuten im Reallife, die uns vielleicht ähnlich sind. Mit Filmfiguren identifizieren wir uns ja auch, nur bietet das Internet einem die Möglichkeit, die Figuren tatsächlich kennenzulernen. So gesehen hat es eine nahezu magnetische Wirkung, im Internet man selbst zu sein.

Dachte, du solltest das vielleicht wissen, falls du gerade eine Existenzkrise hast und überlegst, das Handtuch zu werfen

Mein Spotify Wrapped ist da, und ich sitze angeschwipst in einem Langstreckenflieger. Die animierte E-Mail gibt mir das Gefühl, ich sei was Besonderes – als hätte nur ich so eine Mail bekommen, weil ich irgendwas Großes erreicht habe. Ich bin in den top drei Prozent einiger Künstler*innen und gelte damit als Superfan. Ich war noch nie ein Superfan von irgendwas. Ich habe mich noch nie stundenlang angestellt oder Plakate vollgekritzelt und auf einem Konzert rumgewedelt. Ich bin noch nie in ein Forum gegangen und habe die Lyrics eines Songs diskutiert, als enthielten sie die Geheimnisse der Menschheitsgeschichte. Ich frage mich, ob das daran liegt, dass ich in einer Stadt aufgewachsen bin, in der die Jungs Rugby spielten, alle sie anfeuerten, und es peinlich gewesen wäre, sich für irgendwas anderes zu interessieren. Ich werde sentimental.

Auf meinem (wortwörtlichen) Höhenflug öffne ich meine Notiz-App und formuliere eine DM an einen der weniger bekannten Künstler auf der Liste. Ich denke «Stell dir vor, er wird das nie lesen». Ich sitze irgendwo in der Luft zwischen zwei Kontinenten, bin ein Niemand, lebe ein größtenteils anonymes Leben. Er steht gerade wahrscheinlich irgendwo auf einer Bühne, wacht mit Whisky-Kater auf oder schreibt in einem Café in ein winziges Notizheft. Wahrscheinlich werde ich die kommenden Tage im Jetlag darüber cringen. Aber darüber kann ich mir auch später noch Gedanken machen.

Lieber [berühmter Musiker],

erst mal hoffe ich, du kriegst so viele solcher DMs, dass diese hier einfach untergeht.
Zweitens frage ich mich, ob es irgendwann anstrengend wird, ständig Fan-Nachrichten zu lesen oder das Gefühl zu haben, die Leute sind verrückt nach einem. Vielleicht fühlt es sich auch gut an. Jedenfalls wollte ich nur sagen, ich liebe deine Musik, bitte weiter damit. Einmal habe ich ein ganzes Land zu Fuß durchquert und mir den kompletten Weg lang deine Alben angehört. Schon ein krasser Gedanke – dass deine Musik so weit reist und so einen Einfluss hat. Dachte nur, du solltest das wissen, falls du gerade eine Existenzkrise hast und überlegst, das Handtuch zu werfen.

Egal ob Supermarkt-Apps oder Tech-Start-ups, alle schwafeln von «einzigartigen authentischen Communitys», als würden sie eigenhändig die Einsamkeitskrise bekämpfen. Aber es geht nichts über das leise, wahnwitzige Gefühl als Mädchen im Internet, man wäre nur eine Connection davon entfernt, ein Leben zu ändern.

Ich auf eine rührende DM von einem Fremden hin: Ich liebe das Leben und vielleicht existiert Liebe ja doch, und das hier ist alles nicht umsonst

Ich kann nicht schlafen. Es ist früh und heiß. Ich entsperre mein Handy und sehe 17 ungelesene E-Mails in meinem Posteingang, was für 5:17 Uhr morgens etwas untypisch ist. Aus Reflex checke ich unser Substack: Lucy und ich haben aus Versehen einen superpersönlichen Essay veröffentlicht, den ich für den Newsy geschrieben und am Ende nicht rausgeschickt habe, weil 80 000 Leser*innen doch etwas einschüchternd sind. Mir wird übel. Ich fühle mich, als hätte ich ein Album mit 37 Nacktbildern auf Facebook hochgeladen. Ich öffne die erste E-Mail.

Hey ihr – ich schreibe das hier so schnell, meine finger kommen nicht hinterher, aber ich wollte euch nur sagen, als ich eure story gelesen habe, hatte ich sofort das gefühl, ihr habt worte für etwas gefunden, von dem ich gar nicht wusste, dass es das ist, was ich fühle. Ich habe mega geweint und dachte mir einfach nur … sie versteht mich. Sie versteht mich! Bitte macht weiter damit! Danke xx

Es gibt Tage, da komme ich mir vor wie ein angenagtes Skelett bei all den intimen Texten, die ich online veröffentliche. An solchen Tagen würde ich am liebsten alles löschen. Ich will auf irgendeiner abgelegenen Insel eine Schildkröten-Rettungsstation aufmachen und für immer untertauchen. Und dann wiederum gibt es diese kosmischen Momente. Nicht, weil ich glaube, meine Texte sind tiefgründig oder werden jemals auf Goodreads oder in der Hausarbeit einer Literaturstudentin zitiert werden, sondern weil etwas aus meiner Feder so unmittelbar in die Welt geschickt wurde und dort jemanden erreicht hat, der es gerade dringend braucht.

Datei>Verschieben in>Ordner>Nette Nachrichten für schlechte Tage

Im Online-Reallife-Nirvana

Als ich sehr jung war, und damit meine ich, bevor ich 13 war und mein erstes Handy bekam, dachte ich bei «Gemeinschaft» an etwas Provinzielles: Funktions-Caprihosen und Spendenaktionen in der Schulaula, endlose Wochenenden, an denen man Dinge tut, die die Eltern von einem verlangen, obwohl man viel lieber bei Freund*innen wäre und Wichtigeres täte, zum Beispiel einen persönlichen Style entwickeln.

Das Coolste, was ich mir unter «Community» vorstellen konnte, waren die fünf Fans meiner Highschool-Band, die uns bei einem Nikotinpräventions-Fundraiser für ein christliches Ferienprogramm unterstützt haben. Schon damals war mir der gute Zweck egal. Hauptsache, ich durfte ein Mädchen in einer Rockband sein, ich vergötterte Meg von den White Stripes. In meiner kindlichen Naivität fand ich es peinlich, andere zu brauchen. Ich glaubte an wahre Individualität – ein Konzept, das mich lange umtrieb, wie so oft bei Teenagern – und daran, dass man nur aus eigenem Antrieb auf dieser Welt überleben kann.

Aber je mehr Zeit ich online verbringe, desto eher wird mir

klar: Das Gegenteil ist der Fall. Wie viele andere eigentlich schöne Konzepte wurde «Community» lange genug von Marken vereinnahmt, kein Wunder, dass wir da gleich an Facebook-Gruppen von Schokoladenfanatikern oder den Gruppenchat irgendeines Vororts denken. Aber dort, wo sich unsere Internet- und unsere echten Ichs treffen, passiert das Unvermeidbare: Etwas zuvor Unmögliches wird möglich.

Eine Community zu haben bedeutet, sich sicher sein zu können, dass immer irgendwo ein Licht an ist (entweder digital oder tatsächlich). Dass man einen Zufluchtsort hat, an dem man Leute treffen und sich weniger allein fühlen kann. Sie ermöglicht einem, Abstand von seiner Algorithmus-Angst[1] zu gewinnen, nicht mehr so obsessiv über sich selbst nachzudenken und stattdessen über gemeinsame Interessen oder Bedürfnisse mit anderen in Interaktion zu treten.

Wir brauchen Communitys, um zu wissen, dass es Leute wie uns gibt.

---

1 Algorithmus-Angst: Das unangenehme Gefühl, davon kontrolliert zu werden, was die Algorithmen einem vorgeben, und die Angst, dass dies das eigene Weltverständnis prägt.

Screening out

Von Lucy

Sorry, aber stell dir mal vor, du müsstet einem viktorianischen Kind erklären, dass du jeden Abend vor einem riesigen Bildschirm sitzt, mit einem mittelgroßen Bildschirm im Schoß und einem kleinen Bildschirm in der Hand und, wenn du es dir leisten kannst, einem winzigen Bildschirm am Handgelenk.

Auf dem großen Bildschirm läuft eine Datingshow, in der acht Frauen zwischen vierzig und sechzig versuchen, die wahre Liebe zu finden. Sie leben in einer Villa in Mexiko, und in dieser Folge wird ihnen verkündet, dass sie gegenseitig ihre Söhne daten werden.

Auf dem mittelgroßen Bildschirm solltest du eigentlich Mails beantworten, die du bei der Arbeit nicht geschafft hast, aber die sind irgendwo in dem Dschungel von Tabs, die schon die ganze Woche offen sind, untergegangen. Du könntest sie niemals schließen – irgendwo da drin ist ein Artikel über die Klimakrise, den du unbedingt lesen musst. Dein Schoß glüht langsam und du hörst dieses Brummen, das klingt, als würde gleich etwas abheben. Dein Laptop braucht eine Pause. Du auch. Du nimmst den kleineren Bildschirm.

Endlich mal was Interessantes! Nicht mal zehnmal über den Screen gewischt, und du hast schon du ein Foto von der Hochzeit deiner Cousine gesehen, eines von der Verlobung eines alten Schulkameraden, irgendwelche Nachrichten über eine Naturkatastrophe, die Millionen von Menschen vertreibt, einen Promi, der Beef mit einem Minderjährigen hat, einen Infopost darüber, wie die Welt gerade in Flammen steht, und deinen Lieblingsmusiker mit einem Welpen im Arm. Du verbringst nur ein paar Sekunden mit jedem Post (außer natürlich mit dem Hochzeitsfoto, weil du das Kleid genau unter die Lupe nimmst), auch wenn du tief in dir weißt, dass mancher Content mehr Aufmerksamkeit verdient hätte. Selbst, wenn du wolltest, könntest du nicht zurückscrollen. Die Posts sind bereits in dem Wirrwar der Apps verschwunden. Du nimmst dir vor, die nächste Infografik ordentlich zu lesen, auch wenn da Rechtschreibfehler sind. Vielleicht teilst du sie sogar, um dich besser als alle anderen zu fühlen. Oder nee, scheiß drauf, dir ist gerade was eingefallen. Diese eine Person, die du noch nie getroffen hast, hat lange kein Foto mehr mit ihrem Partner gepostet, also scrollst du den Rest des Abends durch ihren Content um herauszufinden, ob, wann, warum und wie sie Schluss gemacht hat.

Der winzige Bildschirm an deinem Handgelenk vibriert und sagt dir, es wird mal Zeit aufzustehen, erinnert dich, dass du deine Schritte für heute noch nicht drin hast. Du kannst nicht fassen, dass du für diesen Schrott Geld bezahlt hast. Du beschließt, den Bildschirm in die Tasche der Fitnessshorts deines Mitbewohners zu stecken, damit die Überwachung mal ein Ende nimmt und du trotzdem auf deine Schritte kommst. Wie heißt es so schön? Work smarter not harder. Vielleicht solltest du einen Tweet darüber verfassen.

Du hast deine 16 Feeds durchgescrollt, was bedeutet, es ist Schlafenszeit, Zeit für den totalen katatonischen Zombie-Goblin-Modus, auch bekannt als «Screening out». Wie immer bleiben die Reste deiner Nudeln mit Pesto auf dem Boden liegen, bis du dich am nächsten Morgen aufraffst, die Zähne zu putzen. Auf wundersame Weise schaffst du es ins Bett, wo du überlegst, ob du zum Einschlafen eine alte Folge *The Office* schauen sollst oder lieber diesen Podcast hören, den du letztens angefangen hast – der über Bett-Prokrastination als Racheakt. *The Office* klingt entspannter. Du stellst dir deinen Schlaftracker und deine sieben Wecker und scrollst noch ein letztes Mal durch alle Apps, um sicherzugehen, dass die Welt am nächsten Morgen noch da sein wird. Du kannst es kaum erwarten einzuschlafen, denn du hast gelesen, dass man von iPhones nicht träumen kann, und eine Pause wäre mal nett. Ein richtiges Vergnügen sogar.

Doch statt einer Pause kriegst du Besuch vom viktorianischen Kind. Es wirft dir vor, du hättest deinen Abend verschwendet, weil du nie rausgefunden hast, ob die MILFs sich verliebt haben, weil du die Arbeitsmails nicht verschickt hast, weil die Welt kein Stück besser wurde, nur weil du die Infografik geteilt hast, und ins Fitnessstudio bist du auch nicht gegangen. Du zeigst ihm all die lustigen Videos, die du deinen Freund*innen geschickt hast.

Es bezeichnet dich als Heuchlerin, weil du dich den ganzen Tag darüber beschwerst, vom ominösen «Big Tech» überwacht zu werden, obwohl du doch selbst 24/7 deine Schlafenszeit, Herzfrequenz, Produktivitätsrate, deinen Musikgeschmack und die Anzahl deiner Freunde preisgibst. Du zeigst ihm dein Spotify Wrapped mit unentdeckten Indie-Artists. Es erwidert, dass du all diese Bildschirme gekauft hast, um dich von der echten Welt abzulenken, und jetzt traust du dich gar nicht mehr in sie hinein. Du zeigst dem Kind die Meditations-App, die dir hilft, trotzdem einen kühlen Kopf zu bewahren.

Am nächsten Abend sinkst du wieder ins Sofa und das viktorianische Kind liegt dir noch im Ohr. Es spricht zu dir, als wäre es dein Gewissen. Für einen kurzen Moment wünschst du dir, du könntest ihm ein iPad in die Hand drücken, damit es dich in Ruhe lässt. Aber stattdessen nimmst du ein Buch, denn vielleicht ist an seinen Worten ja doch was dran.

Ist denn gar nichts mehr heilig?

Von Lucy

Hat eine Firmenweihnachtsfeier jemals etwas Gutes hervorgebracht? Es ist 2022, und alle gewöhnen sich langsam daran, keine Maske mehr tragen zu müssen, erinnern sich, was Freude und Vergnügen war. Wie sollte man das besser feiern als mit einer Reunion der Firmenband, die Bel und ich nach einer Hochzeit ins Leben gerufen hatten? Der Gig war in einer Bowlinghalle, geleitet von alten Männern, die noch nie eine Frau etwas hatten tragen sehen. Eine von uns baut das Schlagzeug auf, die andere macht den Mikro-Check, und wir versuchen, uns mit einem der besagten alten Männer gut zu stellen, damit wir die Lautstärke voll aufdrehen dürfen.

«Irgendwelche Wünsche?», rufen wir.

«Ich mag Blondinen.»

Unsere Band probt dreimal und wir entscheiden in letzter Sekunde, ein Cover von Neuseelands inoffizieller Nationalhymne einzubauen: *Royals* von Lorde. Es klingt nicht besonders gut, aber das muss es auch nicht – wir machen das schließlich nur für uns.

Doch dann tritt das Horrorszenario ein.

LUCY: bel
BEL
Du wirst es nicht glauben, aber jemand hat ein Video
von dem auftritt gemacht und es ihr geschickt
Diese Stadt ist zu klein

BEL: Wem? Lorde?

Niemaaaals

Der Auftritt war nicht für die Außenwelt bestimmt

Warum komm ich mir so vor als hätte jemand

Videos von der Talentshow meiner Highschool

ausfindig gemacht

LUCY: ICH WEIß

Sie dachte sich wahrscheinlich

Was verhunzen diese Teenagerinnen meinen Song

BEL: Oder denkst du, es hat ihr geschmeichelt?

So von wegen

Wow krass was für einen Einfluss ich auf die

Kulturlandschaft meiner Heimatstadt habe

LUCE: Nein, ich glaube eher die dachte sich

Girl du triffst keinen Ton oder

Warum machst du einen auf Superstar

BEL: Ich hoffe, ich muss das Video

nie wieder sehen

Ich hoffe niemand muss das Video

je wieder sehen

LUCY: Eilmeldung: Sie hat mit einem

Ausrufezeichen reagiert

BEL:
I die a thousand deaths
Hard out here
Be a woman
Have hobbies

Jesus heck

LUCY: Schätze ein zweites Interview
kriege ich nicht

KAPITEL 8:

Uargh, lass mich einfach leben

Gute Rache, schicke Einsamkeit und
die Jagd nach dem Glück

Gib mir ein Leben, für das ich freiwillig mein Handy weglege

Von Lucy und Bel

What should we really care about?

Wir lassen uns so leicht zu dem Gedanken verleiten, wir müssten nur einen bestimmten Meilenstein erreichen und dann käme dieser magische Moment, in dem wir uns endlich «selbst lieben» und die Welt «checken». Dann fänden wir die perfekte Balance in unserem Leben und alles würde endlich Sinn ergeben. Wir würden uns nicht mehr auf Leute einlassen, die 72 Stunden brauchen, um zurückzuschreiben, wir würden Freund*innen finden, die den Platz perfekt ausfüllen, wir würden die Machtstrukturen untergraben, die unseren Freiheiten im Weg gestanden haben, und endlich ausreichend Geld verdienen, um mit uns selbst im Reinen zu sein und posten zu können, wie dankbar wir für die kleinen Dinge sind.

So läuft das aber nicht.

Das Leben ist ein lebendiger, atmender Organismus: Es ist in Bewegung und es ist nicht perfekt. Sich damit abzufinden, ist der Schlüssel dazu, das Chaos in der Welt und in unserem Kopf zu beseitigen. Es ist nicht die Antwort. Aber ein Anfang. Von dort ausgehend geht es darum, Hoffnung und Glauben an eine Zukunft zu finden, die wir uns nicht so recht vorstellen können oder die vielleicht noch gar nicht existiert. Wie unsere Arbeit. Oder die Menschen, die wir vielleicht kennenlernen werden. Die Orte, an die uns das Leben führen wird. Die Ereignisse oder was auch immer geschehen könnte, wenn wir uns der Welt so weit öffnen, dass sie sich im Gegenzug auch uns öffnet.

Und deshalb läuft es so:

Du wirst dich verändern. Die Welt wird heißer und nasser und kleiner und größer und enttäuschender und langweiliger und LEBENDIGER. Wer sich wegen früherer Entscheidungen verurteilt, versteht nicht, worum es eigentlich geht, nämlich darum, jeden Tag so neugierig wie möglich aufzuwachen und so nachsichtig wie möglich zu sein, ohne seine Selbstachtung aufzugeben. Akzeptiere, dass sich schlechte Zeiten nicht vermeiden lassen, dass mit ihnen aber auch Zeiten kommen werden, die das genaue Gegenteil sind.

Im echten Leben mit sich selbst im Reinen zu sein, ist einer der größten Akte der Rebellion gegen alle, die davon profitieren, wenn du das nicht bist. Wir müssen herausfinden, wie wir mit diesem Gefühl leben können, ohne uns oder andere zu terrorisieren. Und wir müssen uns um die Welt um uns herum kümmern, nur eben nicht auf Kosten unseres eigenen Wohlbefindens. Es folgen unsere Notizen, wie man genau das tun kann.

Ist es cringe zu glauben, dass du die Antworten bereits in dir hast?

Von Lucy

Es heißt immer, wir sollen «auf unser Bauchgefühl hören», als wären wir mit diesem Organ geboren worden, in dem die Weisheit einer alten Eule oder eines Philosophen oder so was steckt. Wenn das der Fall wäre und wir alle diesen allwissenden Magic 8 Ball besäßen, dann gäbe es weder Scheidungen noch eine Midlife-Crisis noch Sylvia Plaths Feigenbaum-Metapher.

Ständig erinnern uns Kühlschrankmagnete und Vitaminwerbungen daran, dass wir nur ein Leben haben. Die knifflige Frage ist, was um Himmels willen wir damit anfangen sollen. Man schließt die Schule ab und fragt sich, ob man studieren oder reisen oder mit Aktien spekulieren oder stricken oder Kinder bekommen soll, oder hey, warum nicht einfach alles davon? Tun die Leute im Internet ja scheinbar auch alle. Weißt du noch damals, als man einen Film gucken konnte, ohne sich stundenlang zwischen Streamingdiensten hin- und herklicken zu müssen und durch jeden Titel zu scrollen, der jemals auf der Leinwand gelaufen ist, um sich dann hinzulegen, bevor man einen Film gefunden hat, weil es inzwischen eigentlich schon Zeit fürs Bett ist? Versteh mich nicht falsch, ich liebe das Internet, aber dadurch ist die Anzahl der Entscheidungen, die wir täglich treffen müssen, so was von in die Höhe geschossen, und mit jeder neuen Anzeige, die uns vor Augen führt, was an diesem Tag womöglich heißer, besser, schneller oder spaßiger sein könnte, wird unser Bauchgefühl immer mehr verwässert. Kein Wunder, dass keiner von uns mehr so richtig durchblickt, wie um Himmels willen wir eigentlich zu verschiedenen Themen stehen.

Es gibt diese Kultszene in *Fleabag*, in der sie im Beichtstuhl sitzt und zugibt, wie sehr sie sich wünscht, dass jemand all die großen und kleinen Entscheidungen im Leben für sie trifft: was sie anziehen, essen, anhören, wen sie lieben und wem sie vertrauen soll. Nach dem Motto: Ich hab's so satt! Jemand soll mir einfach sagen, was ich TUN soll! Wie nervig, dass wir in Ermangelung eines sexy Priesters und fein abgestimmten Drehbuchs, an dem wir unser Leben ausrichten können, lernen müssen, nicht mehr mit uns selbst zu ringen, sondern auf unseren Instinkt zu hören. Irgendwas sagt mir, dass wir alle ein Stück weit so umprogrammiert wurden, dass wir nicht mehr auf unsere innere Stimme hören, für den Fall, dass sie falsch liegt und wir dann niemandem außer uns selbst die Schuld geben können. Es ist echt ätzend, selbst für sein Leben verantwortlich zu sein – ich versteh das ja.

Wir können unsere Lebensorientierung an Pinterest-Boards und «Wie ich es bis hierher geschafft habe»-Videos outsourcen, aber das Gegenmittel gegen die Entscheidungshölle ist, auf sein Bauchgefühl zu hören und es zu stärken wie jeden anderen Muskel auch.

Setzt mich in pinken Socken und Sneakern in eine Diskussionsrunde auf einem Podium, und ich würde Folgendes sagen:

▷ Leg eine Zeitspanne fest, in der du grundsätzlich allein bist. Es ist schwer, auf die innere Stimme zu hören, wenn ständig jemand dazwischenquasselt.
▷ Verabschiede dich von der Vorstellung, dass deine Intuition auf die Art zu dir kommt, wie du es aus Filmen kennst. Du findest deinen Weg nicht durch eine Vorahnung, in einem

Traum, in einem Glückskeks oder auf der Tarotkarte, an der du gestern Nacht vorbeigescrollt hast und die dir gesagt hat: «Lass alles stehen und liegen und hör zu! Wenn du das hier siehst, ist es für dich bestimmt!»

▷ Betrachte Neid nicht mehr als hässliches Gefühl, sondern als Spiegel dessen, was du möchtest oder was dir fehlt.

▷ Öffne die E-Mail und erinnere dich an deine erste Reaktion darauf.

▷ Geh zu dem Meeting, aber vertrau auf das komische Gefühl, das dir sagt, dass dein Gegenüber deine Vision nicht teilt.

▷ Geh zum nächsten und fühle die Erleichterung, die dir sagt, dass dieser Mensch es sehr wohl tut.

▷ Mach Erleichterung zu deinem Lieblingsgefühl. Mach sie zu dem Pfeil, dem du folgst. Ruf dir in Erinnerung, dass sie immer da ist, auf der anderen Seite des Unbehagens und der Unsicherheit, und jage ihr nach.

▷ Wenn du jemand Neuen kennenlernst, finde heraus, ob du magst, wie du dich dank dieser Person fühlst, oder ob du nur Gesellschaft möchtest. Beides ist in Ordnung, aber nur ein Szenario ist einen zweiten Kaffee wert.

▷ Lerne den Unterschied zwischen Intuition und Impuls. Zum Beispiel, wenn du in einer der Vorlesungen sitzt, für die du Zehntausende von Dollar zahlst, und dir der Gedanke kommt: «Hmm, ich könnte jetzt einfach aufstehen und gehen.» Das ist nicht deine Intuition – das ist das Unileben. Oder wenn du vier Gläser Wein intus hast und meinst, jetzt sei ein guter Zeitpunkt, um mit der Person rumzumachen, mit der du schon seit Jahren befreundet bist und die du in Wahrheit eigentlich echt nicht küssen willst. Ja, du hast ein Gefühl im Bauch. Das kommt bloß vom Wein.

▷ Mach dir klar, dass zu wissen, was du nicht möchtest, genauso nützlich ist, wie zu wissen, was du möchtest.

▷ Und das Wichtigste zum Schluss: Triff Entscheidungen und erlaube dir, sie zu genießen. Denn hast du es erst einmal raus, fühlt es sich so gut an zu tun, was du willst.

Wie exotisch eine alleinstehende Frau doch ist

Von Lucy und Bel

So leicht erliegen wir dem Irrtum, Alleinsein sei gleichbedeutend mit Versagen. Wenn wir einen Teil unseres Lebens online führen (spielen, arbeiten, Kontakte pflegen – in welcher Form auch immer), kommen wir zu dem Schluss, dass alle anderen sich gerade im Designeroutfit bei einem Geburtstagsbrunch amüsieren, während wir allein herumsitzen und eine feuchte Socke in der Waschmaschine finden. Natürlich stimmt das nicht, aber es ist anstrengend, ständig mit dem Gedanken konfrontiert zu werden, dass alle jemanden haben, nur man selbst nicht.

Hier sind die Szenen, die wir nicht oft zu sehen bekommen:

▷ An einem Montagmorgen im Bett aufwachen und sich unter der ganzen Last, alles allein schaffen zu müssen, nicht bewegen können.

▷ Im grau melierten Outfit mit Socken und Pantoffeln an einem Abend unter der Woche Emo sein und im Supermarkt das Gleiche wie immer kaufen, um etwas zu Abend zu kochen, von dem man sich die nächsten fünf Mahlzeiten ernähren muss.

▷ Auf Hochzeiten gehen und einem Nachzügler aufgedrängt werden, nachdem man als Single entlarvt wurde.

▷ Im Schlafanzug in der Apotheke Medikamente kaufen, wenn man krank ist.

▷ Sich am Flughafen mit dem eigenen Gepäck abquälen.

▷ Allein in der Fressmeile bei Burger King essen.

▷ Das Surren des Kühlschranks in der Wohnung, der wieder runterkühlt …

Wenn sich diese winzigen Alltäglichkeiten in einer Phase der Einsamkeit anhäufen, können sie einen geradezu erdrücken. Wir können darin versinken und mit Haut und Haaren verschluckt werden oder uns für etwas viel Mutigeres entscheiden: die Einsamkeit als Chance sehen, uns selbst besser kennenzulernen und uns dem Leben mehr zu öffnen. Im schlimmsten Fall kann Einsamkeit einem das Gefühl geben, dass man notfalls sogar jemanden dafür bezahlen würde, vorbeizukommen und mit einem auf dem Sofa Löffelchen zu liegen, nur damit man Körperkontakt spürt. Im besten Fall können wir sie als Chance begreifen, uns selbst Gutes zu tun, uns eine Weile im eigenen Leben zu verlieren und auf die eigenen Bedürfnisse zu achten, ohne gleichzeitig auf die eines anderen Rücksicht nehmen zu müssen.

Ja, ich bin allein an der Bar, und nein, ich bin nicht versetzt worden

Im Alleinsein gut zu werden, wird Frauen besonders schwer gemacht, als wäre es exotisch, wenn es sich nun einmal so ergeben hat, dass wir allein sind, uns dafür entschieden haben, solo zu sein, oder wir eben auch einfach ohne die Gesellschaft eines anderen zufrieden sind. Komischerweise wird das anscheinend besonders in Restaurants sichtbar. Vielleicht vermittelt der Anblick Außenstehenden das bedrohliche Gefühl, es reiche aus, sich durch das eigene Leben zu schlemmen? Ein Tisch, an dem man mit einer Hand versucht, ein Buch umzublättern, während man mit der anderen eine Gabel Nudeln isst, kann einer der einsamsten Orte der Welt sein. Oder aber er kann den Weg zu neuen Gefühlen und dem Wissen ebnen, wie wir uns auch allein wohlfühlen.

Das anfängliche Unbehagen, das damit einhergeht, als Frau allein zu sein, zu lindern, kann hier, in diesem Restaurant, beginnen. Du kannst dein Notizbuch zücken, ob du dich nun als «Schriftstellerin» begreifst oder nicht, oder in regelmäßigen Abständen den Blick heben und lächeln, um allen zu versichern, dass du dich bewusst dazu entschieden hast, hier zu sein, und auf niemanden wartest. Du kannst einer Freundin eine siebenminütige Sprachnachricht schicken, eine Menge Alkohol trinken oder Jemima Kirkes Rat befolgen und vielleicht einfach aufhören, so viel über dich selbst nachzudenken. Wenn du das beherrschst, ertappst du dich vielleicht dabei, wie du eine Gruppe von Leuten beobachtest, die sowohl ihr Essen als auch sich gegenseitig fotografieren, und freust dich, dass du weit entfernt von einer Diskussion darüber bist, welches Foto das Titelbild ihres Picture-Dump-Posts werden soll («Es soll nicht zu bemüht rüberkommen, aber findest du die Microgreens knallig genug?»).

Einsamkeit sieht schick aus, wenn Sofia Coppola sie verfilmt und fühlt sich trostlos an, wenn wir in ihr ertrinken

Man könnte meinen, das größte Risiko, wenn man zu gut im Alleinsein wird, bestehe darin, spazieren zu gehen, von einer Klippe zu stürzen und zu hoffen, dass man an dem Nachmittag mit einer Freundin verabredet war, damit es jemandem auffällt, wenn man nicht auftaucht. Das wahrscheinlichere Szenario ist, dass man so gut darin wird, auf sich allein gestellt zu sein, sich nur um die eigenen Bedürfnisse kümmern zu müssen, sich seine Zeit selbst einzuteilen und sagen und tun zu können, was am besten für einen ist, dass man andere nicht mehr in sein Leben lässt.

Für manche von uns kann sich Alleinsein auf sozialer Ebene sicher anfühlen – sogar süchtig machen. Vielleicht hat das auf dem Schulparkplatz angefangen, als dich deine Eltern abholen sollten und sich verspätet haben, und du daher angefangen hast zu planen, wie du dich von nun an selbst großziehst. Oder in der Schlange an der Kasse im Supermarkt, als deine Mutter losgerannt ist, um noch schnell etwas zu holen, das sie vergessen hatte, und du panisch versucht hast, dir einen Plan einfallen zu lassen, wie du die ganzen bereits gescannten Artikel bezahlen kannst. In diesen Momenten, in denen du dir unvorbereitet ganz auf dich allein gestellt vorgekommen bist, wolltest du dich nie wieder so fühlen müssen. Also hast du beschlossen, dir ein Leben aufzubauen, in dem du nicht auf andere angewiesen bist.

Kein FOMO zu haben ist gut, wenn du tatsächlich keine Lust auf das dreitägige Festival mit dürftigen Waschmöglichkeiten und beschissenen Headlinern hast, aber schlecht, wenn du dir schon überlegst, wie du dich von der Party deiner besten Freundin schleichen kannst, bevor du überhaupt dort angekommen bist. Zuzulassen, dass man Bedürfnisse hat, einschließlich des Bedürfnisses, gewollt zu werden, gehört zum Leben dazu, und zu gut im Alleinsein zu werden, kann dem in die Quere kommen. Ruf dir in Erinnerung, dass du auch anderen ein kleines bisschen deiner Freundlichkeit schuldest.

Mach dich einfach für dich selbst hübsch

Verlier nicht den Glauben an den Zauber der Welt, nur weil du allein bist. Uns wurde beigebracht, dass Alleinsein untrennbar mit Verzweiflung verbunden sei und wenn man erst einmal tief drinstecke, höre sie gar nicht mehr auf. Man fragt sich: Warum soll ich überhaupt zu der Party, wenn ich dann sowieso nur in der Küche rumstehe und das Gefühl habe zuzusehen, wie sich das Leben anderer Leute wie ein Film vor mir abspielt? Warum soll ich überhaupt verreisen, wenn es sowieso nur ich selbst im gleichen Körper wie immer bin, nur woanders? Warum soll ich das Haus verlassen, nur um von Menschen umgeben zu sein, die erfolgreich und glücklich genug sind, um zu wissen, was sie mit ihrem Leben anfangen wollen? Und so gehen diese düsteren Gedanken immer weiter, hängen sich einem um den Hals und sammeln sich an wie schwere Perlen, die einen daran erinnern, dass es niemanden juckt, ob man pünktlich ins Bett geht oder die ganze Ernährungspyramide isst.

Was aber, wenn wir Einsamkeit stattdessen so begreifen würden?

a) Als eine natürliche Lebenserfahrung, die, egal wie viel Liebe oder Licht man in seinem Leben hat, irgendwann auf die gleiche Weise verschwinden wird, wie sie gekommen ist.

b) Als einen Hinweis auf einen Mangel an Freude – hier ist also eine Chance, einen neuen Weg zu suchen, sie zu empfinden.

Der zweite Teil erfordert eine Art von Energie, die sich schwer aufbringen lässt, wenn man das Gefühl hat, die Welt würde untergehen: nämlich mutig sein. Der zweite Teil ist eine Chance, loszuziehen und etwas Neuem nachzujagen und herauszufinden, was dich erfüllt, abgesehen von dem, was du im Internet gesehen hast oder wovon dir eingetrichtert wurde, dass du's wollen solltest. Der zweite Teil ist das Zuhause, zu dem du dein ganzes Leben lang zurückkehren wirst.

Ideen für Werbekampagnen, die Frauen im 21. Jahrhundert helfen, ein besseres Gefühl in Bezug auf die Welt zu entwickeln

Von Bel

Bewegende Gefühle: ein Fitnessstudio, bei dem du am Eingang deine Emotionen in ein iPad eintippst und das Training entsprechend auf dich zugeschnitten wird.

Das ist kein Ruf zu den Waffen. Sondern ein Manifest für das Leben: eine Lebensversicherung für Frauen, die deinen Angehörigen das ganze Geld auszahlt, das dir aufgrund des Gender-Pay-Gap entgangen ist.

Sein bedeutet fühlen: eine Kampagne für ein völlig beliebiges Haushaltsgerät, wie ein Waffeleisen oder einen Sandwichmaker, bei dem das Zusammenpressen von Brot irgendwie mit weiblicher Zerbrechlichkeit in Verbindung gebracht wird. Erhältlich in Zitronengelb als progressive Farboption.

SHEOS: eine neue Marke ergonomischer High Heels für Frauen am Arbeitsplatz, die unter anderem Schienbeinschmerzen vorbeugen.

Ich arbeite, also bin ich: wissenschaftlich geprüfte Hautpflegeserie, die nicht nur funktioniert, sondern dich auch mit einem Karrierecoach verbindet, wenn du bei deinem ersten Kauf über 499 Dollar ausgibst.

Komm und hol sie dir

▷ Freude ist das Heilmittel für jeden Schmerz in deinem Körper und jedes Lügengespinst in einem Online-Thread.

▷ Freude ist Widerstand.

▷ Freude ist, etwas zu berühren und es im Inneren zu spüren.

▷ Freude ist, lachend die heiße Straße hinunterzurennen, ohne an die Zukunft denken zu müssen.

▷ Freude ist ein Zeichen, dass es richtig läuft – mach dir das zunutze.

▷ Freude ist, sich in jemanden zu verknallen, der dein Leben verändern könnte.

▷ Freude ist, nichts zu tun, ohne sich dabei schlecht zu fühlen.

▷ Freude ist, wenn sich Sorgen auflösen, ohne dass du es merkst.

▷ Freude kommt zu dir und du musst dafür bereit sein.

▷ Freude ist so gut, dass du sie nicht anfassen kannst.

▷ Freude ist, wenn sich alles ändert, gerade als du dachtest, es sei vorbei. Freude ist ein Arbeitstag, der wie im Flug vergeht.

▷ Freude ist nicht Cate Blanchetts Filmfigur nach einer Scheidung.

▷ Freude ist die ideale Temperatur.

▷ Freude ist nicht nur für reiche Leute auf Booten oder Menschen mit sauberen Haaren reserviert.

▷ Freude existiert in den kleinsten Alltagsszenen des Lebens genauso wie in seinen Zusammenschnitten.

▷ Freude muss man manchmal hinterherjagen, was schwierig und ermüdend scheint, wo man doch so viel zu erledigen hat.

▷ Freude ist manchmal das Einzige, was wir haben.

- ▷ Freude ist, wenn beide das Gleiche wollen.
- ▷ Freude ist, wenn nachts die Fenster offen sind.
- ▷ Freude ist, die Clutch rauszuholen, ohne sich dabei schlecht zu fühlen.
- ▷ Freude ist, eine gute Gefahr willkommen zu heißen.
- ▷ Freude ist tanzen – nicht im *Step Up to the Streets*-Stil (beneidenswert), sondern sich einfach bewegen, über der Realität schweben und so lange wie möglich nicht darüber nachdenken, wie man dabei aussieht.
- ▷ Freude ist keine Fremdsprache.
- ▷ Freude ist keine endlose Jahreszeit.
- ▷ Freude ist nichts, womit man sich anlegen sollte – komm und hol sie dir.

Ja, das Internet ist toll, aber hast du schon mal probiert, wie es ist

Von Lucy

▷ Noch vor dem Wecker von allein aufzuwachen?
▷ Noch besser aufzuwachen und festzustellen, dass du noch ein paar Stunden weiterschlafen kannst?
▷ Genau das passende Kleingeld eingesteckt zu haben für das, was du kaufen möchtest?
▷ Wenn sich keine der Halsketten, die du für die Reise eingepackt hast, in deiner Tasche verheddert hat?
▷ Und deine Kopfhörer auch nicht?
▷ Ein zusammenpassendes Geschirrset in einem Secondhandladen zu finden?
▷ Eine Parklücke zu finden, durch die du einfach durchfahren kannst, ohne später rückwärts rausfahren zu müssen?
▷ Einen herzförmigen Stein zu finden?
▷ Wenn jemand ein Meeting absagt, vor dem es dir gegraut hat?
▷ Deinen Kaffee komplett auszutrinken, bevor er lauwarm wird?
▷ Einen Messbecher auf Anhieb exakt zu füllen?
▷ Die Mikrowelle genau dann zu stoppen, wenn der Timer abläuft?
▷ Eine Avocado im perfekten Reifezustand aufzuschneiden?
▷ Wenn man den Radiosender wechselt und beide das gleiche Lied spielen?
▷ Shampoo und Spülung gleichzeitig aufzubrauchen?
▷ Drei grüne Ampeln hintereinander zu erwischen?

▷ Genau dann zu deiner Fernsehsendung zurückzuschalten, wenn die Werbung vorbei ist?

▷ Das perfekte High Five zu geben?

▷ Wenn deine Essensreste exakt in die Dose passen?

▷ Wenn ein Lied genau dann endet, wenn du an deinem Ziel ankommst?

▷ Genau die richtige Anzahl von Kleiderbügeln zu erwischen für die Kleidung, die du aufhängen möchtest?

▷ Überraschend einen Rabatt auf das zu bekommen, was du ohnehin kaufen wolltest?

▷ Ein Kapitel genau zu der Uhrzeit zu Ende zu lesen, zu der du schlafen wolltest?

▷ Den Ohrringverschluss zu finden, der dir runtergefallen ist?

▷ Mit Schlüsseln, Portemonnaie und unversehrtem Handy vom Ausgehen nach Hause zu kommen?

Rewenge ist alles Gute, was du zu jedem x-beliebigen Zeitpunkt erlebst

Von Bel

Rewenge (sprich: re-wen-gay) bedeutet, alles Gute, was einem widerfährt, als persönliche Revanche zu betrachten. Rewenge ist süßer als Rache, weil sie jede noch so kleine gute Sache sein kann, die dir passiert: eine Entschädigung auf Karma-Art für jedes Mal, wenn dir Unrecht getan wurde. Das Konzept ist von einem Spruch aus einer Folge der *Peep Show* inspiriert. Wir haben ihn uns hier angeeignet und schenken ihn dir, damit du ihn nach Herzenslust verwenden kannst. Gern geschehen.

▷ Rewenge ist deine Belohnung dafür, dass du weiterlebst und daran glaubst, dass du eines Tages vielleicht auch wieder gewinnen wirst.

▷ Rewenge sind die kleinen Triumphe, die dem ungeübten Auge entgehen könnten oder dir, wenn du nicht richtig auf sie achtest.

▷ Rewenge ist, dir einzugestehen, dass manche Menschen besser sind als andere, dass du zu ihnen gehörst und du alles Gute, das dir widerfährt, verdient hast.

▷ Rewenge ist Dankbarkeit für die kleinen Dinge, aber nicht auf die Art eines inspirierenden Yogastudio-Zitats, sondern eher eine klare Erkenntnis, dass das Leben auf deiner Seite ist.

▷ Heute Morgen nicht müde? Rewenge

▷ Die Räder des Flugzeugs heben ab in ein neues Leben: Rewenge

- Jemanden, den du mal gedatet hast, müde aus einem Laden an der Ecke kommen sehen: Rewenge
- Schönes Wetter am Feiertag? Rewenge
- Happy Hour? Rewenge
- Schlüssel oben in der Tasche? Rewenge
- Vor Sonnenuntergang zu Hause? Rewenge
- Ein Date, bei dem du nicht innerlich schreien willst? Rewenge
- Arbeitstag schnell vorbei? Rewenge
- Nicht darüber nachdenken müssen, was du zum Abendessen kochen sollst? Rewenge
- Am Zahltag noch Geld übrig? Rewenge
- Online Schuhe bestellen, die passen? Rewenge
- Socken inklusive? Rewenge
- Einen Parkplatz genau dort bekommen, wo du hinwillst? Rewenge
- Einfach nur einen guten Tag haben? Rewenge
- Beförderung? Rewenge
- Sich in einen tollen Menschen verlieben? Rewenge
- Jemanden online auf stumm schalten? Rewenge
- Gerade noch so den Bus erwischen? Rewenge
- Wenn die Orchidee blüht, nachdem sie ein Jahr lang bloß ein Stock war? Rewenge
- Ein freier Tisch am Fenster? Rewenge
- Haar sitzt? Rewenge
- Genau das, was du gesucht hast? Rewenge

Die kleinste Kleinigkeit im Leben, die sich als gut herausstellt, egal ob du damit gerechnet hast oder nicht? Rewenge für alles und jeden, der dir jemals Unrecht getan hat, und ein Zeichen, dass du das auch weiterhin erlebst, wenn du nur weißt, worauf du achten musst.

Wie man sein Leben nicht ruiniert

▷ Nein, mach mir wegen meiner Gefühle kein schlechtes Gewissen.

▷ Nein, gib mir nicht das Gefühl, dass dieser Job das Einzige ist, was ich habe.

▷ Nein, mach mich nicht so kaputt, dass ich nicht mehr aus dem Bett aufstehen will.

▷ Nein, gib mir nicht das Gefühl, etwas Besonderes zu sein, wenn du nicht daran glaubst.

▷ Nein, tu nicht so, als hätten wir gleich viel Glück gehabt.

▷ Nein, stell es nicht so hin, als wäre nicht alles politisch.

▷ Nein, tu nicht so, als würdest du alles schon vorher durchschauen.

▷ Nein, dreh es nicht so hin, als würde es hier nur um dich gehen.

▷ Nein, vergiss nicht mit Absicht meinen Namen.

▷ Nein, vergiss mich nicht.

▷ Nein, frag mich nicht, wann ich Kinder haben werde.

▷ Nein, steh nicht einfach da und guck zu, wie ich mir Freude vorenthalte.

▷ Nein, lass mich nicht glauben, dass das alles umsonst war.

▷ Nein, lass mich mein Geld nicht für Sachen verschwenden, die es nicht wert sind.

▷ Nein, lass nicht zu, dass es das nicht wert ist.

▷ Nein, lass es sich nicht so anfühlen, als wäre das hier nicht echt.

▷ Nein, lass mich mein Leben nicht an den Traum eines anderen verschwenden.

▷ Nein, lass mich in dieser Stadt nicht einsam sein.

▷ Nein, verschweige mir nicht, was du willst, und sei dann sauer, weil ich es nicht weiß.

▷ Nein, weich mir nicht aus, wenn du offen kommunizieren könntest.

▷ Nein, glaub nicht, dass die Antworten alle auf einmal kommen – wer bist du, Gott?

▷ Nein, hab keine Angst davor, Nein zu sagen – was soll schon schlimmstenfalls passieren?

▷ Nein, schreib eine Weile nicht zurück, um zu sehen, wie es dir damit geht.

▷ Nein, glaub nicht, dass diese Gefühle für immer bleiben.

▷ Nein, stell es nicht infrage, wenn dir etwas Gutes passiert.

▷ Nein, hab keine Angst davor, mehr zu wollen, du verdienst das.

Hier bin ich also und versuche mich in Selbstliebe, weil meine Waschlotion es mir gesagt hat

Von Bel

Malaysia, 2022

Durch Lichtkegel fahren wir mit dem Roller vom Strand zurück, Lisa hat mir die Arme um die Taille gelegt, und von der Hitze ist unsere Kleidung feucht und schmutzig. Ich fahre langsam, damit wir uns unterhalten können.

Wir sprechen darüber, ob wir uns selbst mehr oder weniger lieben als bei unserem Kennenlernen damals vor zwölf Jahren, als wir PR für Techmarken gemacht und Werbeflächen für Unternehmen gekauft haben, die das eigentlich gar nicht nötig hatten. Sind wir jetzt bessere Frauen? Lieben wir uns endlich so, wie wir sind? Was ist Selbstliebe überhaupt? Wir verwenden den Begriff fast schon sarkastisch, weil er von so vielen Banken und Hautpflegemarken eingesetzt wurde, dass man kaum noch weiß, ob er überhaupt echt ist.

▷ «Selbstliebe ist, meinen Körper zu lieben», sage ich.
▷ «Selbstliebe ist, meine Persönlichkeit zu lieben», sagt sie.
▷ «Selbstliebe ist, nicht neidisch auf Sachen zu sein, die ich nie haben werde.»
▷ «Selbstliebe ist, für den Planeten vegan zu leben, aber wegen meines Eisenmangels manchmal Fleisch zu essen.»
▷ «Selbstliebe ist, den letzten Rest meines Gehaltsschecks für eine Maniküre auszugeben.»

- ▷ «Selbstliebe ist, meine Möpse zu lieben und meine Arme nicht zu hassen.»
- ▷ «Selbstliebe ist, nicht immer allen zu antworten.»
- ▷ «Selbstliebe ist, in E-Mails nicht mehr so nett zu sein.»
- ▷ «Selbstliebe ist, allein ins Kino zu gehen, ohne mich wie ein Freak zu fühlen.»
- ▷ «Selbstliebe ist, so Tagebuch zu schreiben, als könnte ich mit voller Überzeugung eine Kakaozeremonie leiten.»
- ▷ «Selbstliebe ist, mich nicht dafür zu hassen, dass ich manchmal das Leben hasse.»
- ▷ «Selbstliebe ist in den sozialen Kontakten, für die ich mich entscheide.»
- ▷ «Selbstliebe ist ... ICH.»

Was ist moderne Selbstliebe? Sie ist jeden Tag aufwachen und sich verzeihen, dass man nicht eines anderen Vorstellung von Perfektion ist, sondern die eigene. Sie ist, wie Bell Hooks schreibt, sich selbst die Liebe zu geben, die man sich von anderen erhofft. Sie ist, sich von dem Glauben zu verabschieden, dass man nur einen Einkauf oder einen sorgsam ausgewählten Beitrag davon entfernt ist, in einem Paradies anzukommen, in dem andere bereits leben.

Ich gebe Gas, damit wir es den Hügel hinaufschaffen. Wir grölen den Songtext von *Wild World* raus in den Wind. Auf der anderen Seite des Versuchs, alles fehlerfrei hinzubekommen, liegt das, was wir alle wirklich wollen: Freiheit.

Moderne Euphorie

Das Meeting wird abgesagt. Jahresurlaub: bitte keine Mails. Das Gefühl von Sonne auf der Haut, aber nicht auf brennende UV-Warnung-Art, nur ein gesundes Strahlen wie eine BB-Creme von Garnier. Zwei saubere Socken, die in zwei saubere Schuhe schlüpfen. Dein Love-Interest schreibt innerhalb kurzer Zeit zurück. Vergessen, aufs Handy zu gucken, ohne dass was Schlimmes passiert. Aufwachen und aufstehen wollen. Aufstehen und wach sein wollen. Wissen, wohin man muss, ohne Google Maps zu verwenden. Genug Zeit haben, um dorthin zu kommen. Dramatische WhatsApp-Sprachnachricht, die entweder die Handlung einer preisgekrönten Fernsehserie oder einfach nur das Leben von dir und deinen Freund*innen sein könnte. Gutes Drama. Schöne Haare. Glücklich sein, aber nicht so, dass man meint, was darüber posten zu müssen. Den Laptop im Büro lassen. Bezahlt werden und irgendwie noch was übrig haben. Eine sanfte Brise auf dem Heimweg. Eine halb leere Tasche tragen und alles dabeihaben, was man braucht. Die Clutch rausholen. Nein sagen und zu Hause bleiben. Saubere Laken. Eine weitere Woche überstehen. Klamotten nicht für Fotos, sondern einfach zum Leben. Erinnerungen auf dem Handy, die einem ins Gedächtnis rufen, wer man mal war und wie weit man gekommen ist.

Der Idealfall: gutes Haar

Von Bel

Wenn ich drei Wünsche frei hätte, wären die ersten beiden natürlich Weltfrieden und die Gleichstellung der Geschlechter, aber der dritte wäre schönes Haar. Es fühlt sich nur fair und richtig an, dass ich mir mit einem der Wünsche etwas so völlig Triviales gönne, nachdem die anderen beiden so selbstlos waren, und ich würde alles dafür geben, um nie wieder mit dem Wunsch nach einer Rundumrenovierung meines Kopfes aufzuwachen, wie man das bei einer Sims-Figur tun kann.

Menschen mit gutem Haar können das nicht nachvollziehen. Sie haben eine ganz ähnliche Einstellung wie Jungs, die auf eine Privatschule gehen, oder Leute, die ehrlich Spaß am Joggen haben und das für einen sinnvollen Zeitvertreib halten. Sie haben keine Ahnung, wie es hier draußen in der echten Welt aussieht.

Wie viel Glück Menschen mit gutem Haar haben, wird einem erst richtig bewusst, wenn einem ohne Einverständnis die eigenen Haare komplett abgeschnippelt werden. Ich war in der Mittagspause bei einer neuen Friseurin, weil meine – die berühmte Nadia, zu der alle meine Freund*innen gingen – Karpaltunnelsyndrom hatte und unser Leben ruinierte, indem sie nur noch färben konnte. Ich schleppte mich zu einem anderen Salon in der Nähe meiner Arbeit und machte den Fehler, die ganze Zeit am Handy zu sein, und als ich schließlich aufguckte, stellte ich fest, dass ich einem Igel zum Verwechseln ähnlich sah.

Aus der Geschichte lässt sich eine Lehre ziehen. Und zwar, dass man immer bezahlen muss, wenn man einer guten Friseurin fremdgeht. Wenn du eine dramatische Veränderung willst, erwartet dich immer eine dramatische Überraschung. Geh zum Yoga. Geh zum Hellseher. Kauf dir einen Hut. Aber pass auf, wem du vertraust, der eine Schere und ein Foto von jemandem aus dem Internet hat, der eine Spur heißer ist als du.

Hier kommt meine Freundin ins Spiel. Ihren vollen Namen kann ich nicht verraten. Sonst versuchen alle, sie ausfindig zu machen und die Nummer von ihrer Friseurin zu bekommen, und dann gibt es keine Termine mehr für die unter uns, die gutes Haar am dringendsten nötig haben.

An einem Nachmittag kam sie zu mir nach Hause, nachdem sie eine Xanax genommen hatte. Sie hatte eine Langzeitbeziehung beendet: war übers Wochenende weggefahren, hatte jemanden kennengelernt, kam zurück und machte Schluss. Wir sitzen in dem gemauerten Innenhof hinter meiner Wohnung, als sie mir davon erzählt.

«Unglaublich», sage ich. Es ist Spätfrühling, und ein geiler, warmer Wind liegt in der Luft.

«Ganz ehrlich? Ich fühl mich auch unglaublich. Danach bin ich zum Friseur gegangen, habe mir das hier machen lassen, und jetzt finde ich, ich sehe aus wie eine russische Spionin.»

«Tust du auch», antworte ich. Tut sie wirklich. Sie sieht aus wie eine der Figuren, als die sich Lucy Liu in *Drei Engel für Charlie* verkleidet. Ich bin neidisch. Es ist erstaunlich, was man nach einer Trennung alles erreichen kann. Schnipp, schnapp, sagen meine Freund*innen und ich, wenn wir eine wichtige Entscheidung getroffen haben, um uns von etwas Furchtbarem zu lösen. Vielleicht könnte ich eine Weile jemanden daten, nur um dann Schluss zu machen und zum Friseur zu gehen und den gleichen Look zu bekommen.

Es ist 16 Uhr an einem Dienstag, und eigentlich bin ich im Homeoffice und sollte arbeiten, aber das lässt sich verschieben, wenn man eine russische Spionin als Freundin hat, eine Flasche Weißwein im Kühlschrank steht und sich vor den eigenen Augen etwas Dramatisches abspielt. Ich will wissen, welche Pflegeprodukte ihr empfohlen wurden, damit ich genauso gestärkt aussehen kann wie sie. Ich möchte mein dünnes, lebloses Haar loswerden und eine dieser Frauen sein, die in ihrem Leben das Ruder selbst in die Hand nehmen und alles, was nicht funktioniert, wegschnippeln.

«Im Grunde mache ich mir um nichts einen Kopf», haucht sie. Inzwischen rauchen wir. Spioninnenverhalten. Ich sauge ihre Elektrizität in mich auf. «Es gibt kein befreienderes Gefühl.» Ich bin mir ziemlich sicher, dass sie das gesagt hat; ich bin damit beschäftigt, auf ihr Haar im Licht neidisch zu sein und mich zu fragen, ob Blondwerden die Lösung all meiner Probleme sein könnte. Stylische Menschen haben schöne Haare und weniger Schwierigkeiten. Oder vielleicht können sie sie einfach besser verbergen, weil ihr Haar die ganze Arbeit für sie macht.

In solchen Momenten ist es echt schwierig, die richtigen Worte zu finden. Man kann nicht sagen: «Mach dir keine Sorgen, alles wird gut», weil man das nicht versprechen kann. Man muss einfach dasitzen und versuchen, mit ihnen mitzuhalten, bis sie aufstehen, um zu gehen, und sich bereit erklären, sich um ein paar Sachen zu kümmern und andere loszuwerden, und darauf zu achten, dass sie einem den Namen der Friseurin verraten, bei der sie waren, bevor sie sich auf den Heimweg machen.

Ich habe versucht, schlechte Haarschnitte in einem philosophischen Licht zu betrachten und als Metaphern für Schlechtes zu verwenden, das Zeit braucht, um sich zu verändern. Für Selbstverbesserung («Vielleicht kann ich, bis das geklärt ist, fließend Portugiesisch sprechen! Bin verliebt! Heißer! Fitter! Glücklicher! Frei!»). Für das, was außerhalb unserer Kontrolle liegt. Oder als Erinnerung an die ganzen deutlich größeren

Grausamkeiten in der Welt jenseits meiner eigenen Eitelkeit. Einmal war ich bei einem Vortrag der Fotografin Marti Friedlander. Nachdem sie eine Stunde lang ausführlich darüber gesprochen hatte, wie es ist, das Leben anderer Menschen zu fotografieren, fragte jemand aus dem Publikum, ob es sich auf ihre eigene Eitelkeit ausgewirkt habe, dass sie das schon so lange mache. Sie antwortete: «Es ist mir egal, ob mein Haar mal nicht richtig sitzt: Das ist euer Problem. Ich bin schließlich nicht diejenige, die mich angucken muss.»

Aber die Sache ist die: Wenn alles andere schlimm und unkontrollierbar ist, dann ist doch gutes Haar das Mindeste, was man sich wünschen kann. Es ist eine Abkürzung zum Selbstwertgefühl. Eine Therapeutin würde sagen: «Sehen wir uns das mal genauer an», und ich würde antworten: «Ich möchte, dass mein Haar das tut, was ich nicht kann: die ganze Zeit grandios sein. Zuverlässig. Strahlen! Abrupt enden und sich nicht an etwas klammern, das es nicht wert ist, festgehalten zu werden. Mühelos gut aussehen. Sich nicht im Wind des Lebens verfangen, aber dennoch in seine Umgebung passen. Auf schicke, zufriedene Art sitzen, ohne sich von allen anderen ablenken zu lassen. Wenn mein Haar passt, passt natürlich auch alles andere.»

Gefühlt tausend Jahre (acht Monate) nach dem Igel-Zwischenfall finde ich mich mit Spliss in einer neuen Stadt wieder und muss aufs Neue einem Fremden vertrauen. Ich löse meinen Geist vom Körper und setze mich auf den Stuhl.

«Was hätten wir heute gern?», fragt der Friseur.

«Ich will wie eine russische Spionin aussehen», antworte ich. Er macht sich an die Arbeit.

Ungefragte Regeln fürs Leben

Stecke in Freundschaften ebenso viel Energie wie in Liebesbeziehungen. Das beste Gefühl, dem man nachjagen kann, ist Freiheit, und nicht alle haben diesen Luxus. Ein Entschluss kann nur von dir selbst kommen. Großzügigkeit wird dein Leben verändern. Sei freigebig, aber behalte auch etwas nur für dich zurück. Das beste Gegenmittel gegen furchtbare Angst ist Freude. Jage ihr nach. Enthalte sie dir nicht vor. Nicht jeder wird dich lieben – finde dich damit ab. Manchmal ist das Leben langweilig – das ist kein Grund, sich schlecht zu fühlen. Nicht aufgeben heißt, alles aufzugeben. Räume regelmäßig dein Leben auf, um einen klareren Blick zu bekommen. Nichts Großes: mal einen neuen Weg einschlagen reicht aus. Geh weit weg, komm zurück und achte darauf, was sich verändert hat. Manchmal alles, manchmal nichts. Je schneller du akzeptierst, dass niemand sein Leben auf der Reihe hat, desto schneller kannst du einfach weitermachen. Wenn du verletzt bist, setz dich direkt mit der Ursache des Schmerzes auseinander. Das Streben nach Perfektion wird dein Leben ruinieren, peile stattdessen hin und wieder eine Zwei plus an. Ständige Optimierung raubt dem Leben seinen Zauber. Wenn du dein Leben mit Benzin übergießen willst, gieße stattdessen Energie hinein. Wenn du ausgelaugt bist, überlege, in was du zu viel Energie steckst, und hör damit auf. Poste keine Lügen, um Aufmerksamkeit zu bekommen. Halte dein echtes Leben interessanter als dein Online-Leben. Bewahre Geheimnisse. Erhalte die Spannung aufrecht. Kümmere dich um dich selbst auf die gleiche Weise, wie du dich um einen geliebten Menschen kümmerst. Mach dir keine Vorwürfe wegen früherer Fehler. Lass Menschen los und lass sie ihr eigenes Leben aufbauen, ohne Widerstand zu leisten. Hab kein schlechtes Gewissen, wenn es dir schlecht geht, sondern ändere etwas und hör auf, dich zu beschweren. Gönn dir Pausen, sonst brichst du zusammen. Es ist schwer, für Letzteres um ein paar freie Tage zu bitten. Weglaufen macht Spaß, schafft aber nur vorübergehend Abhilfe. Erfolg kann toll sein, aber auch einsam – achte darauf, dass du ihn teilst. Sich dem Prozess zu unterwerfen, befreit dich von ihm. Wen interessiert's, wenn es nicht klappt? Geh ein Risiko ein – du hast alles zu verlieren. Bereue nichts, außer nichts getan zu haben. Hab keine Angst mehr davor, verletzlich zu sein; alle anderen sind auch nur Menschen. Bitte um Hilfe, wenn du sie brauchst, und biete sie im Gegenzug auch an. Du bist so weit gekommen, denk nicht mal ans Aufgeben. Viel Glück, und alles, was du brauchst, hast du bereits in dir <3.

EPILOG:

Sag mir, was ich hören muss:
dass alles gut wird

Von Bel

Internationale Abflughalle, Flughafen Humberto Delgado, Lissabon 2023

Luce kommt mit zwei Miniweinflaschen und zwei Gläsern von der Bar zurück, und wir setzen uns an einen sorgfältig ausgewählten Tisch mit freiem Blick auf den Bildschirm, auf dem die Boarding-Infos aktualisiert werden. Wir sind schon eine Stunde vor dem Einchecken da, weil wir nervös sind und eigentlich gar nicht wollen, dass das wirklich passiert.

«Kannst du dir vorstellen, dass ich genau dann zusammengebrochen bin, als ich eigentlich eine der schönsten Zeiten meines Lebens hätte haben sollen?» Luce lacht. Ich stimme mit ein. Wir können gar nicht mehr aufhören. Der Tisch wackelt. Die Leute neben uns gucken verwirrt rüber. Ich kenne niemanden sonst, der etwas Schlimmes so unterhaltsam machen kann.

«Dir wird nicht gefallen, was ich jetzt sage», antworte ich. «Das klingt wie so ein Internet-Therapiezitat, das jemand aus der Highschool in ihren Storys posten würde.»

«Oh Gott, na ja, wenn nicht jetzt, wann dann?», antwortet Luce. Wir haben ein Spiel, mit dem wir uns oft die Zeit vertreiben, das wir «Alles ist wie immer, aber …» nennen. Abwechselnd malen wir uns bescheuerte Versionen von uns mit nervigen Angewohnheiten aus, zum Beispiel: «Alles ist wie immer, aber … ich bitte dich, haufenweise Videos für Instagram von mir zu machen, wie ich aus dem Meer laufe» oder «Alles ist wie immer, aber … ich kann beim besten Willen nicht sagen, wo Europa liegt, obwohl wir dort leben». Komisch, dass mir das ausgerechnet jetzt einfällt, wo wir hier sitzen, Luce mit ihrem ganzen Hab und Gut vor uns, kurz davor, zurück nach Neuseeland zu fliegen. Ich atme tief durch.

«Was, wenn alles perfekt ist?», setze ich an. «Was, wenn du herkommen musstest, um das alles zu fühlen, um es zu versuchen und zu scheitern und mit eigenen Augen zu sehen, um zu wissen, dass es nicht das ist, was du wolltest?»

Luce schenkt sich nach. «Ich versteh schon, was du sagen willst, aber im Moment kann ich mir nicht vorstellen, dass irgendwas perfekt ist. Aber das hier, das fühlt sich an wie eine Szene aus einem Film.»

«Das Leben ist ein Film.»

«Ja, einer, in dem ich allen erzählen muss, dass ich gescheitert bin. Mann, ist das peinlich.»

«Oder du kannst ihnen einfach sagen, dass du es versucht hast?» Ich nehme einen Schluck. «Oder wir könnten lügen.» Die Daten eines weiteren Flugs klappen auf der Tafel um. «Oder … oder wir könnten unseren Abschluss in KoWi nutzen und eine Pressemitteilung formulieren, in der wir alle wahrheitsgetreuen Antworten einfach komplett vermeiden.»

Eine Weile lang sagt Luce nichts, und ich weiß, dass es kaum eine Situation gibt, die frustrierender ist: irgendwo sitzen und das Gefühl haben, dass dein Leben in Flammen aufgegangen ist, und dein Gegenüber versucht, dir zu erklären, dass alles gut wird, und reißt dumme Witze, um es dir zu beweisen.

«Ach Mensch, Bel, warum fühlt sich das an wie die philosophische Szene in *Mamma Mia*?!»

«Du weißt, wie sehr ich ABBA mag.»

«Du weißt, wie sehr ich eine Weißweinschorle am Flughafen mag.»

«Das klingt nach so einem Elternspruch, aber ich bin wirklich stolz auf dich und ich verspreche dir, dass du da herausphoenixen wirst.»

«Das Gefühl kann ich kaum erwarten.»

«Es wird kommen»

«Nicht jetzt.»

«Nicht jetzt, aber bald.»

«Ich schätze, alles ist wohl sowieso nur für den Moment.»

Die nächsten Flugdaten, die auf der Tafel umklappen, sind Luce'. Wir exen den letzten Rest Wein und quälen uns mit dem schweren Gepäckwagen ab, den wir mühsam über das Linoleum zum Schalter manövrieren. Für einen so schweren Augenblick fühlt sich das locker und lustig an, als würde das Abenteuer gerade erst beginnen und nicht abrupt enden. In dem Moment, in dem wir uns in die Warteschlange einreihen, kündigen unsere Handys mit einem Piepsen eine Mail mit den neuesten Buchcover-Entwürfen an, die wir uns ansehen sollen.

«Ist das nicht so typisch für uns?» Luce lacht. «Bis zur letzten Minute arbeiten, bevor ich einen Flug um die halbe Welt nehme?»

«Ich würde es gar nicht anders haben wollen.»

«Wenn nur alle wüssten, wie viel sich hinter den Kulissen abspielt.»

«Wenn nur alle wüssten, was wir alles durchmachen müssen», sage ich und denke dabei egoistisch an das, was noch vor uns liegt: dieses Buch zu schreiben.

«Bel, wenn das jemand hinbekommt, dann du», sagt sie. Freund*innen schaffen es, Seiten an uns zu sehen, die wir in diesen zerbrechlichen Momenten nicht wahrnehmen können.

«Genau das Gleiche denke ich auch über dich.»

Wir umarmen uns zum Abschied, Luce verschwindet in der Sicherheitskontrolle, und der Traum – ein Traum – ist vorbei. Ich fahre mit dem Uber zurück in unsere halb leere Wohnung, der Verkehr zur Rushhour ist so schlimm, dass ich schwören könnte, wenn ich zu Hause ankomme, ist Luce schon abgeflogen. Die Schlüssel, die auf der Arbeitsplatte klimpern, klingen nach «wieder allein», und ich denke an die Tage und Monate, die vor mir liegen: mein Leben wieder in ein Kofferset stopfen, das Internet durchforsten, um neue Pläne zu schmieden, in einer weiteren Wohnungskrise um einen Schlafplatz kämpfen, die Arbeit auf die Reihe kriegen, genug Geld sparen, Freund*innen finden. Das alles wartet auf der anderen Seite der 32-stündigen Heimreise auch auf sie. Ich weiß, wir haben beide Angst.

Wir packen zusammen. Wir heben ab. Wir landen. Wir stellen uns der Realität. Wir fangen wieder von vorne an. Es läuft gut. Wir werden selbstgefällig. Dann wird's schwierig. Wir finden eine Lösung. Dann läuft's wieder gut. Man kann sich nirgends so fest etablieren, dass man keinen Neustart mehr schafft und sein Leben auf eine Weise neu zusammenfügen kann, die man nie für möglich gehalten hätte. Ich habe Menschen in so gut wie jedem Alter getroffen, die mir das immer wieder bestätigt haben. Die Sache ist die: Uns passieren diese ganzen Dinge, die außerhalb unserer Kontrolle liegen und die sich in dem Moment wie das Schlimmste auf der Welt anfühlen. Manchmal machen Lucy und ich sogar Witze darüber, dass wir in ein paar Jahren auf dieses Buch zurückblicken werden und uns für unser jüngeres Ich schämen, weil wir unsere Gefühle im Hinblick auf manche Themen für so wichtig gehalten haben oder weil uns kleine Zwischenfälle zu dem Zeitpunkt, als sie passierten, wie dramatische, einschneidende Kapitel vorkamen.

Es ist ein hoffnungsvolles Gefühl, dass wir im Nachhinein aus diesen Erfahrungen schlau werden können, aber nie ganz voraussagen können, wann sie kommen und uns zum Guten verändern werden. Dafür muss es doch ein Wort geben.

LUCY: hab gerade den brief gefunden
den du mir in die tasche gesteckt hast
den kann ich nicht öffnen
weil ich sonst anfange zu weinen
und nicht mehr aufhören kann
BEL
AHH ka, was aus mir wird

BEL: Eine Zeit lang wird's schwierig sein
Dann wird's langsam wieder gut
Und ich bin hier, wenn das passiert
Und ich werde wissen, wenn es so weit ist,
weil du mir dann eine SMS schickst, in der steht
BEL Ich fühl mich lebendig und bin ganz aufgeregt
Wegen der ganzen Möglichkeiten
Und dann wirst du wieder abheben

xx

Danksagung

Dieses Buch wurde von der echtesten aller Freundschaften, der tiefsten aller Obsessionen und unserem eigenen persönlichen Gott inspiriert: dem Internet.

Vielen Dank an die Millionen von Menschen, von denen wir im Internet regelmäßig elektronischen Zuspruch bekommen. Ihr habt uns geholfen, unsere Online-Ideen in die echte Welt zu übertragen und daran zu glauben, dass sie es überhaupt wert sind, aufgeschrieben zu werden.

Unserer Agentin Abigail Bergstrom dafür, dass sie zwei Frauen aus einem Winkel der Welt eine Chance gegeben hat, und unserer Lektorin Jane Sturrock für ihre Arbeit, durch die aus unserem Chaos Realität wurde.

Dem gesamten Quercus/Hachette-Team und allen, die an der Inspiration, dem Schreiben, der Veröffentlichung und der Vermarktung dieses Buchs beteiligt waren – ohne euch hätten wir es nicht bis hierhergeschafft.

An euch alle, die ihr es mit uns aushalten musstet, als wir bei euch nach Erfahrungen geschürft und neue Formulierungen an euch ausprobiert haben, um zu sehen, ob sie ankommen: Ihr wisst, wer ihr seid, und wir sind euch echt dankbar.

Und schließlich ein Dankeschön an alle, die uns unterschätzt haben. Ihr habt uns geholfen, den Mumm zu finden, das hier zu schaffen. x